U0534943

浙江省哲学社会科学规划
后期资助课题成果文库

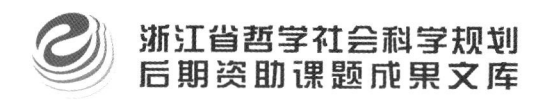

土地产权秩序转型
——后税费时代江东镇的农村地权研究

黄鹏进 著

中国社会科学出版社

图书在版编目(CIP)数据

土地产权秩序转型：后税费时代江东镇的农村地权研究 / 黄鹏进著. —北京：中国社会科学出版社，2021.3

（浙江省哲学社会科学规划后期资助课题成果文库）

ISBN 978-7-5203-7782-9

Ⅰ.①土… Ⅱ.①黄… Ⅲ.①农村—土地所有权—研究—中国 Ⅳ.①F321.1

中国版本图书馆 CIP 数据核字（2021）第 018326 号

出 版 人	赵剑英
责任编辑	宫京蕾
特约编辑	李晓丽
责任校对	冯英爽
责任印制	李寡寡

出　　版	中国社会科学出版社
社　　址	北京鼓楼西大街甲 158 号
邮　　编	100720
网　　址	http：//www.csspw.cn
发 行 部	010-84083685
门 市 部	010-84029450
经　　销	新华书店及其他书店
印刷装订	北京君升印刷有限公司
版　　次	2021 年 3 月第 1 版
印　　次	2021 年 3 月第 1 次印刷
开　　本	710×1000　1/16
印　　张	16.5
插　　页	2
字　　数	275 千字
定　　价	98.00 元

凡购买中国社会科学出版社图书，如有质量问题请与本社营销中心联系调换
电话：010-84083683
版权所有　侵权必究

序

吴 毅

在当代中国，农村土地问题从来是一个牵一发而动全身的问题，这不仅是因为其事关占人口大多数的农民的利益（虽然最新的统计数据显示中国城镇化率已达到60%，但其中的进城农民仍与土地相关），也因为其关系到新型城镇化战略的质量与进程。因此，有关农村土地制度的议题，从来都与农村的改革、发展与稳定以及城镇化相关联，相关的研究也因此一直不衰。

在学界，关于农村土地制度的研究大多离不开对集体土地产权制度的讨论，经济学如此，社会学也如此。进入21世纪以来，社会学界已不乏从产权，尤其是农村集体土地产权角度进行的研究。有学者注意到，这些研究多强调农村集体产权在实际运作中的社会嵌入性，认为实践中的集体产权是一种建构的社会性合约，其实际运作与制度规定之间存在一定的差异，虽然集体产权在制度表述上有模糊不清之处，但是在实践中却总有着基于某些历史惯习而形成的较为清晰的规则。这些在与经济学农地产权研究对话中产生的社会学研究，开创了一个有别于经济学研究的新的视角，它提醒人们去关注社会因素对农地制度运行的影响，去把握集体产权在各种复杂的社会场域中的真实运行逻辑。

本书是我的博士生黄鹏进在他的博士论文基础上修改而成的，也属于上述社会学进路中的农村土地产权制度研究。该书沿袭了社会学农地产权研究的思路，又确立起自己的研究框架，将集体土地产权的实践化约为一个农地产权制度与农村社会结构之间的互构。基于这一框架，作者考察了个案点自家庭联产承包责任改革以来，集体土地产权与农村社会结构之间的互构演进，并以此为基础来解释当前农村地权冲突爆发的深层原因。

为了展现农地产权制度与农村社会结构之间复杂的互构关系对地权冲

突的影响，作者将农村社会结构操作化为社会关系结构、农地产权认知结构和农地产权的意识形态结构三个维度，重点考察了农地改革与上述社会结构三维度的互构对地权冲突的影响。作者认为，20世纪80年代以来中国农地产权制度的一系列调整，包括"家庭联产承包责任制改革""农村税费改革""土地承包关系长久不变""延长土地承包期"以及"土地承包经营权的物权化"等，从总体上都呈现出国家不断"向农民赋权"，"向集体限权"的趋势。这一趋势引发了农村社会结构在以下三个方面的改变：其一，在涉及农地权力—权利主体的社会关系结构方面，改革使农民、村庄公权力和基层政府三方在土地权力—权利的配置上逐步形成一种相对均衡的位势，打破了过去由公权力占支配地位的格局；其二，在产权认知结构方面，改革向农民的逐步赋权（实际是还权），使农民逐步习得了一种拟私有化的土地权属认知，这种认知与既有的土地公有产权观念相并置，引发了土地不同权属观念的冲突；其三，在产权的意识形态结构方面，改革使农民的产权意识形态内涵发生变化。集体土地产权背后原有的村庄"集体权力"话语逐渐被农民的"个体权利"话语取代，而受土地利益的刺激，农民在伸张自身土地权利的同时，也逐步使集体产权的"集体"内涵由过去为权力组织代表转变为农民个体集合的象征。上述三个方面的变化，都从各自方面对农民、村组织和乡镇基层政府三方围绕农地权力—权利的配置发生对应性的影响，从而导致利益冲突，正是这些冲突，构成了当下农村地权冲突的结构性主因。无疑，这种结构化的社会学分析，对于我们认识当下农村表现各异，却又愈益增加的农地矛盾是有启发的，而无论读者对于这些冲突持何种价值评判，又都得承认，作者对问题的结构化解释进路，会深化我们对当前农村地权冲突问题的认识。

值得一提的是，该书在结论部分提出的农村"土地产权属性""土地产权秩序"等分析性概念也具有新意。作者认为，20世纪50年代以来，中国农村通过"集体化"建立的土地产权秩序是一种以政治性为基础的土地产权秩序。在这种产权秩序下，所谓集体土地，更主要表征了公权力作为集体的"代表"对土地的支配权，从而事实上将具体的农民个体与集体相剥离。而20世纪80年代家庭联产承包责任制以来的一系列农地改革，则让这种产权秩序中的政治性不断降低，经济性不断凸显，此时，所谓集体才真正成为个体农民的集合，与每一个社区成员发生联系。但是，强国家—弱社会、强权力—弱权利的格局，却又使得基层政府和村庄公权力主体对土地的支配权继续存在,这种不同力量的场域化组合,便决定了当前农村地权冲突与矛盾的不可避免。应该说,这些解释,相对于已有关于地权冲突的解释,已是一种深化。

当然,该书也存在一些可以进一步深究之处。从经验上看,农地产权制度与所谓农村社会结构之间的互构应该是复杂而多向的,农村社会结构本身也可能受到诸多非农村社会因素的影响,如当前的非农化、城镇化等因素会否对作者所建构的农村社会结构三维度发生影响?如果有影响,会是什么影响?这些影响又可能怎样去作用农民、村庄公权力及基层政府对农地配置的互构?这些问题是不是也应该纳入讨论?否则,静态的社会结构与动态的社会变迁对农地冲突的复杂影响就很难准确呈现。还有,在讨论农村土地产权的改革方向时,只强调地权改革中"向农民赋权","向集体限权"的逻辑,却没有注意到改革主导权始终掌握在国家手中这一现实,是否又能够全面涵盖影响农地制度改革的全部变量?以及充分解释农地冲突的影响变量?这些也是需要进一步去思考的。

不过,作为一位青年作者的处女作,该书能够聚焦重大问题,力图在学界已有深耕的领域有所突破,却是值得充分肯定的。农地研究一向不好做,涉及的问题广,优秀成果又已经很多,而作者仍执着于此,可谓勇气可嘉。而我们也有理由相信,以此为开端,作者未来的学术之路仍然可期。

是为序。

二〇二〇年四月五日于重庆较场口

目　　录

第一章　导论 ……………………………………………………（1）
　第一节　研究的缘起与意义 …………………………………（1）
　第二节　研究综述 ……………………………………………（6）
　第三节　研究视角与研究内容 ………………………………（18）
　第四节　研究的核心概念 ……………………………………（20）
　第五节　研究方法 ……………………………………………（29）

第二章　解释框架：土地产权制度与农村社会结构的互构逻辑 ……（33）
　第一节　理论基础：新制度主义下的"制度—结构"分析
　　　　　视角 …………………………………………………（34）
　第二节　经验支持：已有研究中的"制度—结构"分析视角 …（38）
　第三节　历史检视："制度—结构"视角下18世纪中国的
　　　　　财产权纠纷 …………………………………………（41）
　第四节　操作化："产权制度"与"社会结构"的经验维度 …（46）
　本章小结 ………………………………………………………（55）

第三章　田野与历史：集体土地产权制度的建立及其演进 …………（57）
　第一节　研究个案的地域特征 ………………………………（57）
　第二节　集体化时期农村集体土地产权与社会结构的互构 …（65）
　第三节　低税费何以产生税费冲突 …………………………（78）
　本章小结 ………………………………………………………（88）

第四章　地利之争：后税费时代的土地升值与农村地权冲突
　　　　概况 ……………………………………………………（90）
　第一节　地权冲突：从幕后走向台前 ………………………（90）
　第二节　"土地生财"：地权冲突的前置条件 ………………（95）

第三节 地权冲突的类型：基于主体与性质的划分视角………… (103)
本章小结 …………………………………………………………… (109)

第五章 谁的土地：后税费时代农村地权冲突中的社会关系结构 …………………………………………………………… (112)

第一节 一直在场的基层政府 …………………………………… (112)
第二节 "无为"与"有为"：地利争夺中的村集体 …………… (119)
第三节 "虚实之间"：地利争夺中的村组博弈 ………………… (126)
第四节 "权大责小"：地利争夺中的农民 ……………………… (133)
第五节 后税费时代农村土地产权制度与社会关系结构的互构逻辑 ………………………………………………………… (138)
本章小结 …………………………………………………………… (142)

第六章 何种规则：后税费时代农村地权冲突中的产权认知心态 …………………………………………………………… (144)

第一节 法律规定与农村集体土地"公有产权认知" …………… (145)
第二节 政策与市场双重塑造下的农村土地"私有产权认知" …………………………………………………………… (151)
第三节 地方性知识与农村土地"家业产权规则" ……………… (159)
第四节 后税费时代农村土地产权制度与产权认知结构的互构逻辑 ………………………………………………………… (164)
本章小结 …………………………………………………………… (169)

第七章 何谓"集体"：后税费时代农村地权冲突中的意识形态 …………………………………………………………… (171)

第一节 从"共同共有"迈向"按份共有" …………………… (172)
第二节 "混居的村庄"与"他者"的逻辑 …………………… (178)
第三节 被解构的"产权国家授予"逻辑 ……………………… (183)
第四节 后税费时代农村土地产权制度与意识形态结构的互构逻辑 ………………………………………………………… (188)
本章小结 …………………………………………………………… (193)

第八章 结论与讨论 ……………………………………………… (195)

第一节 本书的逻辑线条及其主要观点 ………………………… (195)
第二节 "产权制度"与"社会结构"互构逻辑的理论启示 …… (199)

第三节　集体土地产权秩序转型：由政治逻辑迈向经济逻辑 ……（206）
附件 …………………………………………………………………（215）
参考文献 ……………………………………………………………（237）
后记 …………………………………………………………………（254）

第一章

导　　论

第一节　研究的缘起与意义

一　研究的缘起

当中国的经济社会改革走过30年时，我们惊然发现有关农村的土地制度改革，以及农村的走向再次成为整个社会所关注的焦点。① 土地问题之所以再次引发社会广泛关注，在于2007年十届全国人大五次会议表决通过的《中华人民共和国物权法》，以及其后于2008年十七届三中全会所通过的《中共中央关于推进农村改革发展若干重大问题的决定》以来，中央有关农村土地的一系列政策再次触及了农村土地产权的深层制度问题——将农村土地承包经营权定义为一种用益物权，并强调要赋予农民更加充分且有保障的土地承包经营权。也正是在这个意义上，不少媒体认为，以农村土地集体产权制度改革为核心内容的第三轮土地改革即将拉开序幕，并将为中国的改革开放释放出更为持久、巨大的改革动力，其意义并不亚于20世纪50年代的"土改"以及80年代的家庭联

---

①　这一点可以从境外媒体的关注中窥见一斑。西方的主流报纸《金融时报》、《基督教科学箴言报》、《华盛顿邮报》，以及英国卫报、芬兰的赫尔辛基新闻报、英国路透社、日本东京新闻等国外媒体也都对这一问题进行了报道。此外，美国的农村发展研究所（Rural Development Institute）和卡托研究所（Cato Institute）也由于持续支持中国及其他国家的土地私有化，也对这些报道进行了政策分析（［美］卢克·埃里克森：《关于中国农村土地私有化的论辩》，官进胜译，《国外理论动态》2008年第8期）。

产承包责任制。①

农村土地产权制度之所以提上政府的改革日程，除了一些主流经济学家从"产权—效率"的角度，强调赋予农民更大的土地产权有助于提高农业的产出效率外，一个重要原因还在于，进入21世纪以来，随着农村土地价值不断凸显，农村地权冲突数量急剧增多，并严重影响到农村社会的稳定。于建嵘曾对世纪之初的农村地权冲突进行过较为全面的统计，结果显示，"2004年1月1日至6月30日，央视焦点访谈栏目收到反映土地问题的电话和声讯有15312件，占总数的24.5%，占'三农'问题的68.7%；自2003年8月以来，央视新闻评论部在收到并已分类的4300封观众来信中，有1325封涉及农村土地争议问题，占已处理来信的30.8%；在2004年6月15日至7月14日对720名进京上访农民的问卷调查中，上访原因涉及土地的问卷有463份，占有效问卷的73.2%"。② 史卫民较为详细地列举了当下农村土地纠纷的类型，认为这些纠纷在类型上包括因土地所有权引发的纠纷、因土地承包合同引发的纠纷、因土地征收补偿引发的纠纷，等等，并认为这些纠纷呈现了长期化、增多化、复杂化、多元化的发展趋势。③ 正是基于以上形势分析，有学者论断，"中国土地制度再不改革，将面临崩溃的危险"④。

正是农村地权冲突数量的急剧升温，来自制度经济学的产权理论（一般被称为上地制度改革的"右派"），认为当前农村土地集体产权制度背景下，谁是中国土地的所用者是含糊不清的，农户仅获得了土地的使用权，而在收益权与处置权上具有不完整性。而这恰恰为各级政府以"所有者"名义侵犯农民的土地使用权及分享土地的收益权留下了制度空间。也正因此，农村的土地产权制度是农村地权冲突的深层次诱因，要从根本上

---

① 对此，很多门户网站作出专题进行了详细讨论与报道。如凤凰网所用的标题为《土地制度改革——全民大讨论》（http：//finance.ifeng.com/news/special/tugaitaolun/）、新华网则以年终特稿的形式，围绕十七届三中全会组建了土地制度改革的讨论专栏（http：//news.xinhuanet.com/politics/2008-12/22/content_ 10525653. htm）；搜房网对此标题为《全民大讨论——聚焦第三次土地改革》（http：//news.sjz.soufun.com/2008-10-16/2154114.htm）。

② 白呈明：《农村土地纠纷状况及其特征》，《调研世界》2006年第10期。

③ 史卫民：《农村土地承包纠纷：特点、类型及其解决》，《理论探索》2010年第1期。

④ 周其仁：《土地制度引发社会冲突 再不改革会面临崩溃》，《经济观察报》2011年7月22日。

解决当下农村大量的地权冲突，就需要"还权赋能"，使农民拥有完整的土地产权，真正享有使用、收益和处置三权完整的土地产权。① 而以杨小凯、文贯中等为代表的一些华裔经济学家，甚至明确提出要实行土地私有化。②

但与这一观点针锋相对的是，来自"左派"的观点则认为当下农村的地权冲突数量剧增，无关当前农村的土地集体产权制度。其在本质上根源于21世纪以来加速的城镇化进程以及国家取消税费、粮食直补等惠农政策的实施，带来了农村土地价值的凸显。当前农村地权冲突更多的只是土地价值凸显后的利益之争，而与农村土地集体产权制度之间并无直接关联。③ 更进一步，持类似观点的学者还强调了当前农村不具备土地私有化的基础条件，认为在现有"强国家—弱社会"格局未变的背景下，土地私有化将会带来严重的土地兼并，一方面使大资本与乡村干部成为农村的大地主，另一方面乡村的弱势者将被迫出让土地而成为游民，进而影响中国社会的稳定。④ 贺雪峰同样反对土地私有化，但其依据与前者略有不同，主要认为"给农民更大的土地权利仅仅保护了一小部分土地征用中的城郊农民（约占农民总数的5%）的利益，却严重地影响了中西部农村地区95%的农民的农业生产与村庄公共品供给"。⑤

当下农村地权冲突不断严峻的形势，以及由此所引发的关于未来农村土地产权制度改革方向的"大讨论"，激发了笔者的研究兴趣，也赋予了写作本书的现实意义与理论意义。由于各自的观察视角，以及学术信念的差异，上述各种关于农村集体土地产权制度改革观点之间的差异，甚至对

---

① 相关研究可参见刘守英《中国农地制度的合约结构与产权残缺》，《中国农村经济》1993年第2期；党国英：《关于征地制度的思考》，《现代城市研究》2004年第3期；钱忠好：《土地征用：均衡与非均衡——对现行中国土地征用制度的经济分析》，《管理世界》2004年第12期。

② 可参见杨小凯《中国土地所有权私有化的意义》，《信息财经月刊》2001年第4期；文贯中：《解决三农问题不能回避农地私有化》，http://www.comment-cn.net/politics/manage/2006/0920/article_7542.html。

③ 贺雪峰：《地权的逻辑——中国农村土地制度向何处去》，中国政法大学出版社2010年版，第17页。

④ 温铁军：《农民社会保障与土地制度改革》，《学习月刊》2006年第19期；李昌平：《扩大农民地权及其制度建设》，《中国图书评论》2009年第1期。

⑤ 贺雪峰：《地权的逻辑——中国农村土地制度向何处去》，中国政法大学出版社2010年版，第9页。

立,已经呈现了一种"公说公有理、婆说婆有理"的局面。而笔者认为,与其在理论和理念上论争,不如通过具体的田野研究,回到实践中去"还原"农村地权冲突事实本身,因为个案研究的长处恰恰在于,对一个社会内部各种事件之因素、张力、机制与逻辑的展现,揭示出"看似简单之事背后的复杂之理"[1]。正是鉴于此种认识,本书希望借助于一个微观治理单元(一个东部发达地区的欠发达乡镇)内近十年来各种地权冲突的个案研究,了解当前农村地权冲突的特征类型、生成原因、调解机制等内容,以期加深对于当下农村地权冲突的认识。进一步,本书还尝试通过引入"土地产权制度"与"农村社会结构"双重解释因素,实现对当前农村各种地权冲突发生原因的立体式理解,从而真正厘清农村土地集体产权制度在当前农村地权冲突事件中的作用与地位,既为当下农村土地产权制度改革的大讨论提供一个更为清晰且具说服力的事实论据,也为当前中国农村集体土地产权制度改革的具体走向提供一些前瞻性思考。

二 研究的现实意义与理论意义

研究缘起中已对本书的现实意义与理论意义进行了简要介绍。在此基础上,如果要对这种意义进行更为充分的论述,可以从如下几个方面进行把握。

首先,从保持农村社会稳定的角度来看,当前中国正处于社会的急剧转型期和社会矛盾的多发期,妥善解决各类社会矛盾,维护社会稳定,是构建社会主义和谐社会的应有之义。相较于其他农村社会矛盾而言,目前农村地权冲突具有数量普遍(各种统计数据均显示地权冲突数量十分庞大)、原因多样(既有一些由历史遗留问题所引发,也有一些因政策问题所导致,还有一些是由于农地政策法规的不完善以及基层治理主体的权力滥用等所导致)、类型复杂(既有土地所有权引发的冲突,也有土地承包、土地流转、土地调整等引发的冲突,还有因为土地征收中收益分配引发的冲突等)、主体多元(既包括了农户与农户间的冲突,还包括了农户与村级组织、基层政府部门、工商资本等之间的冲突)、规模性与危害性

---

[1] 吴毅:《何以个案 为何叙述——对经典农村研究方法质疑的反思》,《探索与争鸣》2007年第4期。

大等多方面的特征。① 因此，从保持社会稳定、建设和谐社会的角度来讲，对当前农村严峻的地权冲突进行深入研究，将有助于深化对于农村地权冲突的认识，并为更好地化解和预防这类冲突，维护社会稳定提供政策建议。

其次，如果说改革开放30周年之际，有关改革向何处去的大讨论②，说明改革已由初期的"帕累托改进"期，进入了中期的利益增损博弈期，整个社会有关改革共识的缺失，表明了中国的改革正在进入深水区，则同样可以据此认为，当前农村地权冲突数量激增，以及由此所引发的有关农村土地产权制度改革方向的大讨论，也凸显了当前整个社会对于新一轮土地制度改革的方向缺乏基本共识，同样表征着当下农村的土地产权制度变革步入了深水区。也正因此，在当下通过对一个微观治理单元内农村地权冲突的类型、性质以及冲突原因、变迁历程等的深入细致分析，以及对农村地权冲突与农村集体土地产权制度内在关联性的透视，将更有助于回答当下农村土地集体产权制度是否需要改革，以及如何改革等重大现实问题。

再次，如果说由再分配体制迈向市场体制的经济转型是当前中国社会转型的最重要特征，而产权制度改革——由国家（集体）所有的模糊产权向更为清晰化的私人产权过渡——又是这场改革的核心，那么，同样可以引申认为，农村土地产权制度改革及其与之共变的农村社会结构转型将是未来一段时间内农村改革与发展不容回避的重大问题。但仔细分析当前有关农村集体土地产权变革的诸多研究，可以发现，基本都是从"产权—绩效"的经济视角切入，而鲜有研究注意到农村土地产权制度转型与农村地权冲突、农村社会结构转型间极其复杂的内在关系③；也并未过多地关

---

① 陈丹、陈柳钦：《新时期农村土地纠纷的类型、根源及其治理》，《河北经贸大学学报》2011年第6期。

② 参见朱学勤《激荡三十年：改革开放的真相》（http://www.aisixing.com/data/35459.html?jytojk=lofpm3；华生：《中国改革30年：回顾、反思与展望》，《当代财经》2009年第1期。

③ 近年来，刘世定（2003/1996）、张静（2003/2005）、周雪光（2005）、折晓叶与陈婴婴（2005）、申静与王汉生（2005）、张小军（2004/2007）等一批社会学家开辟了一条有别于经济学的研究传统，提出了"产权的社会学视角"，着重强调了一种有别于经济学的产权视角，即产权如何通过行动者的互动而自发地建构出来，并分析互动过程受到何种社会规范——或者说公平原则——的制约。但显然，这些研究重点注意到的是静态层面的产权的社会嵌入性，而并未注意到产权制度作为一项外在变量时，对于农村社会结构转型的动态塑造过程，也未注意到社会结构转型对于产权制度调整之间的倒逼作用。具体可参见本书第八章的讨论。

注到农村集体土地产权制度建立以来的若干制度调整,对于农村社会结构转型所带来的深刻影响,以及农村社会结构转型所形成的对于当下土地产权制度改革的倒逼压力。基于此,本书拟以家庭联产承包责任制改革以来30余年内的农村地权冲突为切入点,通过引入"制度—结构"互构的分析视角,以期能在理论上重新诠释当下中国农村土地集体产权制度改革与农村社会结构转型之间极其复杂的内在互构关系及其逻辑机制。

第二节 研究综述[①]

撇开上述有关农村地权冲突中略带"政论"色彩的土地集体产权制度改革的"左右路线之争",实际上来自不同领域的学者从自身研究视角与研究材料出发,对当下农村地权冲突进行了广泛而深入的研究。而如何对既有农村地权冲突的主要文献进行梳理,明晰其背后的理论假设、论证逻辑,及其在对策主张上的不同倾向性,不仅有助于更好地明晰当下农村地权冲突的本质与症结,亦能够帮助我们了解当前农村地权冲突研究的层次及水平。在此基础上,本书认为当下农村地权冲突的既有研究,大致可分为"制度"视角下的农村地权冲突研究以及"结构"视角下的农村地权冲突研究。本部分将以此为依据,对已有文献进行较为详细的梳理与评述。

一 "制度"视角下的农村地权冲突:来自经济学与法学的解释

所谓"制度"视角下的农村地权冲突研究,实际上是制度分析方法的一种具体化运用。制度分析方法以整体主义方法论为基础,强调制度是一种外在于个体行为的规则体系,对制度内的个体行为提供控制与约束。[②] 沿着这一思路可以发现,来自经济学与法学的农村地权冲突研究基本循着这一角度展开,其中经济学视野下的农村地权冲突研究,主要强调了农村集体所有的土地产权制度对于农村地权冲突的影响,而法学学科语

[①] 此综述部分曾经过进一步修改,以《基于学科比较的农村地权冲突研究综述》为题发表于《中国土地科学》2013年第7期。

[②] [美] 康芒斯:《制度经济学》,于树生译,商务印书馆1962年版,第87页。

境下的农村地权冲突则认为，一系列关涉农地的具体"制度"性法律条文之间的相互抵牾是导致当下农村地权冲突的主要原因。①

（一）经济学：产权混乱与农村地权冲突

经济学对于中国农村地权冲突的研究主要以"产权"作为分析概念与分析工具。在经济学（主要包括产权经济学与新制度经济学）看来，一切经济交往活动的前提是制度安排，制度安排能够提供人们的行为预期。而经济制度安排的首要任务是界定产权，清晰的产权结构及其制度安排有助于明确规定当事人可以做什么，然后通过权利的交易达到社会产品的最大化。从产权的角度研究农村地权冲突的文献，大概集中于如下方面：

首先，产权不清与地权冲突。在现代产权理论的重要代表人物登姆塞茨与阿尔钦等人看来，产权是一种社会契约，清晰的产权有助于形成一个人与他人交易时的理性预期，从而减少交易成本。② 也正因此，农村土地产权是否界定清晰，对于减少地权冲突有着基础性作用。美国学者步德茂运用产权理论研究中国历史上的财产权纠纷时发现，18 世纪以来，随着经济与土地的不断商业化，中国以"市场理性经济"为基础的土地产权关系逐渐形成，而这带来了地权冲突的成倍增加。③ 陈志武以步德茂的研究材料为基础，进一步分析了清代人命案与地权冲突的关联，并进而认为土地产权的清晰界定对减少社会冲突有着基础性作用。④ 此外，杨小凯、文贯中等一些华裔经济学家，认为我国农村集体土地所有制天然地存在着产权主体无法清晰界定的内在逻辑困境，从而积极主张推行土地

---

① 需要强调的是，按照学科差别对相关文献进行归类并非很严谨，多少会给人以偷懒之嫌。但单就从地权冲突来看，不同学科之间天然的研究视角与逻辑上的差异确实使这些学科有关农村地权冲突的解释之间出现明显鸿沟。故此处仍旧采用了学科差别的视角进行分类地权冲突解释原因的分类。

② 有关此论述可参见 H. 登姆塞茨《关于产权的理论》，A. 阿尔钦《产权：一个经典注释》，两篇文章分别载［美］R. 科斯、A. 阿尔钦、D. 诺斯等《财产权利与制度变迁：产权学派与新制度学派译文集》，刘守英等译，上海三联书店、上海人民出版社 1994 年版，第 96—113、166—178 页。

③ ［美］步德茂：《过失杀人、市场与道德经济：18 世纪中国财产权的暴力纠纷》，张世明、刘亚从、陈兆肆译，社会科学文献出版社 2008 年版。

④ 陈志武：《界定土地产权，不能再回避》，《南方都市报》2009 年 2 月 15 日。

私有化。①

其次,产权残缺与地权冲突。在产权理论的一些研究中,产权还被视为"一束权利"(a bundle of rights),一组完整的产权可以分解成对财产的控制权(使用权)、剩余索取权(收益权)和让渡权(处置权)。与完整产权相对的是"产权残缺"(the truncation of ownership),意指完整所有权中的部分被删除。② 产权残缺理论构成了当前经济学界研究农村地权冲突的第二个重要切入点,主要强调当前农村土地集体产权制度背景下,农民不能完整享有土地产权权利束,这使得现行农村土地集体产权制度为各级政府以及村集体,以土地"所有者"的名义侵犯农民的土地使用权及分享土地的收益权留下了制度空间。③ 也正因此,在这些研究看来,要解决当下农村大量的地权冲突,根本上就是要使农民拥有完整的土地产权,真正享有使用、收益和处置三权统一的土地产权,农民才能以一个合格的价格谈判者身份去维护自身的土地利益。④

最后,"科斯悖论"与地权冲突。"科斯悖论",认为产权并不是一种纯粹的私人间合约。任何产权的真正实现都依赖于国家对产权的保护,即所有权不可能离开国家而获得有效的保障;但与此同时,国家又会存在着明显的自利性倾向,因此也必然存在着"凭借其唯一的对合法暴力的垄断地位索价的可能"。⑤ 因此,从这个意义上讲,产权理论的这一悖论天然地蕴含了国家公权力侵犯土地所有者私权利,并带来冲突的潜在可能。相关研究主要集中于农业经济史领域。如王家范从产权的角度认为,中国古代历史上的土地兼并多数都有权力的背景,是倚仗着政治(权力)与经济(俸禄和法外收入作为原始资本)的特权强制进行的。⑥ 程念琪同样认

---

① 参见杨小凯《中国土地所有权私有化的意义》,《信息财经月刊》2001 年第 4 期;文贯中《解决三农问题不能回避农地私有化》,《中国与世界观察》2007 年第 3/4 期。

② 有关此论述可参见 H. 登姆塞茨《关于产权的理论》,载 [美] R. 科斯、A. 阿尔钦、D. 诺斯等《财产权利与制度变迁:产权学派与新制度学派译文集》,刘守英等译,上海三联书店、上海人民出版社 1994 年版,第 96—113 页。

③ 刘守英:《中国农地制度的合约结构与产权残缺》,《中国农村经济》1993 年第 2 期。

④ 有关论述可参见党国英《关于征地制度的思考》,《现代城市研究》2004 年第 3 期。

⑤ 周其仁:《中国农村改革:国家和所有权关系的变化——一个经济制度史的回顾(上)》,《管理世界》1995 年第 3 期。

⑥ 王家范:《中国传统社会农业产权"国有"性质辩证》,《华东师范大学学报》(哲学社会科学版)1993 年第 3 期。

为，中国传统农村地权的转换在本质上不断重演的，是以特权为基础的土地兼并以及由此而产生的大量吏民纠纷与冲突。① 秦晖虽然并不认为"土地兼并"是中国历史上农地配置的常态，但也持类似观点。②

(二) 法学：法律模糊与地权冲突

经济学将农村地权冲突的根源诊断为土地产权的界定问题，来自法学界的研究则主要从法律文本的角度指出了农村土地产权未有清晰而明确的权属界定的原因。法学研究者通过对《宪法》、《中华人民共和国土地管理法》(本文后面论述中简称《土地管理法》，后文有关法律文本均作类似简称)、《农村土地承包法》以及《物权法》等相关法律文本的解读，从"制度"的另外一个层面揭示出了导致农村地权冲突的诸多法律原因。

首先，土地所有权主体模糊与地权冲突。法学研究者普遍认为有关农村集体土地所有权主体的模糊界定，主要源于《土地管理法》对农村土地所有权的一段模糊性描述："农民集体所有的土地依法属于村农民集体所有的，由村集体经济组织或者村民委员会经营、管理"。③ 一些学者认为，这一规定的关键在于对"集体"究竟是什么不甚明确。④ 还有一些研究认为，这一规定带来了农村集体之间的矛盾，即在实践中土地所有权到底属于行政村，还是自然村（村民小组）是模糊不清的。⑤ 此外，一些争论甚至认为，虽然"法律规定，集体经济组织和村民委员会仅拥有经营和管理土地的权利，但这并不意味着他们就是土地的合法所有者，也不是说他们可以合法地行使土地的所有权，并从土地的所有权中收益"。⑥ 何·皮特认为，修订后的《土地管理法》之所以仍旧不够清晰明确，源于国家有意的制度模糊，因为它既是保证农田（耕地）家庭联产承包责任制的主要机制之一，同时也有助于社会的稳定。⑦

---

① 程念琪：《国家力量与中国经济的历史变迁》，新星出版社2006年版，第41页。
② 秦晖：《中国农村土地制度与农民权利保障》，《探索与争鸣》2002年第7期。
③ 该条文为《土地管理法》(2004) 第十条。
④ [美] 罗伊·普罗斯特曼：《解决中国农村土地制度现存问题的途径探讨》，载缪建平编《中外学者论农村》，华夏出版社1994年版，第236—239页。
⑤ 税杰雄：《试析我国农村土地产权制度的缺陷》，《农村经济》2005年第9期。
⑥ 王存学等：《农业法律体系建设基本问题》，《法学研究》1996年第6期。
⑦ [荷] 何·皮特：《谁是中国土地的拥有者？——制度变迁、产权和社会冲突》，林韵然译，社会科学文献出版社2008年版，第98—99页。

其次，法律抵牾与地权冲突。一些学者还从地权冲突的具体实践环节出发，研究了土地承包、征用及流转等具体规章制度存在的不合理。主要包括：（1）土地承包权方面的冲突，相关研究主要集中于以下两点：一是特殊群体有无土地承包权的冲突。如一些研究注意到当前大量"二轮延包"中的失地农民，以及外来户等特殊群体，依据"集体经济组织成员有权依法承包由本集体经济组织发包的农村土地依法享有和行使承包土地的权利"① 这一规定要求土地承包权，而集体又无法满足他们的土地承包权要求，从而引起冲突。② 其二，土地调整与不调整之间的冲突。即"现有土地承包关系要保持稳定并长久不变"，与部分"人多地少"农户要求调整土地的冲突。③（2）土地征用方面的冲突，主要观点认为我国土地征用方面的三部法律《宪法》《土地管理法》和《城市房地产管理法》关于土地征用权的规定相互矛盾，以及征地补偿标准低，征地补偿内容不够全面，从而导致了征地冲突的增多。④（3）土地流转方面，认为现行《土地管理法》《农村土地承包法》以及《物权法》在土地流转方面的一些抵牾，也是导致地权冲突的重要原因。⑤

最后，地权冲突的法律解决。相关研究大致着眼于以下思路：其一，完善土地方面的相关立法。如一些学者呼吁尽快出台与《土地管理法》《农村土地承包法》《物权法》等配套的实施办法和实施细则，尤其对涉及争议较大的法律条文，要以实施办法的方式予以明确⑥；另外还有一些学者从法律衔接的视角，提出要消除征地纠纷的法律补偿规则、农村土地承包经营纠纷仲裁的法律规则、中国土地权属纠纷调处的法律规则、农村土地纠纷化解其他配套制度等政策法规间的抵牾。⑦ 其二，从地权冲突的解决机制入手，完善地权冲突的法律解决方式。一些学者详细分析了"协

---

① 该条文为《农村土地承包法》(2009)第五条。
② 史卫民：《农村土地承包纠纷——特点、类型及其解决》，《理论探索》2010年第1期。
③ 张三峰、杨德才：《农民的土地调整意愿及其影响因素分析——基于2006年中国综合社会调查数据》，《中国农村观察》2010年第1期。
④ 汪晖：《城乡结合部的土地征用：征用权与征地补偿》，《中国农村经济》2002年第2期。
⑤ 杨华：《我国农村土地流转法律制度的困局与出路》，《法学杂志》2010年第7期；徐凤真：《农村土地流转纠纷及其解决机制》，《理论学刊》2011年第3期。
⑥ 史卫民：《农村土地承包纠纷：特点、类型及其解决》，《理论探索》2010年第1期。
⑦ 胡勇：《农村土地纠纷及其化解研究》，博士学位论文，南京农业大学，2009年。

商""行政裁决""诉讼"三种方式在解决地权冲突中各自的特点、适用范围及其利弊，并就分别完善这三种方式，形成三者之间有效衔接与良性互动关系提出了建议。① 其三，许多法学研究者还主张重新大规模清理登记土地使用权证。认为组织一次全面的土地普查对过去不实的登记进行重新明确，并作为土地管理的直接凭证，是解决我国当下及未来一段时期农村地权冲突问题的必然之举。②

（三）简要评述

总体来看，经济学与法学的农村地权冲突研究，基本被纳入了一种"制度"性的分析视角，在这一解释视角下，无论是经济学的"产权制度"，还是法学的具体土地法律条文制度，都看到了"制度"对于当前农村地权冲突的影响。综合而言，这两个学科视角下的农村地权冲突研究具有如下三个方面的共同特征：（1）论证的逻辑过程实质基本一致。产权经济学认为，土地产权的"混乱"是导致农村地权冲突的根源，但产权的确立实际是国家运用法律规章等制度手段进行保护的过程。正是法律上未有清晰而明确的土地权属的界定，才导致了产权经济学研究中的地权冲突。（2）这两个学科的研究都纳入了一种冲突主体二元化的分析思路，即一方是强势的政府或村级组织，另一方是弱势地位的农民。冲突主要表现为，强势一方对于个体农民土地利益的侵犯，及由此激发农民的反抗。也正因此，（3）这两个学科的研究都具有一定的价值偏向，都倾向于认为国家对农民土地权利的"侵犯"，是一种强者对弱者的不合理剥夺，是一种"恶"的行为。因此，这些研究都主张通过加强和完善相关土地方面的立法，对强势一方的"侵犯"行为进行约束。

"制度"视角下的农村地权冲突研究占据了这一主题文献的绝大部分，但这些研究存在着如下几个方面的不足：（1）解释的范围过于狭窄。这类解释只涉及农村既有地权冲突中的一种冲突类型，即社会强势阶层（如政府、资本与村级组织）利用土地所有权主体的模糊性，强制性地推进土地征收（用）与土地流转所导致的冲突。而现实当中农村的地权冲

---

① 蔡虹：《农村土地纠纷及其解决机制研究》，《法学评论》2008年第2期。
② 刘艳：《关于我国农村土地所有权与承包经营权冲突若干法律问题的思考》，《法制与社会》2008年第2期。

突存在着多种类型，如取消农业税费、种粮补贴政策的实施以来，许多二轮延包时放弃承包权的农民重新要求获得承包地而引发的冲突；土地征用补偿款在村庄内部分配所引发的冲突等，这些冲突类型显然无法在上述分析视角下获得较好解释。（2）是一种过于形式化的解释模型。"制度"视角下的农村地权冲突，仅仅注意到了导致地权冲突的一个重要关联性变量——土地集体产权制度。这一解释具有高度抽象、直观简洁等解释优势，但当下农村地权冲突的发生机制，实际远远较之复杂，农村的土地价值凸显、村庄权力结构、农民的土地产权认知乃至集体主义意识形态等诸多变量实际都影响到农村地权冲突的发生。（3）是一种静态化的解释模型。即这些研究仅注意到农村土地集体产权制度的性质模糊是导致农村地权冲突产生的原因，却并未注意到这一产权制度从 20 世纪 80 年代以来所进行的各种微调。① 实际上，这种来自法律、政策层面的不断调整，已经赋予了当下农村社会对于土地产权制度极其不同的制度含义与理解，而这也是当前农村地权冲突集中爆发的一个重要原因。（4）具有一定的价值偏向。"制度"视角之所以能够获得较大的解释力，重要一点在于这一解释契合了当前"强国家—弱社会"社会结构格局下，整个社会所天然具有的"官逼民反""同情弱者（农民）"的社会心理。但分析当下的农村地权冲突类型可以发现，除了上述强势阶层的非正当性侵犯外，实际还有大量的地权冲突本身并不关涉政府，甚至其背后反映出的是一种权力"错置"的格局。

二 "结构"视角下的农村地权冲突：来自社会学与人类学的解释

相对于"制度"视角下，将农村土地集体产权制度作为解释农村地权冲突的决定性变量，来自社会学与人类学的大量研究则更加重视农村社会结构领域所发生的变化对农村地权冲突产生的影响。本书将之统称为

---

① 仔细分析 20 世纪 80 年代以来国家有关农村土地集体制度的各种表述，可以发现这种产权制度的调整一直存在，如 1993 年、2002 年、2008 年中央有关延长农村土地承包期的决定；2001 年中央一号文件提出了"农户承包地使用权流转必须坚持依法、自愿、有偿的原则"；2002 年通过的《农村土地承包法》规定承包期内土地发包方不允许调整土地等；2007 年规定的"土地承包关系长久不变"；以及《物权法》有关"土地用益物权"的规定等制度调整本质上都是集体土地产权制度的调整。

"结构"视角下的农村地权冲突。这一视角下的农村地权冲突基本被纳入这样一个解释框架：中国社会正处于急剧转型的过程之中，而转型社会的最大特点就是社会利益结构的再调整，已有社会规则体系与价值体系平衡被打破，而新的规则与价值体系并未建立，从而带来总体性的社会失范。当下农村的地权冲突正是这种失范的具体表现。而这其中社会学的研究着重关注了农村社会的利益结构与社会规则结构发生的变化，而人类学的研究则集中关注于土地产权认知结构系统的紊乱。

（一）社会学：利益结构分化与地权冲突

社会学更多地将农村地权冲突视为一种"土地价值凸显后的利益争夺与博弈"，侧重于农村地权冲突这一行为发生的社会基础分析。具体而言，这些研究主要关注了21世纪以来哪些因素促使了土地价值的凸显，土地利益群体结构发生了怎样的分化，支配土地利益分配的既有规则因何失灵等问题。

首先，利益结构分化与地权冲突。一旦土地具有丰厚的收益，争夺这些收益的冲突便会产生，这是政治社会学分析地权冲突的基本视角。贺雪峰认为，当前中国存在着两种完全不同类型的地权冲突，一是在沿海发达地区和城郊地区，因土地用途改变而产生的大量土地级差地租收益，围绕这些收益的争夺主要表现为土地征收方面的冲突；二是一般农业型地区，围绕着取消农业税费以及种粮补贴等带来的土地种植收益的争夺，主要表现为土地权属方面的冲突。[1] 陈柏峰认为地权冲突还源于土地利益争夺过程中的利益群体分化。当前社会上存在着诸如"扩大地权""稳定地权"与"变现地权"等一系列地权诉求表达，藏匿于这些诉求表达背后的则是当前农村社会正在发生着的利益群体分化，以及由这些分化所带来的话语冲突。[2] 臧德顺则在周雪光"关系产权"的基础上，提出了"关系地权"的分析框架，并认为在市场化、城镇化日渐深入乡村共同体的背景下，一个围绕农地牟取私利的"谋地型乡村精英"群体的逐渐形成，是导致当下农村地权冲突发生的重要诱因。[3]

---

[1] 贺雪峰：《农村土地的政治学》，《学习与探索》2010年第2期。
[2] 陈柏峰：《农民地权诉求的表达结构》，《人文杂志》2009年第5期。
[3] 臧德顺：《臧村"关系地权"的实践逻辑：一个地权研究分析框架的构建》，《社会学研究》2012年第1期。

其次，规则不确定与地权冲突。政治社会学者研究地权冲突的另一个重要视角，在于思考围绕土地利益的争夺过程中，基于利益分配的规则为何失灵。张静的《土地使用规则的不确定：一个解释框架》，是政治社会学视角研究农村地权冲突的一篇重要文献。其核心观点可以概括为：在乡村场域中，究竟用什么规则来确定土地归属并获取土地收益，是不确定的。至少存在着"国家的政策""村干部的决策""村集体的意志"以及"当事人之间的约定"等要素影响着土地产权规则的界定。其中每一种都可能产生影响，但都不必然成为决定性因素。而当前中国地权冲突之所以突出，在于中国社会仍是一种"利益政治"形塑的秩序，而非以"法律衡量"为基础的秩序。① 曹正汉通过对珠江三角洲滩涂纠纷案例的研究，表达了与之类似的观点：在珠江三角洲滩涂纠纷中，政府虽然制定了法律以控制滩涂地权，但这并未产生实质效果，实际的滩涂地权依靠于当事人自身的政治力量。曹正汉将此归之为，当前中国是一个政治与法律未有明确分化的社会，地权冲突的解决不是用法律原则衡量各方利益要求的正当性，而是寻找各方分歧最小的规则。② 熊万胜将一个中国村庄（栗村）的地权冲突史进行了纵向的时段性考察，并认为一个社会当中是否有占主导地位的"社会势力"，是影响农村地权冲突的一个重要变量。③

（二）人类学：地权观念紊乱与地权冲突

如果说"社会学将地权冲突视为土地利益凸显后的争夺"这一命题存有不足，则主要体现在这些研究大多以理性经济人为假设前提。实际上，来自人类学的一些研究已经表明，农民并非一个彻底的理性经济人，嵌入共同体生活内部的文化观念对于人们日常行为具有重要影响，农村既有的传统惯习以及农民地权观念自身的嬗变，才是引发地权冲突的最深层原因。

首先，嵌入乡土社会的"祖业权"与地权冲突。桂华等认为，"祖业权"是一种基于家族（宗族）共同所有的非正式产权，其隐含了家族

---

① 张静：《土地使用规则的不确定：一个解释框架》，《中国社会科学》2003年第1期。
② 曹正汉：《地权界定中的法律、习俗与政治力量——对珠江三角洲滩涂纠纷案例的研究》，载张曙光编《中国制度变迁的案例研究》（第六集），中国财政经济出版社2008年版，第712—807页。
③ 熊万胜：《小农地权的不稳定性：从地权规则确定性的视角——关于1867—2008年间栗村的地权纠纷史的素描》，《社会学研究》2009年第1期。

(宗族)内部成员对祖业(主要是土地)的独占与共享观念。① 张佩国认为在通常情况下,村社成员对于各自祖业边界的认知具有一致性。一旦战争使村落遭到破坏、村籍丧失,土客之间争夺土地所有权的冲突就会随之增多。② 而撇开战争因素,在一个稳固的村落共同体内,家族人口的繁衍、亲族后代间血缘关系的疏远也会导致祖业权的争夺与冲突。③ 此外,还有一些研究注意到,虽然我国经历了土地改革、土地集体化以及家庭联产承包责任制等一系列土地产权制度的变革,但是基于传统社会的祖业权观念在一些宗族性地区仍旧较为强烈,并与当下由集体所有制所界定的土地权属发生了剧烈冲突。④

其次,"法律(政策)下乡"与地权冲突。这些研究主要关注了20世纪90年代以来,一些土地方面的政策法规与村社惯习相互抵牾而诱发的地权冲突。主要集中于三大方面:其一,土地物权化背景下,农户土地支配权与村社土地支配权之间的冲突。主要认为在传统村社惯习中,为了维护村落共同体利益,村社可以"合理地"对个人的土地使用权施加影响和限制。但这种传统却在土地日益物权化的背景下遭到了部分农户的抵制,并由此带来了大量的地权冲突。⑤ 其二,国家关于"现有土地承包关系要保持稳定并长久不变"的规定与农民传统平均主义约束下地权观念的冲突。一些研究表明,农民的土地产权意识其实并不是很强烈,相反,对于公平而公正地占有土地利益的诉求更为强烈。⑥ 其三,以外嫁女(含离婚与改嫁)为主体的特殊群体是否享有土地收益权的冲突。在既有村庄惯习中,出嫁女儿一般"从夫而居",不能参与原居住村庄的土地承包,以及土地补偿款的分配。这些法规直接与《婚姻法》、《继承法》以及《农村土地承包法》的有关规定相悖,在土地利益凸显时,也构成了地权冲突

---

① 桂华、林辉煌:《农民祖业观与乡土社会的产权基础》,(香港)《二十一世纪》2012年第4期。
② 张佩国:《近代江南的村籍与地权》,《文史哲》2002年第3期。
③ 张佩国:《近代江南乡村的族产分配与家庭伦理》,《江苏社会科学》2002年第2期。
④ 陈锋:《"祖业权":嵌入乡土社会的地权表达与实践——基于对赣西北宗族性村落的田野考察》,《南京农业大学学报》2012年第2期。
⑤ 张静:《村社土地的集体支配问题》,《浙江学刊》2002年第2期。
⑥ 朱冬亮:《建国以来农民地权观念的变迁》,《马克思主义与现实》2006年第6期。

的一个重要原因。① 此外，这些特殊群体还包括了大学生、"挂靠户"以及"两边户"等。

最后，农民土地产权的私有化想象与地权冲突。最近30年我国农村土地集体产权制度的调整有两个基本趋势，一是"强调和强化农户的主体地位"，二是"延长土地承包期，稳定农户对土地的预期"，这两大趋势实际进一步促成了农民对土地作为一项财产权的想象。如申静与王汉生认为，在当下农村，农民是以一种"类所有者"的身份来行使他们对土地的使用权的，这种使用权利的"类所有权"性质得到社会的广泛认可，并使农民具备了拥有土地产权的实践基础②；此外，一些田野调查也注意到，当下农民普遍地感觉土地变成私有的了。③ 正是农民对土地的这种新的认知，一种强烈保护与伸张自身土地权利的观念迅速蔓延，并在土地利益凸显的社会背景下，引发了大量地权冲突。

（三）简要评述

不同于经济学与法学在研究农村地权冲突时的过于偏狭，来自社会学、人类学的"结构"性解释视角，在不否认土地产权制度分析具有合理性的前提下，从自身的学科视角出发，引入了更为丰富的农村地权冲突的解释变量。在这一视角看来，当下农村的地权冲突之所以频仍，在于中国社会正处于急剧转型过程之中，而转型社会的最大特点在于社会结构之中原有的利益结构、规则结构与认知结构内部既有平衡被打破，从而带来社会结构的某种失衡与个体行为的社会失范。源于此，一方面，这类研究主要着眼于地权冲突过程的深描，以及对冲突机制的理解；在地权冲突的解释变量上，也更加丰富地纳入了土地利益、政治权力、文化惯习、生存伦理等结构性因素。另一方面，这类研究往往保持着较为中立的价值色彩。不仅看到了当前地权冲突发生的必然性，也较

---

① 张佩国：《近代江南乡村妇女的"财产权"》，《史学月刊》2002年第1期；陈端洪：《排他性与他者化：中国农村"外嫁女"案件的财产权分析》，《北大法律评论》2003年第5卷，第2辑。

② 申静、王汉生：《集体产权在中国乡村生活中的实践逻辑——社会学视角下的产权建构过程》，《社会学研究》2005年第1期。

③ 余练：《土地权属：国家建构与地方性建构——论集体产权在乡村社会中的实践》，硕士学位论文，华中科技大学，2010年；耿羽：《从征地看当前农民的土地变现观念——基于广东崖口村"卖地"事件的考察》，《南京农业大学学报》（社会科学版）2011年第4期。

但同样，这些研究存在着一些不足，主要表现在：（1）一定程度上回避了土地集体产权制度在农村地权冲突背后的基础性作用。如一些学者考察了农村地权冲突背后的群体利益分化，认为21世纪以来加速的城镇化进程以及国家取消税费、粮食直补等惠农政策的实施，带来了农村土地价值的凸显以及围绕着这些价值争夺的地权冲突，因此当前农村地权冲突无关土地产权制度。但实际上进一步分析可以发现，土地价值凸显并不必然产生地权冲突，土地产权制度所潜含的制度规则混乱，使双方的诉求各具合理性基础，而这也是农村冲突产生并难以有效化解的深层次根源。（2）在论证逻辑上存在着从"个案经验"上升到"宏大理论"的不足。张静、曹正汉等人在解释当下农村的地权冲突时，看到了土地使用规则不确定对农村地权冲突的影响，但在进一步的解释上，直接上升到了目前中国社会仍是"一种'利益政治'形塑的秩序，而非以'法律衡量'为基础的社会"①，或者"一个政治与法律未有明确分化的社会"②的解释逻辑上。这种宏大的社会转型理论，难以让人窥见现实生活中诸多隐藏于冲突事件背后更多更为复杂的中观机制与中层理论。（3）过度解读了农民用于抗争的"乡土话语"。来自人类学的研究，认为现代性话语的进入，打破了农村传统基于封闭乡土经验基础上的土地权属认知观念以及公平、公正观，农民地权观念系统内的紊乱是导致地权冲突的重要原因。但从现实来看，这一结论过度解读了农民用于地权抗争的"乡土话语"。仔细分析当下地权冲突中的农民话语，会发现当下许多农村地权冲突已呈现"谋利型地权冲突"的特征③，农民对这些话语的运用与其说是源于自身强烈的

---

① 张静：《土地使用规则的不确定：一个解释框架》，《中国社会科学》2003年第1期。
② 曹正汉：《地权界定中的法律、习俗与政治力量——对珠江三角洲滩涂纠纷案例的研究》，载张曙光编《中国制度变迁的案例研究》（第六集），中国财政经济出版社2008年版，第804—805页。
③ 田先红认为伴随着民众主体意识的觉醒以及农村基层治权的弱化，中国农民的上访经历了由"维权行上访"向"谋利型上访"的转变。同样，笔者通过对诸多农村地权冲突案例的分析发现，当前农村的许多农村地权冲突，也实际超越了传统"侵犯—抗争"的维权范式，转而进入了一个"谋利型地权冲突"阶段。具体可见本书第四、第五章的论述。另可参见田先红《从维权到谋利——农民上访行为逻辑变迁的一个解释框架》一文，载《开放时代》2010年第6期。

价值信念，毋宁说是农民维护自身利益的一种"弱者的武器"，正是这种策略性的表达与运用，一定程度上能够增强农民谋求自身土地利益的正当性与合理性。

第三节 研究视角与研究内容

总体来看，上述"制度"与"结构"视角下的农村地权冲突，分别循着各自的理论基础与论证逻辑，不同程度地增进了对于当下农村地权冲突发生原因及其本质的理解。但"制度"与"结构"视角在论证基点与解释逻辑上的差异及其分野，也昭示了当下农村地权冲突在发生原因上的极其复杂性，任何循着一种单一解释逻辑的分析论证都将是不充分与不完整的。而这也恰恰提醒笔者，要真正析清当下农村地权冲突的本质及其发生原因，就必须同时考虑来自"制度"与来自"结构"两个方面的因素。基于此种思考理路，本书拟尝试提出"制度—结构"互构的视角，从而实现对微观地权冲突事件当中各种"制度"因素与"结构"因素间的立体化理解。

"制度—结构"互构的视角，是对既有"制度"与"结构"视角下农村地权冲突解释逻辑的一种综合与超越。所谓综合主要表现在，"制度—结构"互构的视角同时承认了农村地权冲突事件中"制度"因素与"结构"因素的同时并存，差别只在于不同地权冲突事件类型中何种因素居于显性地位；另一方面，更为重要的是，"制度—结构"互构的视角更是对既有研究视角的超越。"制度—结构"互构的视角认为，农村地权冲突事件中的"制度"性因素与"结构"性因素并不仅是一种简单的并存关系，更是一种互构关系。在静态层面上，这种互构关系表现为土地产权制度与农村社会结构之间是相互作用的镶嵌关系，农村地权冲突实际上源自土地产权制度变迁所引发的农村社会结构内部关系的失衡；而在动态层面，"制度—结构"互构的视角还提出了一种解释一个社会内部产权制度变迁与社会结构转型间复杂的动态的、共变关系的变迁模型，亦即当产权制度调整或社会结构发生转型，从而打破"制度"与"结构"间内在契合性时，就会产生社会结构内部的张力，并倒逼一个社会的产权制度做出调整。

本书提出"制度—结构"互构的地权冲突解释视角，在于理解当下复杂的产权制度调整、社会结构转型与农村地权冲突三者间的复杂关系。具体而言，这一研究将具体从如下几个方面展开。

一 论证"制度—结构"互构分析视角的适合性

"制度—结构"互构的分析视角，对于本书而言，是在总结归纳既有农村地权冲突文献基础上提出的一种研究假设。这一分析视角是否适合仍旧需要进一步的论证。本书第二章的"解释框架"将着重回答这一问题。具体而言，将主要围绕以下三个问题在逻辑层次上逐次展开：首先，"制度—结构"互构的分析视角如果成立，其背后的理论基础是什么？其次，既有研究是否已经在自觉或不自觉中运用过这一分析视角？抑或说在已有研究中是否存在着有关"制度—结构"互构视角的使用？最后，"制度—结构"分析视角在解释地权冲突时的应用性如何？抑或说历史上是否存在着可供检验"制度—结构"这一分析视角的地权冲突事件？

二 农村集体土地产权的建立实践及其演进历程

要较为全面地揭示当前农村集体土地产权制度与农村社会结构的互构机制，就离不开对农业集体化以来农村土地产权制度与农村社会结构互构逻辑大历史时段的梳理与考察，如此，才能深化我们对当下农村集体土地产权制度与农村社会结构内在逻辑的认识，也助于我们从历史的演进中把握未来的方向。本书第三章将以江东镇为田野，分别梳理、厘清农业集体化与农业税费两个时期，农村集体土地产权制度与农村社会结构二者之间复杂的内在互构关系。

三 税费改革以来农村地权冲突的基本状况

本书第四章将主要介绍税费改革以来农村地权冲突的基本状况。具体而言，本书将通过来自江东镇相关政府部门的统计数据，以及众村、风村这两个个案村若干冲突案例的描述，力图从地权冲突的数量、诱发原因与基本类型三个方面，集中描绘后税费时代江东镇农村地权冲突的基本概况。

四 地权冲突背后土地产权制度与社会结构的互构逻辑

从集体土地产权制度与农村社会结构互构的视角解释税费改革以来

农村大规模的地权冲突，这是本书的核心议题，也构成了本书在研究内容上的主体。考虑到要真正厘清税费改革以来农村每一次土地产权制度调整与农村社会结构转型之间一一对应的内在互构环节，以及这种互构对农村地权冲突之间的内在影响，几乎是一件异常复杂、机械且不可能实现的做法，也正因此，本书在第五、第六、第七这三章，将分别以社会结构中的社会关系结构、产权的社会认知结构、社会意识形态结构为主线，通过详细剖析这些具体社会结构领域的内在紧张以及所导致的若干地权冲突案例，来分别考察农村土地产权制度与农村社会关系结构、社会认知结构，以及意识形态结构的影响，并最终从当前农村土地产权制度与农村社会结构的互构关系中达至对当下中国农村大规模爆发的地权冲突的总体理解。

五 本书的学术意义挖潜与政策回应

第八章在系统回顾本书内在逻辑主线与主要观点基础上，还将记述本书所提出的"制度—结构"互构的分析视角在已有社会学关于农村土地产权研究学术谱系中的价值与意义。同时，本书在基本结论部分还将进一步阐述有关当前中国农村土地产权制度转型规律的整体性理解，并对进一步深化农村土地产权制度改革给出政策建议。

第四节 研究的核心概念

一项学术研究除了立足于现实关怀，为现实问题提供对策意见；更重要目的在于从已有学术资源中寻求切入视角、理论依据，以及通过观点创新与既有理论资源形成对话，从而形成新的学术增量。而概念又是提出命题，发展理论的基础。因此，对与研究相关的核心概念进行定义，是做好一项研究的前提与基础。

一 地权冲突

总体来看，国外学者在研究地权冲突时，分别使用了 land conflict、Land dispute 以及 Land violence 等词语，并对这些词语间的具体概念内涵进行了较为清晰的区分和界定。① 而在国内，大量的研究虽然也不尽相同地使用了"土地矛盾""土地纠纷""农地纠纷""地权冲突""土地群体事件"等概念，但缺乏对这些概念内涵的清晰界定。因此，对这些概念间的关系做一个具体梳理，不仅是做好本书的重要一步，同时更是增进对当下地权冲突多样性与复杂性理解的重要一步。

概而言之，梳理当前与"地权冲突"相关的概念，主要包括两个概念群。一个与"冲突"相关，主要包括了"矛盾""纠纷""冲突""群体性事件"等具体语词。在本书看来，所谓"矛盾"是指在两个或更多陈述、想法或行动之间的不一致，强调的是一种最普遍意义上的观点、关系或秩序的紧张状态；"纠纷""冲突"与"群体性事件"更多的是一种学术语词，反映的是一个社会不同成员、群体间相互对立、抵触，乃至相互斗争的一种关系形式，且特别强调了各方主体之间的对立关系以及外化行为表现，非行为表现的对抗情绪一般被排除在这些用语之外。而这三个学术语词间的内在区别在于，"纠纷"主要是运用社会学与人类学的分析，侧重于对矛盾发生与解决的互动场域的"深描"，以及对矛盾发生机制的"理解"②；此外，在烈度上，"纠纷"更多强调的是社会内部两个主体内的矛盾状态，而并不强调矛盾的结构性特征，不强调矛盾对社会秩序造成实质性的冲击。而"冲突"与"群体性事件"等语词主要出现于政治学与政治社会学的研究中，将焦点事件的矛盾双方放在了两个阶层化位势，并着重注意了"阶层化"因素对于两个群体各自行为逻辑的内在影响。也因此，在烈度上，"冲突"与"群体性事件"往往具有更大的矛盾烈度，对于社会结构秩序的冲击也更加明显，其中"群体性事件"更是直接导致既有社会秩序的混乱与失衡。本书也正是在这个意义上使用了"冲突"这一概念。

另一个概念群则与"地权"相关，在语词上主要包括"土地""农地"等，本书认为这两个语词强调的是一种广义上的因为"土地"而引起的"土地纠纷"或"土地冲突"等。如 Alston 等使用了"土地冲突"的概念，并将之定义为，发生于土地纠纷中的人身伤害或死亡和物质财

---

① 谭术魁：《我国土地冲突的分类方案探讨》，《中国农业资源与区划》2008 年第 4 期。
② 陆益龙：《纠纷解决的法社会学研究：问题及范式》，《湖南社会科学》2009 年第 1 期。

产的损害。① 国内学者大多从这个意义上使用"农村土地冲突",如胡勇将农村地权冲突定义为"不同的土地利益主体在争利过程中所产生的利益矛盾"②;涂姗认为农村地权冲突"是在获取土地收益过程中彼此之间的冲突趋于激化时所表现出来的一种对抗性的互动过程"③,或是"指两个或两个以上的个人或团体坚持对某土地资源的相互冲突的权利主张,采取相互对立行为方式,带来现存对某土地资源使用正常秩序的失衡。"④

相对于"因土地而引起的冲突"这种更为泛化的定义,本书提出的"农村地权冲突"仅是一种更为狭义上的土地冲突类型,亦即集中于农村集体土地产权制度的权属问题而引发的冲突。具体而言,本书将"地权冲突"定义为,自农村税费改革以来,因农村集体土地产权制度中的土地所有权、使用权和他项权利归属(如收益权)而引发,具有一定历史时空之内的普遍性、较大的矛盾烈度、对已有社会结构和社会秩序造成较大冲击的结构性紧张事件。从产生的原因来看,这些冲突主要表现为如下几种类型:由于农村地界不清、土地集体产权权属紊乱及其他历史遗留问题等引发的土地集体产权取得中的冲突;农村土地集体产权存续及行使而产生的冲突;农村土地集体产权登记而产生的冲突;农村土地集体产权变更引发的冲突;农村土地集体产权交易中产生的冲突;农村土地产权因为剥离、分割而产生的冲突;农村土地集体产权中止而产生的冲突;农村土地集体产权终止而产生的冲突;农村土地集体产权回收中产生的冲突等。

二 制度⑤

在制度主义看来,制度(Institution)是一套规范个体行动的规则或运

---

① Lee J. Alston, Gary D. Libecap, Bernardo Mueller. Land Reform Policies, the Sources of Violent Conflict, and Implications for Deforestation in the Brazilian Amazon. *Journal of Emviromental Economics and Management*, Vol. 39, Issue 2, 2000.

② 胡勇:《农村土地纠纷及其化解研究》,博士学位论文,南京农业大学,2009 年。

③ 涂姗:《转型时期的农村土地冲突研究》,博士学位论文,华中科技大学,2009 年。

④ 同上。

⑤ "制度—结构"互构是本书在社会学制度主义理论脉络下提出的研究当前中国农村地权冲突的切入点,也正因此,有关"制度"与"结构"的定义虽然众多,来自经济学、政治学与社会学等都对此有过诸多不同的定义,但本书主要从社会学制度主义的理论脉络中寻求定义。

作模式，这些规则是一个社会内隐的价值的具体体现，是一个社会正常运行的基础。从具体的内涵来看，制度有广义与狭义之分，而与之相对应的制度主义也包括旧制度主义与新制度主义。一般而言，旧制度主义（也称之为古典制度主义）主要以凡勃伦、康芒斯、米切尔等为代表，一般从狭义上理解并定义制度，认为制度是"一套要求大家共同遵守的办事规程或行动准则"，制度下的行动者是一个"遵守规则逻辑"的"不会思考的行动者"。如凡勃伦相当宽泛地定义制度为"大多数人共同的既定的思想习惯"①；康芒斯则认为"制度无非是集体行动控制个人行动"②；韦伯认为"制度应是任何一定圈子里的行为准则"③；另一个旧制度主义代表沃尔顿·哈米尔顿对制度提出了一个更精确的著名定义："制度意味着一些普遍的永久的思想行为方式，它渗透在一个团体的习惯中或一个民族的习俗中……制度强制性地规定了人们行为的可行范围。"④

自20世纪70—80年代以来在西方产生与流行的新制度主义，就其本质而言，只是一种新的制度分析范式、研究取向或研究路径，甚至只是一种新的制度分析的学术思潮。新制度主义之所以是"新颖的"，在于它与传统的或旧的制度主义相比，具有了一些新的特征：如对制度的理解更为宽泛，新制度主义赋予了"制度"更广义的内涵，制度不仅意指一套宪政秩序、法律、规章等正式制度，而且包括了习俗、文化、信仰与惯例等非正式制度；制度不仅是一套强制性、约束力的社会制度安排，也包括了一套非强制性的，带有指导性、倡导性的伦理道德规范体系；此外，在新制度主义语境下，制度不再被视为一种完全独立的实体，制度下的个体也不再是一个被动"遵守规则逻辑"的行动者，制度同样依赖于制度范围内行动者的社会建构。

---

① 转引自［美］乔弗瑞·M. 霍奇逊《西方制度经济学发展概况简述》，该文译自 Geoffrey M. Hodgson. *The Economics of Institutions: A Manifesto for A Modern Institutional Economics*, Edward Elgar Publishing Limited., 1993.

② 转引自张宇燕《制度经济学：异端的见解》，载汤敏、茅于轼主编《现代经济学前沿专题》（第二集），商务印书馆1993年版，第226页。

③ ［德］马克斯·韦伯：《经济与社会》（上卷），林荣远译，商务印书馆1997年版，第345页。

④ Walton H. Hamilton, Institution, in Edwin R. A. Seligman and Alvin Johnson (eds), *Encyclopaedia of the Social Sciences*, No. 8, 1932.

就本书而言，"制度"一词所指为国家层面的一套有关土地权属界定的制度规定，从这个角度而言，本书的制度主要是一种狭义上的理解，是一套来自国家层面的要求大家共同遵守的办事规程或行动准则。但在另一方面，本书也从新制度主义社会学的角度出发，将这种土地产权制度理解为一种文化界定，即制度的目的与功能在于为人们的阐释（interpretation）和行动（action）提供了道德性或认知性模板。具体而言，本书认为土地产权制度具有如下几个方面的依次递增的含义：（1）农村的土地产权制度对于一个社会基本的土地产权秩序的形成具有重要意义。它一方面阐释了农村土地的占有、使用、收益、处分等产权主体与产权客体之间的关系，另一方面还形塑出了一种基于这种占有关系而形成的人与人之间的关系。就农村土地集体产权制度而言，它还表现为形塑出了国家、集体与农户个体间的内在关系。（2）土地集体产权制度之所以对维持一个社会的基本土地产权秩序具有重要作用，在于这一制度同时也是一套由符号、脚本和惯例构成的意义系统，为当下的国家、集体与农民提供了一个关于土地权属认知的基本意义。（3）从这个意义上说，一方面土地集体产权制度是给定的，但在另一方面，这一制度也是流变的（contingent）。一个社会正常的土地产权秩序要求土地的产权制度必须与社会结构间保持内在契合性，当社会结构发生转型，从而打破这种内在契合性时，就会产生产权制度与社会结构间的内在张力，从而使一个社会的产权秩序陷入混乱，并倒逼一个社会的产权制度做出调整。

三 结构

从最基本的语词意义上讲，结是结合之义，构是构造之义。"结构"综合起来就是指主观世界与物质世界的结合构造，例如语言结构、建筑结构等。本书主要从社会学意义上使用"结构"一词，指称为社会结构。总体来看，社会结构在社会学中被广泛定义与应用，却很少有着较为一致的概念内涵。如拉德克利夫·布朗认为社会结构是全部社会关系组成的系统[1]；而帕森斯则从结构功能论的角度认为，社会结构指的是由

---

[1] 转引自余碧平《"结构"谜思：从列维-斯特劳斯、梅洛-蒂庞到布尔迪厄》，《同济大学学报》（社会科学版）2009年第1期。

功能上相互依赖的各种制度所组成的整体系统①；而在微观社会学的重要代表布鲁诺、戈夫曼等人看来，社会结构不再是社会均衡、恒定与实在的客观存在，而是由符号建构起来的心灵、自我与社会的统一体②；美国当代结构主义社会学理论大师彼特·布劳在《不平等和异质性》一书中则将社会结构表述为，由不同社会位置（人们就分布在它们上面）所组成的多维空间。按照这种定义，社会结构可以由类别参数与等级参数等两大结构参数来加以定量描述。③

虽然不同学者对社会结构进行了种类众多的定义，但归纳起来看，西方社会学者对于这些主要有结构功能主义、微观结构主义、宏观结构主义等三种视角。其中，结构功能主义视角下的社会结构，主要以帕森斯等为代表，把社会看作各个行动者相互作用的体系，认为社会结构最基本的分析单位是行动者所处的地位和承担的角色。社会结构实质上是各个地位、角色之间稳定的关系，是制约着特定类型角色互动的抽象规范模式。而在微观结构主义看来，社会结构并不必然带来社会的有序，自身也并没有"客观实在"的特征，其之于社会变迁过程也并无明显的决定性功能，相反，社会结构是变化不定的，不仅受到其内部人们行为方式的影响，而且受到具体情境的约束，是人们根据过去实践确立的、用以认清社会环境的一种方式与手段。最后，宏观结构主义视角下的社会结构，继承了斯宾塞、齐美尔、涂尔干、马克思等人的思想，主要从与生物有机体结构的类比中，强调了社会结构的客观实体性。如在马克思主义看来，社会结构有广义和狭义之分，广义的社会结构是指一个社会的经济、政治、文化等领域之间构成的一种关系形式；而社会结构的狭义形式则是指基于社会分化基础上出现的不同社会地位群体间互相交织的一种结构。

相对于以上不同视角的界定，本书主要从"制度—结构"互构的视角出发，将"结构"（在本书中又称为"社会结构"）定义为一个社会的土地产权制度存在以及运行的社会背景与社会基础。从这个定义出发，本书的

---

① 转引自谢立中《当代中国社会结构的变迁（一）》，《南昌大学学报》（社会科学版）1996年第2期。

② 侯钧生：《西方社会学理论教程》（第3版），南开大学出版社2010年版，第221—227页。

③ ［美］彼特·布劳：《不平等与异质性》，王春光、谢圣赞译，中国社会科学出版社1991年版，第14页。

"结构"与马克思广义上定义的"结构"具有一定的相似性，即强调了人类社会活动的基本领域，而不同之处在于马克思的"结构"是对整体的社会体系的基本特征和本质属性的静态概括，而本书中的"结构"又赋予了更多微观结构主义所强调的动态特征，即结构既是变迁的，又是与"制度"在具体的时空流变中互构的。具体而言，本书中所使用的社会结构具有如下几个方面的含义：（1）社会结构是一个社会的土地产权秩序的基石，在一个稳态的社会结构之中会产生一套稳定的基于合意原则的自发产权秩序。之所以如此，在于这套嵌入社会结构之中的产权秩序包括三个基本要素，即基于各种地方性知识而产生的较为稳定的产权的社会性界定（社会认知结构）；基于社会内部不同个体、群体之间的联结关系（社会关系结构）；一套充盈于社会之中的意识形态符号系统（社会意义结构）。（2）社会结构是相对稳态的。这种稳定表现在它是一个社会内部比较恒定的人们对于外在世界（本书指土地）的支配法则，人们在日常行动交往中形成的人与人之间的联结关系以及对这种关系的认知，支配个体行动的各种规则体系、行为认知与意识形态。如社会学对中国传统乡土社会的指称便是对这种农村社会结构相对稳定性的一种概括。正是社会结构的这种恒定性，才赋予了一个社会自发的产权秩序生成的可能。（3）社会结构又是时空流变的。这种时空流变性主要表现在两个方面：其一，诱致性变迁。即社会结构内部是一个相互联系相互支撑的系统，当其中一个要素发生突变，就会带来结构系统之间的内在不均衡性，就会诱发社会结构内部其他要素发生改变并最终导致社会整体性结构的变迁。本书中将 20 世纪 80 年代以来农村社会结构所经历的"去集体化"过程表述为这种诱致性变迁过程。其二，一定程度上人们可以通过发挥主观能动性（主观意志）改造社会结构，促使社会结构的强制性变迁。如 20 世纪 50 年代的社会主义改造与集体化改造就是通过这一种方式实现社会结构强制性变迁的典型。

四 集体产权

一般而言，"集体产权"（通常又称为"集体所有制"[①]）并没有出现在主流经济学的概念体系中，其来自马克思主义经典作家，在中国又伴

[①] "集体产权"与"集体所有制"二者之间的不同之处在于，前者主要是一个经济学与社会学术语，而后者更多的是在法律层面与意识形态层面上所使用。

随意识形态的强制力而深入人心。① 在当下的中国实践中要真正厘清集体产权的内涵,就需要将集体产权的概念放到产权的概念丛中,与共有产权、私人产权等概念进行比较。

共有产权与私有产权是两个传统主流经济学中的重要概念。其中,共有产权主要指的是一种"共同共有"的产权结构形式,即,在一种组织内部或者一种合作关系中,一项财产的具体权利并未严格确权给明确的个体,而属于特定的组织范围或者合作关系,没有人有权利拒绝他者享有财产权利,每个人都能够为享有其自身的财产权利而充分的竞争;一旦某个个体离开这一组织范围或合作关系,其以前所享有的财产权利就会被剥夺。② 在这种产权形式内部,使用权不具备排他性,也没有让渡性。从这个意义上说,共有产权是众多权利所有者的"共同共有"。而私有产权则是指所有或者其中一些财产权利被具体明确确定到了个人,其具备的财产权利是排他的,能够按照自己的意志进行处置,并获得相应的处置报酬③;不同的私有产权享有人也能够通过协议,按照"按份共有"这一原则,建立企业组织。同时在这个契约组织内,私有产权享有人能够自由退出,并仍旧享有属于自身的财产权利。

相对于上述两个概念而言,"集体产权"并不是一个主流的经济学概念。"集体产权"(马克思使用的是"集体所有制")一词最初源于马克思在巴枯宁《国家制度和无政府状态》一书摘要中的一段话④,但遗憾的是,马克思并未对这一概念做出清晰的界定。而从我国国内学者对集体产权的表述及其实践来看,集体产权主要是指在社会主义意识形态支配下,由集体(或社区)所有成员共同拥有和行使并对非集体(或非社区)成

---

① 党国印:《论农村集体产权》,《中国农村观察》1998年第4期。
② 同上。
③ 同上。
④ 这段话的原文为"凡是农民作为土地私有者大批存在的地方,凡是像古西欧大陆各国农村土地集体所有制那样,农民甚至多少还占据多数的地方,凡是农民没有消失,没有像在英国那样为雇农所代替的地方,就会发生下列情况,或者农民会阻碍和断送一切工人革命,就像法国到现在所发生的那样;或者无产阶级将以政府的身份采取措施,一开始就应当促进土地私有制向集体所有制过渡,让农民自己通过经济的道路来实现这种过渡"。《马克思恩格斯全集》第18卷,人民出版社1964年版,第694—695页。

员具有排他性的产权形式。① 这种产权形式区别于共有产权与私有产权的重要特征在于：（1）集体产权在本质上是一种公有制（国有制）的产权形态②，它是公有制的低级形式与过渡形式，是公有制在农村的一种具体实践形态与存在；（2）集体产权制度遵循的是一种自上而下的产权授予逻辑，即它在本质上仍旧是一种公有制产权，不具有排上位性（"三级所有，队为基础"是这种不具有排上位性特征的具体表现），尤其不具有排国家性。这是集体产权区别于传统社会之中存在的"祖坟山""公田"等共有产权的最重要特征；（3）集体产权不可量化到集体内的每个个体成员，作为集体产权所有者的个体不具有退出机制，以及集体产权内部强烈的集体成员的身份特征。而这也是集体产权区别于私有产权下的"按份共有"的重要特征。

虽然"集体产权"并不是一个主流的经济学概念，却有着极为丰富的社会学与政治学内涵。集体产权虽然在经济学和法学上具有模糊性，但来自社会学的研究展示出了集体产权的另一面向——虽然当事人的权利在法律上是模糊的，却在事实上有着相对清晰的界定。近年来，越来越多的社会学研究发现，所谓的"集体产权"，其实是社区内一份藏匿的、自发形成的产权合约形式，这类合约的形成并非源于具体的政策法规规定，而是人们根据普遍认可的社会约定，在日常交往中天然形成的。③ 而在政治学的研究看来，农村集体产权同样嵌入政治权力结构之中，是国家通过"强制性制度变迁"建立起来的一种产权制度形态，遵循的是一种"政治性建构"的逻辑。这一产权制度的建立不仅与马克思主义的政治意识形态直接关联，同时也是国家为了有效提取农村剩余完成工业化积累，以及保证政令的上通下达而建立起来的，一套有效的社会管控体系的重要组成部分。同样，这一种"政治性建构逻辑"也决定了集体产权制度天然地与市场经济的不相容。④

在本书中，农村集体产权主要指称农村集体所有制的土地产权制度。

---

① 万举：《公共产权、集体产权与中国转型经济》，《财经问题研究》2007年第5期。
② 所谓公有制主要是指国家代表全体劳动者共同占有生产资料的一种所有制形态。
③ 折晓叶、陈婴婴：《产权怎样界定——一份集体产权私化的社会文本》，《社会学研究》2005年第4期。
④ 潘学方：《中国农村土地集体所有制的政治建构性》，（香港）《二十一世纪》2010年10月号。

具体而言，本书赋予了农村土地产权制度如下几个方面的主要内涵：（1）农村集体产权是一种既根源于马克思关于共产主义的理论论述，又较好地服务于特定时期工业化的原始积累的产权形式。这一产权制度的建立遵循的是一种自上而下的产权授予逻辑，是一种基于意识形态主观建构的产权制度形态。（2）农村集体产权具有明显的历史嬗变特征。1956年颁布实施的《高级农业生产合作社示范章程》标志着人民公社体制的正式确立，同时也是农村土地集体产权的孕育与萌芽阶段。[①] 1962年的《人民公社工作条例（修正草案）》的颁布实施，及其所确立的"三级所有，队为基础"的小公社体制，标志着农村集体产权的真正产生。而从其后的嬗变历程来看，20世纪80年代初"共有与私用"的土地产权制度改造，及其后的一系列法律和政策表述，实际上都反映了农村土地集体产权制度实际经历了一个不断向农民赋权，即农户对于土地的产权经历着使用权、收益权，乃至处置权上的由浅入深的变迁历程。

第五节 研究方法

考虑到当下农村地权冲突主要发生在国家、集体与个体农户三个层次，本书的研究点选择了东部发达地区的一个欠发达乡镇——江东镇，集中关注的则是包括镇、村两个层级内自税费改革以来所发生的农村地权冲突事件。本书希望借助于这样一个微观治理单元内若干农村地权冲突典型案例的分析，加深对于当下农村地权冲突本质的质性理解，寻求一个更具有说服力的解释当下农村地权冲突原因的框架与依据。

从这个意义上来说，本书总体上是一种质性研究（又称为定性研究）。具体到本书而言，主要运用了非结构型访谈法、参与观察法以及文献研究法等三类研究资料的收集方法。

一 非结构型访谈法

所谓访谈，就是研究人员通过问话、询问等方式，与被访谈者进行交

[①] 本书认为一大二公的人民公社体制（又称为大公社体制）在本质上是一种公有制形式，在一定程度上是否定产权的存在的，因此这一时期并不存在真正意义上的农村集体产权，而只是农村土地集体产权的孕育与萌芽。具体可参见本书第三章的相关论述。

流，从被访谈者口中收集、获取相关信息的一种研究行为。访谈法是一种直接的面对面交流，因而获得的资料具有较强的客观性和信度。一般而言，访谈法会因为研究目的、研究对象或者访谈时机的不同而具有不同的类型，但大致上可以划分为结构型访谈与非结构型访谈。其中，结构型访谈中，研究者往往会在其中居于主导地位，对研究的具体问题、问题之间的内在逻辑进行先行拟定，然后在特定的时空中以此为参照，选择特定的访谈对象进行询问以获取资料。① 而与之相对的是非结构型访谈，在这种访谈中访谈人员没有一套严格统一的、格式化的访谈材料，而只有一个大致的访谈提纲，往往根据不同的访谈对象，选择不同的访谈问题与提问方式，在具体的记录方式上往往选择速记与事后整理记录相结合的方式。

本书主要使用了非结构性访谈法。主要访谈的对象为地权冲突的双方。具体而言主要分为三类，即镇及村现任干部、退休老干部以及普通农民，共计47人。在具体的访谈过程中，主要从当前农村地权冲突的类型与产生原因入手，随机发问了解被访者关心的问题和思考问题的方式；然后，随着研究的深入，逐步转向"半结构型"访谈，重点就之前访谈中发现的一些新现象、或者一些未清晰掌握的信息再进行单独的询问，具体包括当前农村面上地权冲突的基本概况、一些地权冲突典型事件的具体过程，以及对于当下农村土地产权制度的基本看法等。与结构性访谈相比，这种非结构性访谈的优势在于与被访者谈话像聊天一样，被访谈者往往能够身心放松，在相互信任的聊天中把需要讲述的事件的经过、人物场景绘声绘色地描述出来。这样的一种访谈方式建立在一种相互信任的基础上，能够极大地增强研究的深度以及研究材料的信度。

二 参与观察法

所谓参与观察法，就是研究人员进入被研究者的日常社会实践，通过观察、体验被研究者的日常行为活动而获取研究资料的一种研究方式。与其他研究技术相比，参与观察能够使研究者把他自己的看法和观点强加于他试图理解的那个社会世界的可能性最小，它常常是在"没有先入之见"的情况下进行这种探讨的。因此，它最好地解决了研究者收集与收取资料的客观性问题。同时，这样一种研究方法，研究人员因为亲身参与其中，

---

① 陈向明：《质的研究方法与社会科学研究》，教育出版社2000年版，第171—174页。

具有丰富的现场感，往往能够收集到更为丰富的一手资料，同时还对于了解被研究对象内心的复杂心理机制提供了可能性。

在江东镇的具体调研中，笔者跟随信访办、农办的干部重点参与了两个村庄6次地权冲突的调解工作。① 在这种实地的参与观察中，主要注意了三个方面的信息。其一，地权冲突事件的基本概况，包括事件的起因、经过以及各方当前的诉求主张；其二，地权冲突双方的焦点与难点，这也是当前农村地权冲突难以解决的深层次原因所在。② 其三，地权冲突的各方，以及作为调解人身份出现的第三方，在具体的调解过程中各自所援引的话语以及表达策略。

三 文献分析法

所谓文献法，就是从已有的各种文献材料入手，通过搜集和分析研究这些材料获取有关的资料数据，来满足特定研究需要的一种研究方法。相对于参与观察法而言，文献分析法更为经济，同时也有着更强的有效性。

本书以访谈法和观察法所获取的资料为第一手资料，辅助性的采用了一些已有文献资料作为二手材料。其类型和来源主要包括：（1）当前涉及土地制度、地权冲突以及产权制度等相关的学术文献；（2）当前各种媒体（主要以网络媒体为主）有关农村地权冲突的相关报道以及各种评论；（3）涉及土地产权制度与地权冲突的政府（主要是浙江省、杭州市及萧山区三级政府）部门的一系列规章制度与部门文件；（4）笔者收集到的与地权冲突相关的资料。主要是各种信访文件、信访处理意见、调解书，以及各种诉讼材料等；（5）有关调查点概貌的各种记录文献。主要包括《萧山县志》（1987）、《萧山县农业志》（1989）、《萧山文化志》（1990）、《萧山围垦志》（1999）、《萧山市志》（2001）、《萧山农垦志》

---

① 这6次地权冲突的调解，实际只涉及2起地权冲突事件。在调查中，笔者发现所有的地权冲突的调解没有一次性就真正获得解决的，持续拉锯战实际是互动各方所采取的共同策略。由乡镇干部出面调解的地权冲突一般具有较高的强度，乡镇干部往往很少能一次性地解决冲突。

② 本书在前文的研究概念中，已经区分了地权纠纷与地权冲突在烈度上的差异。笔者认为，土地纠纷的存在是任何社会之中的常态现象，往往经过镇及村两级干部或村庄中一些比较有威望的人的简单调解而能够获得解决。当前在农村大量的地权冲突之所以突出，着重表现在这些冲突的烈度较大且难以化解。因此，重点收集农村地权冲突双方的焦点与难点，有助于理解当前农村地权冲突发生的宏观因素。

（2001），以及《萧山年鉴》（1986—2002）等。

  此外，就本书调查的经历来看，可分为三个阶段。2007年9月，笔者首次以市派农村指导员的身份进驻江东镇风村，并开展了为期一年的驻村工作。虽然由于身份限制，这次的驻村主要是宣讲农村政策，但这种身份却为笔者熟悉区、镇、村三级的基本情况打下了基础，熟悉了当地有关农村的基本政策。更为重要的是，这一年多的挂职经历也让笔者在当地结识了较为丰富的"人脉资源"。2010年12月，笔者与所在华中科技大学中国乡村治理研究中心的团队一起，通过与该村"两委"主要领导的私人关系，再次进入该村，开展了为期10天的具有社会学意义的农村调查，主要了解了村庄的基本概貌，诸如历史沿革、经济水平、村庄政治、人情面子、惯习仪式等，并重点关注了该村正在进行中的较大规模拆迁的基本情况。2012年4月，通过萧山区委组织部的"介绍"，笔者正式进入江东镇开始有关农村地权冲突的专项调查，调查时间持续两个月。这次调查一方面通过访谈镇及村老干部，了解了当地自集体化以来各个时段的农村地权冲突的基本情况，并就每一阶段内的数起典型案例进行了较为详细的了解。此外，访谈中笔者还找到了其中的四个当事人进行了"口述史"的访谈记录；其二，以该镇信访、农办、司法三个部门的案卷材料统计分析为基础，收集了当地近三年有关农村地权冲突的基本资料，并以地权冲突类型划分为基础，进行了相关案例资料的详细收集。

第二章

解释框架：土地产权制度与农村社会结构的互构逻辑

"制度—结构"互构的分析视角，对于本书而言，是在对比既有"制度"与"结构"两种地权冲突分析视角的合理性与不足基础上得出的研究启示，是对已有研究进行综合述评后提出的一种研究假设。要真正借助这一观察视角，通过观察土地产权制度与社会结构转型之间内在互构关系的理解，从而为当前农村地权冲突提供解释，在逻辑上还存在一个问题，即这一分析视角是否成立，能否作为观察当下中国农村地权冲突的解释性视角，显然还需要进一步的论证。这也构成了本部分研究的主要内容。

具体而言，有关这一系统性问题可以在逻辑链条上依次分解为以下三个层面的具体问题：首先，"制度—结构"互构的分析视角在理论上何以成立？亦即，在既有的社会学理论体系中是否存在着足以支撑这一"分析视角"的理论依据？其次，在既有社会学的研究实践中，是否存在着"制度—结构"分析视角的自觉或不自觉的运用？最后，"制度—结构"分析视角在解释地权冲突时的应用性如何，抑或说历史上是否存在着可供检验"制度—结构"这一分析视角的地权冲突事件？本部分的分析内容将主要顺着上述三个方面的问题逐次展开。同时，本部分还力求解决这样一个问题：如果"制度—结构"互构这一视角成立，那么具体到本书中，就还需要在实际使用中将"土地产权制度"与"农村社会结构"这两个分析概念操作为可供观察的经验维度，只有如此才能在田野的实证调查中把握住这二者互构关系的真实内在逻辑。

第一节 理论基础：新制度主义下的"制度—结构"分析视角

"制度—结构"分析视角其实并不新颖，有关这二者的内在互构关系一直以来都是制度学派研究的经典内容。制度学派可以分为旧制度学派与新制度学派。根据彼得斯的观点，19世纪末到20世纪50年代属于旧制度主义时期，旧制度主义又称为传统制度主义。旧制度主义兴盛时期的研究主要体现在经济学与政治学等学科领域。旧制度经济学派在经济学中的研究，主要体现在该学派以研究"制度"和分析"制度因素"在社会经济发展中的作用为标榜，并以此得名。旧制度经济学派的代表人物凡伯伦、康芒斯、米切尔等人的研究主要强调了非市场因素（主要是正式制度因素与非正式的社会伦理因素等）对人们的各种经济活动产生的影响。而旧制度主义在政治学研究中一般选择的是静态的比较研究方法，研究的重点是各种正式的宪法、其他法律制度以及各种政治体制等。其主要思想体现在两个方面：（1）视国家为一个客观而实在的组织体系，强调了国家在具体的政治生活、社会活动等方面的作用；（2）把国家作为具体的分析客体，研究与国家相关的各项政治制度，阐释这些制度对生活于其间的个体与群体行为活动的影响与约束功能。总体来看，旧制度主义认为，制度是支配社会结构，指导或修正个体行为的决定性因素。[1]

但旧制度学派研究存在的主要不足之处，在于这类研究通常只注意到静态的制度对于社会政治经济运行，及其对社会之中的个体行为所发挥的规制作用，同时，在社会变迁方面，这些研究通常将制度作为独立研究变量而进行的有关制度变迁本身的考察，而忽略了制度与社会结构动态的变迁过程，也忽视了社会结构性因素对于制度的形塑及其变迁影响的研究。[2] 也正因此，新制度主义兴起，并区别于旧制度主义的一个重要标志就是，在坚持把"制度"的文本语义分析作为研究基点的同时，更加注

---

[1] 转引自张宇燕《制度经济学：异端的见解》，载汤敏、茅于轼编《现代经济学前沿专题》（第二集），商务印书馆1993年版，第226页。

[2] 李永洪、毛玉楠：《理解制度：对政治学中制度研究范式的再思考——兼论新旧制度主义政治学的差异》，《社会科学论坛》2010年第3期。

意到了"制度同样内嵌于社会结构"。新制度学派承袭了凡勃伦等人的旧制度学派的基本思想,而不同之处在于这些研究更加注重的是特定制度本身的功能与作用方面的研究。如在许多经济学新制度主义研究看来,制度只不过是外在环境约束下,人们与生俱来的各种本能与周围环境相互作用下形成的一种"惯习"而已。现实社会中的各种"经济制度",如私有制、货币制度、信贷制度等,归根结底只是一个社会各种风俗、习惯、伦理、道德等的反映,人们的心理以及其他各种非经济因素才是决定人们经济行为的主导因素。同样,在政治学新制度主义中,马奇和奥尔森在《新制度主义:政治生活中的组织因素》一书中对行为主义进行了猛烈批判;在此基础上,他们认为社会行为并不能构成为观察、解释各种政治现象的基点。总体来看,新制度学派对于"制度"本身的理解更加强调了一种"嵌入性视角",亦即"制度"与"结构"之间也由此形成了一种"制度化了的结构"与"内嵌于结构的制度"的互构关系。①

实际上,不同于经济学、政治学等学科对制度存在着新旧两个阶段的的理解,社会学从古典时期开始就对于制度的研究形成了两种基本取向:一种是方法论整体主义的研究取向,主要以涂尔干、帕森斯等为代表;另一种是方法论个体主义取向,韦伯是其中的主要代表。涂尔干视制度为一个社会的经纬,认为制度无法还原为个人的行为,而且更为重要的是,制度还对人们的行为具有重要的制约作用,是指导或修正个体行为的根本性和决定性因素。与涂尔干的这一观点类似,帕森斯也认为,社会角色和社会身份是行动者与社会系统发生联系的基本中介,社会制度则是外在于个人行为的人们角色和身份的复合体。② 显然,从这个角度来理解,涂尔干和帕森斯等人关于制度的论述持有的是一种旧制度主义的立场,他们将制度作为一种外在于个体行动的社会支配力量。而与之截然相反,古典社会学家韦伯则从个人的社会行为角度来考察制度。在韦伯看来,制度就是一种社会关系的意义内容,是社会行动过程中的一种意义建构。一方面,制度规范了人们行为的发生,是一个社会中人们行为方式及其内容的基本依据,对于人们的行为具有明显的制约性。但另一方面,制度也是一种人们

---

① [美]詹姆斯·马奇、约翰·奥尔森:《新制度主义:政治生活中的组织因素》,殿敏译,《经济社会体制比较》1995 年第 5 期。

② 杨方:《论帕森斯的结构功能主义》,《经济与社会发展》2010 年第 10 期。

能够理解的社会关系的意义内容，制度实际是不同行动者对彼此行为相互期待的一种定型化，也就是说，社会行为之所以会对对方行为具有某种期待性，原因在于相互的行为模式已经在行动者的意义世界中取得了一致，并且得到了社会的广泛认可。

同样，从当代一些作为政治学新制度主义主要流派之一的"社会学制度主义"的相关研究来看，无论是来自马奇和奥尔森确立的"规范制度主义"、迪马吉奥和鲍威尔提出的"组织分析中的新制度主义"，以及倪志伟等研究者提出的"社会学中的新制度主义"等研究观点，实际上都赋予了社会学对于制度的新制度主义的理解。囿于研究主题的限制，笔者不对社会学制度主义的有关观点进一步展开，而仅就与本书相关的社会学制度主义的观点进行简要介绍。在本书看来，社会学制度主义对本书的借鉴主要表现在以下三个方面①：（1）倾向于从文化界定的途径理解制度。社会学制度主义在解释人们究竟怎样采取行动，制度对人们的行为具有怎样的影响，制度又是为何得以维系这些疑问时，主要借用了一种"文化途径"（cultural approach），即，认为制度是一个人们进行阐释和行动的基础，为人们的阐释和行动提供了认知模版。这一认识实际上主要强调了"制度—结构"视角中，制度对于结构的规则作用，作为个体的行动者是一种深嵌于制度中的实体。（2）在制度的形成和维持方面，社会学制度主义同样有着自己的主张。一方面，社会学制度主义认为制度是在一个充满各种制度的环境里面出现的，制度是不容易为主观所创设的，人们在选择制度时必然"嵌入"特定的文化背景或制度环境之中，受规范与认知这两个维度的影响②；另一方面，在制度的维持方面，社会学制度主义往往主张适宜逻辑，倾向于认为一个社会的宏观制度环境一旦保持不变，那么制度之中的个人行为也将趋于稳定，难以发生变化。这些内容实际指出了"制度—结构"互构视角的另一层内容，即制度规制的结构本身对于制度具有重要影响，是制度得以产生和维系的制度文化环境。（3）制度变迁方面，社会学制度主义主要秉持了这样一种功能主义的认识：一个制

---

① 这三个方面的论述主要参见马雪松、周云逸的《社会学制度主义的发生路径、内在逻辑及意义评析》一文，《南京师大学报》（社会科学版）2011年第3期。

② 如社会学制度主义并不认同霍尔和泰勒的"制度模版修订设计"的观点，而是认为制度很难被有意设计出来。

度相关的其他制度环境的变化，是这项制度产生改变的深层次原因；制度需要具备适应环境变化而做出改变的能力。这实际从"制度—结构"角度指出了制度变迁的动力，即制度与结构之间的适应性。

综上，我们可以发现，新制度主义虽然并未明确提出"制度—结构"的分析视角，但其有关制度的理解早已包含了"制度—结构"互构的认识。倘若对上述零散的各种新制度理论有关"制度—结构"视角的基本论述进行一个归纳，我们可以将这二者的互构关系归纳如下：在一个社会之中"制度"与"结构"之间实际形成了一种"内嵌于结构的制度"与"制度化了的结构"的互构关系——制度在对社会结构的定型化与社会秩序的稳态化发挥约束作用的同时，也在为结构尤其是结构之内的行动者主观所建构。具体而言，这种互构关系体现在三个方面。

其一，在一个社会之中，"制度"对社会结构具有明显的形塑与规制作用，"制度"生产的目的在于规制结构、构建秩序，并对社会个体行为提供约束与指导。"制度"的合法性基础在于规制结构、构建秩序，"制度"不仅是一套单纯的包含规则、程序和规范的"约束性文本"，而且是一套为个体的认知行动提供"意义框架"的象征系统与认知模块，从而为结构的稳固以及社会秩序的可持续提供制度性的结构情境。

其二，更重要的是，"制度"实际源起于一定规范、结构约束下行动者之间的相互期待——即各方对对方行动的预期，当这种相互期待趋于一致并稳定下来成为人们行动的原则时，制度就形成了。因此，制度作用的发挥又必须以嵌入"结构"（制度运行的社会背景）为前提，"制度"是"结构"积淀的产物，是经由一定社会结构之内众多个人在一定社会规范的约束下互动而自发形成的具有稳态的、强制性的约束系统。

其三，制度能够对行动者的行为提供约束和指导，但并不表明社会结构之中的个体行动者总是作为"不会思考的行动者"，而去"遵守制度的逻辑"（Schmidt，2008）。当制度的规制逻辑与其社会结构的内在运行逻辑不相一致，并企图强加于社会运行逻辑之上；抑或当社会结构发生变迁，从而导致制度与社会自身的运行逻辑的契合度与适应性下降时，制度的非均衡就会出现，就会带来制度与社会结构之间的内在紧张，而这种关系的持续紧张将最终消解制度或倒逼制度改革。因此，"制度"与"结构"之间的这种互构,不仅表现为一种静态的规制及内嵌关系,而且表现在一个动态的流变时空之中,"制度"与"结构"之间的互构与共变。①

第二节 经验支持:已有研究中的"制度—结构"分析视角

需要指出的是,虽然已有经验研究在实际的表述中并未系统性提出"制度—结构"互构的分析视角,但实际上仍有诸多的研究注意到了"制度"与"结构"之间的内在关系,并将之不自觉地作为一个重要的分析视角而加以运用。

从国内有关农村社会学的研究来看,张静最早提出了"结构—制度"的分析概念②。谢立中认为西方国家社会科学领域中兴起于20世纪后期的"新制度主义"对张静提出这一分析性概念产生了重要影响,《基层政权:乡村制度诸问题》一书也是她从新制度主义立场出发,对中国当前乡村基层政权运作逻辑机制、产生的各种弊端及其如何进行解决等方面问题所做的一项范例性研究。③ 但遗憾的是,张静并未沿着这一思路从社会学的相关理论上就"制度—结构"互构这一理论视角背后的理论基础做具体交代,也并未就"制度"与"结构"之间具体的互构关系展开论述。应当指出,张静的研究对于本书提出"制度—结构"互构的分析框架,并用以解释当下农村地权冲突具有重要的启发意义。张静的这项研究最重要的意义在于提醒我们,在观察中国农村基层社会的治理实践时,自上而下的科层制与村民自治制度等制度规则,是一个重要的分析视角;另一方面,

---

① 此时制度内的行动者便会运用"前置话语能力"进行主动抗争,在其仍行动于其中的制度之外去思考和说话、去说服人、去为新观念进行辩护(斯密特,2008)抑或选择"弱者的武器",通过消极怠工、出工不出力、破坏集体资产和生产工具等生活技巧来进行抗争与反抗,从而改变或消解制度。(斯科特,2002)从这个意义上可以说,制度变迁缘于制度的不均衡,或者说制度与社会结构之间的不相契合。此外,需要指出的是,本书有关制度与社会结构之间的这种互构关系,主要得益于李友梅、黄晓春、张虎祥等《从弥散到秩序:"制度与生活"视野下的中国社会变迁(1921—2011)》(中国大百科全书出版社2011年版,第43页)一书的启发。

② 张静使用的"结构—制度",与本书所使用的"制度—结构"虽然在具体的语词顺序上略有差异,但这并不影响其与本书所表达观点间的类似性。

③ 谢立中:《结构—制度分析,还是过程—事件分析?——从多元话语分析的视角看》,《中国农业大学学报》(社会科学版)2007年第4期。

她也提醒我们在观察正式制度的运行绩效时需要考虑乡土实践的复杂性,"制度—结构"互构的分析视角涉及当下中国普遍存在的正式制度治理复杂基层社会时的有效性问题。

无独有偶,长期从事农村基层治理研究的吴毅、贺雪峰等学者,也正是在主持乡村民主试验失败的经验中,看到了乡村社会结构对于基层村民自治制度之间的内在张力,进而由早期的村民自治制度研究转入了乡村社会治理的基础研究。正如徐勇在《乡村治理的社会基础:转型期乡村社会性质研究》一书序言中所述:"十来个学者两年多的民主实验,虽然没有产生树立民主典范的预期结果,但给了我们一个重要启示,这就是农村远非我们想象的那样简单,村民自治制度才刚刚进入乡村,支配乡村的治理机制并不是村民自治制度可以加以解释的","如果说村民自治只是一种外在于乡村的制度安排的话,那么,乡村治理的分析概念更接近于乡村社会本身,也就是从乡村认识乡村"①。也正是基于这一认识,吴毅、贺雪峰等人将村治研究向前推进了一步,即不仅仅重视以公共权力运作为中心的治理制度,而且更加注重乡村治理的社会基础分析。只有对乡村社会的特性和变化有了充分的了解和认识,才能运用公共权力进行有效治理,这也是近年来整个华中乡土派研究乡村社会的基本旨趣。沿着这一研究径路,近年来华中科技大学中国乡村治理研究中心的研究团队②出现了大量基于"制度—结构"视角的基层治理问题研究,如吕德文关于"钉子户"的研究、欧阳静有关"乡镇政权的运作策略"的研究、田先红关于"基层信访"的研究③,等等,可以说这些研究的一个共同特征,就是以"制度—结构"视角关注了当前农村基层治理过程中正式治理规则在农村场域实践中的失败或失效,亦即一套以经济绩效与维稳为双重目标取向的高度科层化的正式制度化的治理体制,在复杂化的乡土社会治理中遭遇了挑战,并最终选择了一种"机会主义"的、"权宜化"的策略治理。

---

① 贺雪峰:《乡村治理的社会基础:转型期乡村社会性质研究》,中国社会科学出版社2003年版,序言第3页。

② 该团队今已更名为武汉大学中国乡村治理研究中心。

③ 具体可参见吕德文《治理钉子户——农村基层治理中的权力与技术》,博士学位论文,华中科技大学,2009年;欧阳静《策略主义:桔镇运作的逻辑》,中国政法大学出版社2011年版;田先红《治理基层中国——桥镇信访博弈的叙事:1995—2009》,社会科学文献出版社2012年版。

类似的研究还体现在黄宗智关于中国清代民事案件的历史研究中。在《清代的法律、社会与文化：民法的表达与实践》一书中，黄宗智通过对清代四川巴县、顺天府宝坻县以及台湾淡水分府和新竹县等地的诉讼档案（另外还引用了一些民国时期的诉讼档案与清代的诉讼档案做对比）的分析，以及对清代民事纠纷解决的实证考察，黄先生发现，清代的制度与生活实践的法律在官方的表述上明显背离于具体的日常生活实践，而这种背离在民事领域中表现得最为明显。这种背离之所以产生，归根结底在于司法制度所表述的一套科层化、律例化的"法"规则，在基层治理实践中遭遇到了农村社会结构内部"情""理"等规则的挑战，从而最终迫使法律的官方表达出现"名实分离"。①

当然，不得不提的是，"制度—结构"互构作为一个观察认识社会现象的宏观视角，同样也被具体化地运用于土地产权制度的分析之中。如著名人类学家弗里德曼认为，人类学家对中国传统乡村地权的研究，一直存在一种重要思路，就是不直接探讨土地的产权形态，而是将乡村地权置于整个社会结构之中来理解，将地权与宗族结构、革命和妇女等因素联系在一起，研究地权作为制度安排与社会变迁的关系。② 同样，波特夫妇将后集体化时期的土地实践安排与传统农村的地权配置进行了联系，认为即使在改革开放后的20世纪80年代，中国农村地权的制度安排依旧可以区别出田底权和田面权，田底权被集体占有，国家也占有税收等田底权，承包经营土地的田面权则可以依照传统方式由子女继承。③ 张静、曹正汉等人将当下农村土地地权冲突归结为土地使用规则与确权规则的不确定性，有关土地权属确立的正式规则遭遇瓦解，根源在于当下中国政治与法律未分，是一个利益形塑的秩序，而非法律形塑的秩序。④ 董国礼通过对1949

---

① ［美］黄宗智：《清代的法律、社会与文化：民法的表达与实践》，上海书店出版社2007年版，第119页。

② ［英］莫里斯·弗里德曼：《中国东南的宗族组织》，上海人民出版社2000年版，第13页。

③ 转引自王晓毅《家族制度与乡村工业发展——广州与温州两地农村的比较研究》，（香港）《中国社会科学季刊》1996年（秋）。

④ 张静：《土地使用规则的不确定：一个解释框架》，《中国社会科学》2003年第1期；曹正汉：《地权界定中的法律、习俗与政治力量——对珠江三角洲滩涂纠纷案例的研究》，载张曙光编《中国制度变迁的案例研究》（第六集），中国财政经济出版社2008年版，第712—807页。

年以来中国土地产权制度变迁的考察，认为这50年间土地产权制度变迁的过程同时也是国家与社会权力关系变迁的过程，土地产权制度的变迁与国家与社会关系的变迁在一定程度上具有同构性。①

总之，运用"制度—结构"视角的社会学研究还大量存在，在此不做一一列举。总体来看，通过对这些已有研究的简要列举我们可以发现，这样一些"制度—结构"互构视角的研究存在着以下几个方面的共同点：其一，这些研究主要集中于正式制度的实践领域，着重关注的是正式制度在基层社会治理过程中存在的"不适"与"调适"问题；其次，正式制度在基层社会治理过程中之所以存在"不适"，在本质上反映的是"制度"与"结构"之间的内在张力，这种张力既可能来源于制度规则与乡土自身规则之间的冲突，如黄宗智、贺雪峰等人的研究；也可能源于制度在构造基层治理规则时自身可能存在的生产结构性冲突的特性，如张静的研究；其三，一旦正式制度在基层社会治理过程中存在"不适"，必然表现出矛盾，这种内在的张力要么使正式制度无法得到执行，成为毫无效率的"空制度"；要么迫使"制度"本身做出"调适"，亦即基层治理的实践规则与制度的原初设计规则出现背离，一如黄宗智所说的"名"与"实"的分离。

第三节 历史检视："制度—结构"视角下 18世纪中国的财产权纠纷

地权冲突是一个社会之中的重要冲突类型之一，在传统农村的土地产权秩序下，同样存在着类型众多、形式多样的地权冲突，比较典型的如宗族之间大规模械斗、对于祖产（如祖坟山、族田）的争夺、拟血缘（如过继、过嗣）中的土地继替纠纷、地权交易中的契约纠纷，等等。这种冲突几乎横亘于历史上的任何时期、任何空间地域。但是这种地权冲突的一个重要特征就是历史上的稳态分布，并不具有鲜明的时代特征，也不会对既有的土地产权秩序造成冲击，因此并不构成与当下中国农村大规模地权冲突之间的可比性。

---

① 董国礼：《中国土地产权制度变迁：1949—1998》，（香港）《中国社会科学季刊》2000（秋）。

但是，仔细考察中国土地产权制度的演进历史，可以发现，18世纪是中国土地产权制度演进进程中不得不重点关注的一个特殊时期。这一时期曾被一些学者高度赞誉为"中国的商业革命""资本主义的萌芽"与"中国近代早期是最有活力的一个时期"。如高王凌认为，18世纪是20世纪的先声，如果将18世纪的中国历史与20世纪贯通起来，可以发现其中存在着的"正面接续"关系。① 但与此同时，这一时期也是中国近现代历史上地权冲突异常剧烈的一个时期，据中国第一历史档案馆的刑科题本方面所提供的一手资料，有关土地和债务纠纷命案题本仅在乾隆年间就多达56000多件。② 这一时期农村地权冲突为何在数量上急剧增多，且恶性人命案件激增，无疑是学术研究需要做出深入分析的重大问题。

美国学者步德茂（Thomas M. Buoye）是较早对中国这一时期大量财产权（主要是土地财产权）暴力争端进行系统研究的学者。③ 在其名著《过失杀人、市场和道德经济——18世纪中国财产权的暴力纠纷》一书中，作者以中国第一历史档案馆所藏涉及乾隆年间山东、四川和广东等地引发命案的众多刑科题本素材为基础，发现这一时期大多数案件都涉及抗租、撤佃、回赎、水权以及田界争端等特定的财产权争夺与冲突。但是不同于已有法律史研究在"过失杀人"案件中仅仅看到刑事司法上的意义，作者引入了经济制度史的相关理论（主要是诺斯的产权理论与意识形态理论），将这些地权冲突案件的考察分析放置到了一个更为广阔的特定经济社会变迁的历史背景中去理解。通过对这些不同暴力冲突案件之中纷繁芜杂的人口压力、土地价格、租佃关系、道德伦理、司法体系等影响因素的具体考察，作者看到了一个更为全面与立体化的有关18世纪中国农村地权冲突的图景。

在书中，步德茂试图阐述这样一个系统化的观点：中国18世纪出现的大量财产权冲突，是与特定的经济社会发展进程联系在一起的，是这一

---

① 高王凌：《十八世纪，二十世纪的先声》，《史林》2006年第5期。

② 孙守朋：《18世纪中国经济变迁背景下基层司法体制考察——以土地产权纠纷审理为例》，《兰州学刊》2007年第11期。

③ 中国人民大学清史研究所在翻译出版《过失杀人、市场和道德经济——18世纪中国财产权的暴力纠纷》一书后，曾组织了一批专家学者撰写了十余篇关于此文的评述文章，并分别从基层司法体制、法律经济学、法律社会学、社会变迁与社会冲突互动等角度对这一时期的土地财产权冲突问题进行了研究。

时期高度发达的商品经济变迁带来的社会性冲击的一种后果与反映。正如在该书的书名中所提到的"过失杀人""市场"和"道德经济",作者通过引入了"市场引发土地产权的重新界定",以及"传统道德经济的衰落"两大变量作为解释这一时期"过失杀人"(主要由地权冲突所导致)的主要因素。一方面,18世纪经济变迁中商品化的加速和空前规模的人口增长,带来了土地相对价格的位移,这导致了地主与佃农之间、佃农内部,以及其他土地抵押、典赎关系之间以土地利益争夺为核心的更为严格的土地边界以及权属的界定,从而使现存的土地产权结构出现紧张。[①] 另一方面,更为重要的原因在于,这一时期传统社会土地的产权规则中蕴含着丰富的道德伦理体系开始遭遇瓦解。在步德茂看来,中国传统社会的土地使用与交易规则中蕴含着丰富的道德伦理[②],但是随着商品经济的发展,经济理性开始广泛地渗入人们的思维,改变了传统地主与佃农之间的人身依附关系,代之为一种契约关系,并逐渐侵蚀人们已有对于日常土地产权规则的认知与判断。于是,在日常的土地产权实践中,冲突的双方可以分别援引不同的话语规则,而作为冲突救济的民间调解和官府裁断,也同样因为这种规则的混乱而失去了为冲突双方共同接受的合法性基础——这也成为矛盾激化并导致大量人命案产生的根本原因。

步德茂关于18世纪中国农村地权冲突的解释,无疑令人信服,也足够出色,但是从本书所提出的"制度—结构"互构的分析视角来看,其研究也仍旧有进一步深入推进的空间。这是因为,步德茂关于地权冲突的解释还仅停留于"土地产权制度"(一种非正式的产权规则)的分析——已有的土地产权规则开始不为人们所信仰与尊崇,产权规则的维持机制抑或再生产机制发生了失灵。实际上,要真正对这一过程的发生机制作出解释,就必须深入具体的历史情境,考察土地产权的具体嬗变过程及其对农

---

① 由于传统农村长期模糊性的土地产权登记与管理,以及不够规范的土地契约文书,尽管政府试图通过修改法律来厘清土地产权,但在底层社会对于土地边界以及权属界定的博弈争夺仍旧无法避免,这也成为农村地权冲突的直接触发因素。

② 当然需要指出的是,步德茂关于土地产权中的道德经济的论述并非是从中国传统"伦理本位"的角度进行的,其更多的是借用了斯科特的"道义经济"的概念。斯科特在《农民的道义经济学:东南亚的反叛与生存》一书中开篇引用了R.H.托尼的话,"有些地区农村人口的境况,就像一个人长久地站在齐脖深的河水中,只要涌来一阵细浪,就会陷入灭顶之灾"。正是这种挣扎于生存边缘的经济,导致了传统农民"安全第一"极力"避免风险"的生存伦理。

村社会结构的冲击,考察农村社会结构的变化何以失去了对既有土地产权规则的支持。

实际上,分析这一时期的农村社会结构,可以发现这一时期传统的土地产权规则之所以不被人们普遍遵从与农村社会结构中"宗法关系的松弛""士绅结构的解体"等因素之间存在着紧密的关系。正是这些结构性因素一定程度上消解了传统社会中既有的土地产权规则,二者在这种互构之中才导致了这一时期农村地权冲突的大规模爆发。

虽然有关明清时期宗法关系松弛原因的讨论观点不一而足①,但可以肯定的是这一时期农村社会宗法观念的松弛对农村社会产生了极其深远的影响。这一时期,不仅"尊卑无别,良贱不分"的宗法关系出现了明显的松弛,而且在兄弟乃至父子分财析产异居上也呈现了这种宗法关系松弛的现象。到明清时期,各地虽然仍有数代同居的大家族存在,但兄弟乃至父子分财析产异居已成为普遍现象。而伴随着家产分割,兄弟之间为争夺遗产而"争诉不已",在清代前期已成为普遍现象。江太新曾通过历史文书史料列举了相当的例证:如江西魏禧在论述人伦之薄,为争夺财货而发生纠纷的"十人而九"。"今之父兄子弟,往往争铢金尺帛,而至于怨愤诟斗,相戕相杀者,殆不知其几也。"② 整体来看,这一时期农村宗法关系的改变,不仅带来了农村宗族内部传统的关系纽带出现断裂,产生了各种由于分家析产导致的矛盾与诉讼,先辈遗留下来的各种规约民俗也逐渐淡出了人们的日常视线,农民往往开始对之视而不见,其日常生活的行为逻辑出现了明显改变。也正因此,这一时期,农村内部当事人之间直接的土地交易日益频繁,而不再选择通过亲房进行。

如果说宗法关系的松弛冲击的是社会结构之中的道义伦常,以及村民之间的横向社会关系结构,从而使土地产权规则也受之影响发生嬗变;那么这一时期士绅阶层的瓦解所导致的农村纵向社会结构的变迁,则是引发

---

① 关于宗法关系松弛的原因,一般存在三种解释:一是各个地区不断爆发大规模的农民起义和农民战争,对贵族官绅的封建势力产生了严重冲击;二是清初的大规模移民,对打破过去旧的封建传统,尤其是宗法关系的束缚,起到了很大的作用;三是人口压力与商品经济的冲击和影响。

② 上述两处引文均转引自江太新《略论清代前期土地买卖中宗法关系的松弛及其社会意义》,《中国经济史研究》1990年第3期。

土地产权转变以及地权冲突更为根本与重要的原因。在传统社会，绅士阶层既是农村共同体的领袖，又是国家保甲制（里甲制）的"经纪人"，这种身份的重叠有助于他们充当联系国家与乡村社会沟通的中介和渠道，成为中国乡村社会保持高度稳固的结构性基础。但是 18 世纪的高度商品化导致了"绅士进城"运动，大量的士绅选择进城定居生活①，这种变化打破了传统农村社会的既有社会阶层结构，也全面冲击了农村已有的产权关系结构。首先，绅士阶层的进城消解了地主与农民的人身依附关系，同时也带来了新的地租形态，如定额租（或田面租）。对于佃户来说，定额地租形态的出现，既有助于巩固佃户对土地上任何新增产出的权力，却也容易使佃户遭遇灾害减损时面临更大的经济风险，从而加剧了佃户暴力抗租的可能。② 对于地主来说，这种影响也是明显的，定额地租使不在村地主丧失了对佃户的控制和监视，这导致收租出现困难，甚至连撤佃也成为一件并不容易的事。在商品经济的背景下，双方都在千方百计地确保自己对收成的诉求，外加上二者之间变动的关系导致了地权冲突的加剧。③ 其次，绅士阶层的瓦解使农村基层出现了权力真空。地主和佃农、国家和佃户之间关系的弱化，在农村社会中产生了一个结构性断裂。传统社会，"绅士"阶层扮演了农村"保护性经纪"④ 的角色，这一阶层作为地方精英具有较高的地方性权威，能够在维护基层伦理秩序、确保基层公共品供给等事务中发挥重要作用。随着这一阶层的瓦解，国家必须通过支付一定佣金的方式在基层扶持代理人——胥吏，来保证国家税赋的征缴以及维持基层的秩序。但这种自上而下的授权也为胥吏中饱私囊提供了可能，由此

---

① 有关上绅进城的介绍可参见费孝通《中国士绅》，（赵旭东、秦志杰译，生活·读书·新知三联书店 2009 年版）、张仲礼的《中国绅士：关于其在十九世纪中国社会中作用的研究》（上海社会科学院出版社 1991 年版）。在费孝通等人看来，19 世纪后半叶以来，绅士阶层之所以纷纷迁往城镇，是因为在那里既可以有更多的商业机会，也可以享有更为丰富的社会文化设施。

② 虽然收租时会举行一次会议，根据旱涝情况，商定该做何项减免，并决定米租折合成现金的兑换率（因为在定额租之前，已实现了由实物地租向货币地租的转变），但这种减免和兑换率往往是地主独断专行的。

③ 有关地主进城后对于地主与佃户关系的影响的论述，莫过于 [美] 白凯《长江中下游地区的地租、赋税与农民的反抗斗争（1840—1950）》（林枫译，上海书店出版社 2005 年版）一书的论述，具体可参见 321—323 页。

④ [美] 杜赞奇：《文化、权力与国家 1900—1942 年的华北农村》，王福明译，江苏人民出版社 2003 年版，第 2 页。

导致的后果是农村基层治理主体由"保护性经纪"向"营利性经纪"的转变,以及国家税赋征缴过程中严重的官民对立。地方性治理权威的衰落,也意味着众多的农村地权矛盾冲突在基层无法获得稳定的申诉与救济途径,这也恰恰是导致这一时期许多小冲突演化成为人命案的重要原因。最后,还需要指出的是,绅士阶层的抽离弱化了农村基层的儒家信仰,进一步导致意识形态的衰落。传统社会的绅士阶层大多出身于科举制度,受过正统的儒家教育,恪守儒学传统,是国家意识形态在民间的播散者和维护者,以及农村伦常道德上的"卫道士"。而随着绅士阶层在农村的抽离,儒学信仰在农村失去了立基的重要载体,整个儒家意识形态在农村的衰落也不可避免。这也是传统农村宗法关系在这一时期出现松弛,土地产权中的伦常道德因素被剔除出去的原因所在。

通过上述分析可以发现,通过引入"制度—结构"互构的分析视角,我们能够获得一个有关18世纪中国农村大规模财产权纠纷的具有更多变量、更为丰富与复杂的解释。这一解释显然较步德茂的分析视野更为宏观、也更加全面。在这一过程中,我们除了继续肯定此一时期以经济理性为主导的产权规则的出现与传统伦理型的产权界定规则之间的此消彼长与两厢对立,是导致这一时期农村产权冲突的直接原因;商品经济发达带来的土地升值又是导致这一时期地权冲突的深层次结构原因之外,我们实际引入了更加丰富与复杂的社会结构解释变量——注意到了这一时期乡村宗法关系的解体与农村士绅阶层的抽离。实际上,这一时期乡村宗法关系的解体与农村士绅阶层的抽离与农村产权界定规则变化之间存在着复杂的互构共变关系,很难在逻辑上区分出何者为因、何者为果,但可以肯定的是,正是这一时期农村产权界定规则(非正式产权制度)与农村宗法关系、士绅基层(社会结构)之间的这种共变,共同导致了这一时期农村地权冲突的大规模爆发,而这显然也为观察当下中国农村地权冲突提供了极其有益的启示。

第四节 操作化:"产权制度"与"社会结构"的经验维度

前文有关"制度—结构"互构视角的理论基础、经验支持、历史检视等内容的论述,更多的是服务于论证这一分析视角的合理性,就本书而言,要真正运用这一分析视角,通过分析当下农村的土地产权制度与农村社会结构之间的互构关系,并最终达至对于当前农村地权冲突的解释,还必须对"土地产权制度"与"农村社会结构"这两个关键概念进行操作化。只有把这两个概念操作为可供观察的经验维度,才能够在田野的实证调查中把握住这二者互构关系的真实内在逻辑。

有关产权制度的操作化较为简单,因为在经济学产权理论中一直存在着一个著名命题,就是"产权是一束权利"(a bundle of rights)。产权经济学家阿尔钦(Alchian)曾认为,可分割性、可分离性和可让渡性是产权的重要特征,任何一项具体产权其内部存有不同的权能,这些权能可以进行分割,同时为不同主体所享有。由此可推至两点内容,其一,任何一项特定的产权是可以进行分割的,可以由不同权利主体所分别享有;其二,产权的"权利束"不仅可以进行分割,同时,分割而成的每一项权能又可以重新再组合。不同权能之间通过不同形式的耦合与重组后可以变化为多种形式的新的产权权利束。总体来看,产权与所有权之间并不完全等同,其重要区别在于,产权是所有权内涵的各种权利的组合,其占有权、使用权、收益权和处置权等四种权能基于财产归属(所有权)这一前提引申而来。[①] 本书在实际应用中,也主要采用这种分类方法,将土地产权制度操作为土地占有权、土地使用权、土地收益权与土地处置权等四个维度。

具体而言,所谓土地占有权是指对土地这一财产实际掌握、掌控的权利。总体来看,占有权是所有权的核心与根本所在,没有占有权,也就很难再谈产权的使用权、收益权和处置权,这三种权能形式都不会得到很好的实现。所谓土地的使用权,是指在权利所允许的范围内以各种方式对土地进行使用的权利,这项权利在通常情况下由所有人来行使,但同时也可以根据相关政策法规或者所有权人的偏好而进行交易、转让。在当前中国,农村集体土地使用权通常是农村集体经济组织及其成员依据相关土地法律规定对归属于集体所有的土地所享有的一种用益物权形式。所谓土

[①] 需要指出的是,在国内一些学者实际的分类情况来看,有关产权权利束的划分存在着不同的形式,如陈军亚在《产权改革:集体经济有效实现形式的内生动力》一文中,认为财产归属基础上引申出来的一套权利体系,包括所有权、占有权、使用权、收益权和处置权等;而罗必良则将产权(property rights)视为是使用权、收益权、决策权和转让权的集合,其中后二者又可以统称为"处置权"。(参见陈军亚《产权改革:集体经济有效实现形式的内生动力》,《华中师范大学学报》(人文社会科学版)2015年第1期。)

收益权，是指获取基于土地财产而产生的经济利益的可能性，是人们因获取追加土地财产而产生的权利义务关系。收益权作为实现所有物价值的基本手段，在市场经济高度发达的现代社会，已上升为所有权最核心的权能。在我国农村土地的收益权通常包括收获土地上种植的各种粮食作物与非粮食经济作物，也包括将土地流转租赁而获取的土地地租等。所谓土地的处置权，通常是指依照法律规定对土地进行处置的权利。就一般物权意义而言，处置权的行使可使所有权消灭，亦可使所有权转移给他人，或使使用权、占有权转移，或可将所有物设定物权，土地处置权通常表现为出卖、出租、赠送、遗赠、抵押等具体权能形式。

还特别需要明确的是，本书认为，在我国集体土地产权制度下，不同时期土地产权的权能有着不同的分解形式。在农业集体化时期，集体土地产权权能的分解程度较低，土地产权的权利束主要集中在生产队这一集体手中，这一时期的农村集体不仅是法律意义上的农村土地的所有者，同时还拥有了土地全部的占有权、使用权，以及一部分的土地收益权与处置权，这一时期的农业生产在日常中出现了集体占有并耕种土地，土地收益由集体支配并在集体内部统一进行分配的特征。农民作为集体经济组织的成员而进行农业耕种并获取收益，但农民本身并不享有任何形式的集体土地产权。而随着家庭联产承包责任制改革在农村的实施，农村集体土地产权开始出现了明显的分割，农村土地不仅所有权与使用权、收益权等开始在不同的土地利益主体之间进行配置，甚至在当下农村土地的承包权与经营权等也开始出现了进一步的分割。农民作为集体经济组织的一员，不仅共同享有土地的所有权，而且在此基础上获得了越来越有保障、越来越丰富的土地占有使用权、收益权等权能形式。

相比较集体土地产权制度的操作化，农村社会结构的操作更为复杂。本书认为农村社会结构内部的关系结构、土地产权认知结构，以及一套充盈于社会之中的意识形态符号系统，是社会结构内部与当前农村地权冲突产生直接关系的三个具有决定性的变量，正是这三个变量与农村土地产权制度之间形成了有机的互构关系。而之所以会将农村社会结构操作化为这三个维度，不仅源于田野调查经验中大量地权冲突案例的具体分析，可以发现农村地权冲突主要与这三个结构性方面的因素相联系；另外，更为重要的是，这三者之间实际还是一个由外到内、由表及里的逻辑连续统。农村地权冲突在最外显的层面主要表现为农村社会关系中不同群体的冲突，而在相对内隐的层面主要表现为产权认知观念的差异，而进一步的分析则可以发现农村公有制意识形态所发生的解构与混乱更是导致农村土地产权认知观念差异的更为深层次的原因。

一 社会关系结构

社会关系结构实际上是狭义社会结构的一种指称，本书将之定义为农村基层内部可供观察的、微观化的不同行动者之间的联结方式；并以此为基础，可以将农村基层社会结构区分为，村民之间纵向分层联结而形成的村庄纵向社会关系结构，以及由村民之间的横向联结构成的村庄横向社会关系结构。

菲吕博腾和佩杰维奇在对产权文献所作的一篇综述中认为："产权不是指人与物之间的关系，而是指由物的存在及关于它们的使用所引起的人们之间相互认可的行为关系。"[①] 这是一个极富洞见的制度经济学对于产权的定义，其核心实际表明了一个社会之中人对物的占有支配关系，在本质上是一个社会所共同赋予的意义建构的过程。没有一个区域共同体范围内的社会其他成员对于这种占有支配关系的共享性的认可，就没有所谓占有与支配的意义，也就自然不会有"产权"这一意识思维的产生。而倘若沿着这一定义做进一步的延伸，则可以知道产权这一概念背后实际包含了以下三个层面依次递进的关系：产权首先是一种人对于物的占有支配关系；这种占有支配关系的存在或确立，需要整个社会基于一套共享的地方性知识基础上的对这种人对物的占有支配关系的认可；这种占有支配关系被社会确认后，进一步表明了所有者与非所有者、所有者与使用者、产权交易中的现所有者与未来所有者之间相应的权利义务关系。因此，从这个角度上来说产权背后所嵌含的是一束社会关系结构。[②]

[①] ［美］R. 科斯、A. 阿尔钦、D. 诺斯等：《财产权利与制度变迁：产权学派与新制度学派译文集》，刘守英等译，上海三联书店、上海人民出版社1994年版，第204页。

[②] "产权是一束社会关系结构"的命题，并不完全与周雪光的"产权是一束关系"的命题相同。周雪光研究乡镇企业产权的性质时强调，一个组织的产权结构和形式是该组织与其他组织建立长期稳定关系、适应其所处环境的结果。产权反映了一个组织与其环境即其他组织、制度环境，或者组织内部不同群体之间稳定的交往关联。而此处"产权是一束社会关系结构"主要强调的是产权背后所形成的一种人与人之间的联结状态。(参见周雪光《"关系产权"：产权制度的一个社会学解释》，《社会学研究》2005年第2期。)

土地产权制度与农村社会结构之间存在着互构性，主要表现在一个稳态的土地产权秩序的确立，要求土地产权制度所形塑的不同产权主体之间的联结关系与农村社会结构之中人们相互的社会关系结构在联结逻辑上是一致的。一方面，土地产权制度会拟定着土地产权主体之间的联结关系，比如土地私有制背景下拟定了土地占有者之间独立的排他性关系，并进而在横向社会关系结构上容易催生出具有独立经济理性人格的平等契约关系；在纵向社会关系结构上有助于形成土地的管理者与土地所有者之间的"委托—代理"关系。而与之相反，在传统社会的土地产权制度背景下，土地占有者之间呈现的是一种"共同共有"联结关系。这种联结关系无论在村庄横向社会关系，还是纵向社会关系上都容易促成以道德伦理作为社会交往原则的"伦理本位"的社会关系结构。① 另一方面，社会关系结构的变化同样会带来对于土地产权制度的挑战，从而形成土地产权制度调整的压力，如在当前农村因社会流动加强而导致的村庄成员权问题正在成为集体土地所有制遭遇危机的主要诱因。

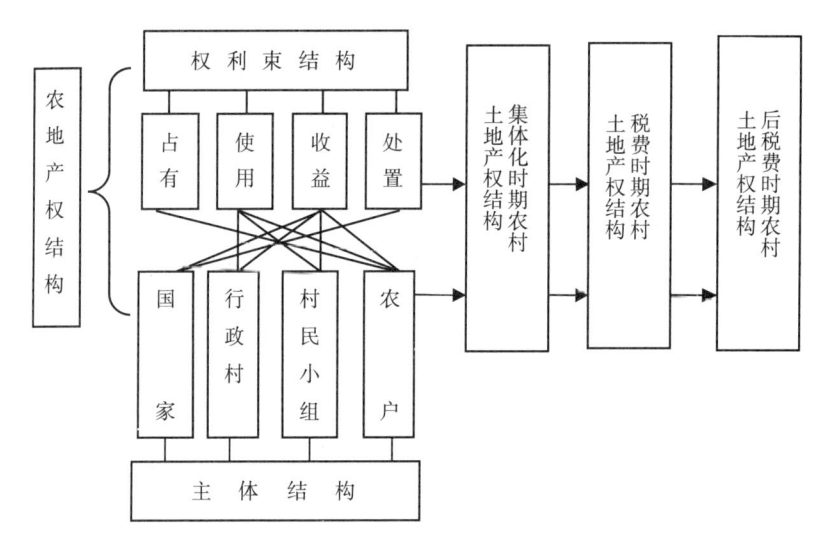

图 2-1 农地产权结构与社会关系结构对应关系

由于本书主要将集体土地产权制度区分为占有、使用、收益、处置构

---

① 郭于华曾讨论过家庭财产关系的变革与农村养老的变迁，可以说是这一表述的最好诠释。参见郭于华《代际关系中的公平逻辑及其变迁——对河北农村养老事件的分析》，载邓正来、郝雨凡主编《转型中国的社会正义问题》，广西师范大学出版社2013年版。

成的土地权利束，而这四种权利又是在国家、行政村、村民小组与普通农户之间分割配置的。因此，本书中有关农村社会关系结构的考察主要放置在这四个主体间的关系结构中进行。静态来看，集体土地的占有权、使用权、收益权、处置权在国家、行政村、村民小组与普通农户这四个主体之间的分割配置，塑造了这四个主体间的内部联结关系；而动态来看，国家有关集体土地产权政策的调整，实际上就是土地占有权、使用权、收益权、处置权在国家、行政村、村民小组与普通农户这四个主体之间分割配置情况的变化，这种调整也必然引发这四个主体间内在关系的变化。这四个主体间的利益争夺关系构成了当前农村地权冲突的基本主体构成。

二 土地认知结构

《社会心理学词典》认为，社会认知是指在具体的社会情境中，人们对他者或者其他客观存在的事物所产生的具有意义与价值内涵的认知、判断以及评价等内容。基于这一概念，本书将土地认知结构定义为，深植于中国农民日常生活和心理结构之中，基于土地制度安排、地方性乡土伦理道德规范，以及个体经济理性等因素共同作用而产生的，特定时空范围内较为稳定、主流的土地产权的社会性认定体系。亦可称为农民的土地心态。

正如伯尔曼所言，"法律必须被信仰，否则法律形同虚设"①，一个社会产权秩序的确立不仅需要正式的产权制度安排加以确立，并以惩戒性力量作为后盾；更为重要的是社会行动者发自内心的对这种产权制度安排的认可与遵从。② 也正是在这个意义上可以说，土地产权制度与农村社会结构之间的内在契合性，首要地表现为土地产权制度的规则体系与农村社会结构之中的土地认知规则之间是否具有契合性；一个占支配性地位的稳定的土地认知结构是一个社会的土地产权秩序保持稳态的根本前提。虽然诺斯认为，"正式约束和非正式约束之间只存在着程度上的差异，成文法往往是从不成文的传

---

① ［美］伯尔曼：《法律与宗教》，梁治平译，中国政法大学出版社2003年版，第1页。
② 当然，以暴力为后盾，通过制度的强制性实施可以构建一种"组织秩序"或"计划秩序"，但来自制度经济学的研究已经证明了，计划秩序伴随着对权利的运用和对自由的限制必然带来高额的监督成本，必然使这种秩序具有极大的不稳定性与不可持续性，具体论述可参见［德］柯武刚、史漫飞《制度经济学：社会秩序与公共政策》（韩朝华译，商务印书馆2000年版）一书第六章的论述。

统、习俗和道德中演进而来"①。但实际的情况是，一旦正式制度确立，就具有自身的运行惯性与路径依赖（包括路径的锁定效应），并不与社会结构内部的社会认知保持同步；同时，一个急剧转型的社会本身就伴随着"规则失范"，也必然带来多种社会认知规则的间杂与互抵，难以形成自发且占支配地位的社会性认知。也正因此，土地产权制度与土地认知结构之间实际存在的是一种若即若离的共振关系，一方面，土地产权制度及其实践向社会的土地认知领域输入了一套话语；另一方面，农民自发的土地认知又具有自身一定程度的独立性，通过自身建构的土地产权认知解构着当下的土地产权制度，从而导致地权冲突的产生。

实际上，通过第一部分文献梳理的内容可以发现，当前整个社会土地产权认知规则的紊乱是当前农村地权冲突的重要解释变量。这种紊乱主要表现在三个方面：传统土地认识与当下政策表述之间的冲突，如农村的"祖业权"与具体的集体土地所有制之间的冲突；基层政府、村级组织（含村民小组）、村民三个土地利益群体在土地产权认知上的冲突，以及比较突出的村组之争；农村社会自发流动与职业分殊所导致的农民分化背景下，农民内部不同群体的土地产权认知冲突，如有的农民坚持土地占有的平均主义，另一些农民则坚持土地产权的私有化。而抛开土地产权制度对于农民土地产权认知的影响，光就当前中国农民所表现出的土地认知而言，农民之所以具有多重土地认知规则，原因在于，传统、集体化与家庭联产承包责任制改革（市场化）三个时期分别积淀了农民对于土地性质的不同理解。而本书第五章的论述，我们将会发现正是这种不同的产权理解与已有的集体土地所有制的制度安排之间产生了巨大张力，成为引发当前农村地权冲突的重要因素。

三 社会意识形态

社会意识形态构成了产权制度与社会结构互构关系的第三个重要联结点。意识形态作为一个极为抽象的概念，也是整个 20 世纪西方学术思想史上内涵最为复杂多样、意义最为混乱不清、性质最捉摸不定、运用也最

---

① ［美］道格拉斯·C. 诺斯：《制度、制度变迁与经济绩效》，杭行译，格致出版社 2008 年版，第 64 页。

第二章　解释框架：土地产权制度与农村社会结构的互构逻辑

普遍的一个概念。① 德国哲学家卡尔·曼海姆认为意识形态是一种思想方式，主要包括有两种主要的类型：一种是狭义上的意识形态，其功能主要在于藏匿与歪曲各种事实的真相；二是广义上的意识形态，意指一个社会中人们普遍的世界观以及对自身生活意义与价值的信奉。② 罗伊·麦克里迪斯（Roy C. Macridis）进一步总结概括出了有关意识形态这一术语在使用时通常所指的七种含义。③ 不同于哲学家过于思辨性地纠结于意识形态的内涵界定，新制度主义经济史学家更为看重意识形态的功能。道格拉斯·C. 诺斯（Douglass C. North）认为意识形态为人们提供了一整套有关世界、社会与政治体系的信仰与价值体系，深受意识形态浸染的人们能够在进行各种社会行为时不需要进行严格的经济成本—收益核算，长期习得的习惯会自发做出许多的行为反应，从而极大地降低整个社会的交易费用成本，促进经济增长绩效。④

由于考虑到研究主题的相似性，本书更倾向于诺斯有关产权制度与意识形态关系化的论述，即意识形态影响着一个社会的产权结构；同时，本书也同意诺斯关于一个社会意识形态的多样性存在的可能（即几种对立着

---

① 季广茂：《意识形态》，广西师范大学出版社2005年版，第1页。

② ［德］卡尔·曼海姆：《意识形态与乌托邦》，黎鸣、李书崇译，商务印书馆2000年版，第59页。

③ 这七种含义分别是（1）它常有欺骗、歪曲、虚假的意识，是一种不符合客观现实的主观的和相对主义观观念；（2）往往表明了一种乌托邦式的理想；（3）指特定人群所共有的特定的社会意识、特定的价值信仰和态度或者人们对其社会的共同反应；（4）与社会批判有关的意识形态；（5）是指人们观察和认识世界的一系列概念；（6）是政治集团参与政治的行为准则；（7）也可能是强有力的政治控制工具。具体可参见 Roy C. Macridis：*Contemporary Political Ideologies*：*Movements and Regimes*，Cambridge，Massachusetts：Winthrop Publishers，Inc，1980，pp. 2-3。

④ 诺斯的意识形态理论是与其产权理论、国家理论一起综合提出的，其主要观点认为：由于人类受其自身生产能力和生存环境的约束，只有通过交换即交易这一基本活动获得经济效益和安全保障，而产权是交易的基本先决条件，产权结构的效率引起经济增长、停滞或经济衰退。国家则规定着产权的结构并最终对产权结构的效率负责。此外，由于约束行为的衡量费用很高，如果没有思想信念约束个人最大限度追逐利益，会使经济组织的活力受到威胁。因此，意识形态的作用是不可替代的，它是一种节省时间精力的工具，有助于实现决策过程简化，并使社会稳定和经济制度富有黏合力。具体可参见［美］道格拉斯·C. 诺斯《经济史上的结构和变革》序言部分，厉以宁译，商务印书馆1992年版。

的合理化或意识形态①）。而不同之处在于，诺斯更看重意识形态作用于产权制度后的经济功能；而本书更看重意识形态为产权制度提供的合法性论证后的政治社会后果。本书认为充盈于一个社会的意识形态符号，为人们提供了一个理解社会结构内部各种现象及自身行为的意义符号。一方面，这种意义符号会支配人们对于各种事物的认知，并使这些认知之间能够保持内在的逻辑一致。人们关于产权的认知同样受此支配；另一方面，这种意义符号还赋予了人们之间社会互动关系的内在意义结构，从而定义了人们通过互动而呈现的社会关系结构。因此，结合前文关于产权制度与社会认知、社会关系结构内在互构关系的论述可知，社会意识形态作为社会认知结构与社会关系结构的深层次内核，同样与一个社会的产权制度发生着有机联系。这种联系具体表现在，一个社会要保持稳态的产权秩序，就必须使产权制度这一规则体系背后所饱含的价值与意义感，与整个社会结构之中所充盈的一套社会意识形态符号保持一致。

要具体理解现实之中社会意识形态与产权制度的内在互构关系，需要引入民间法（习惯法）与国家法的区分。② 众所周知，在学界内部有关在中国传统社会中的"国家—社会"关系问题，以及由此而延伸出来的"国家法—民间法"的关系问题上曾引起过激烈讨论，但总体来看，大多数学者仍旧持一种"家国同构"的立场，即"国家"与"社会"之间基本是同质的，它遵循着儒家关于"家—国—天下"的这一意识形态的建构，这也带来了"民间法"与"国家法"之间更多是一种相互"分工"与"交融"的关系，一定程度上甚至可以说"国家法"是对"民间法"

---

① ［美］道格拉斯·C. 诺斯：《经济史上的结构和变革》，厉以宁译，商务印书馆1992年版，第58页。

② 梁治平认为，习惯法作为一种地方性规范，是在乡民长期的生活与劳作过程中逐渐形成的；它被用来分配乡民之间的权利、义务，调整和解决他们之间的利益冲突，并且主要在一套关系网络中被予以实施。就其性质而言，习惯法乃是不同于国家法的另一种知识传统，它在一定程度上受制于不同的原则。当然，同样确定的是，作为"小传统"的习惯法从来不是自主的和自足的，事实上，它是在与包括国家法在内的其他知识传统和社会制度的长期相互作用中逐渐形成的。广而言之，民间法与国家法之间既相互渗透、配合，又彼此抵触、冲突。具体可参见梁治平《清代习惯法：社会与国家》，中国政法大学出版社1996年版，第166页。

所确立的社会规范体系的一种再确认。[①] 而这也自然可以理解产权制度这一规则体系所饱含的价值与意义感，必须与整个社会结构之中所充盈的一套社会意识形态符号保持一致。但是随着马克思主义意识形态在中国的输入，及其作为国家政治层面的指导思想，中国开始出现较为典型的"国家"与"社会"两套价值行为标准的对立，而这也带来了当代中国作为正式国家建制的"大传统"与农村社会仍旧保存的"小传统"之间出现巨大裂痕。表现在土地产权制度上，农村集体土地制度的建立离不开一套马克思主义形态的支持，集体土地制度建立的背后其实是一整套与公有制规制保持一致的集体主义的意识形态。但是，随着农村家庭联产承包责任制的实施，全能主义的国家开始从农村撤出，农村社会内部的集体主义意识形态也逐渐消解，取而代之，夹杂着个人主义、集体主义等多元化的意识形态充盈于农村社会之中，可以说，农村社会结构领域的这种多元意识形态的冲突同样成为引发当前农村地权冲突的深层次原因。

本章小结

本章是全书的核心分析框架，为后续整个论证提供支撑与准备。其核心阐述的内容在于证明本书所使用的"制度—结构"互构分析视角的适用性问题，亦即，本书要通过观察土地产权制度与社会结构转型之间内在互构关系，来理解当下中国农村的地权冲突问题，还需要在逻辑上论证这一个视角是否成立。

本章主要从"理论基础""经验支持""历史检视"三个方面对这一分析视角何以成立的问题做了论证。首先，从新制度主义有关理论出发，本书认为新制度主义虽然并未明确提出"制度—结构"的分析视角，但其有关制度的理解早已包含了"制度—结构"互构的认识。这突出表现

[①] 梁启超在《先秦政治思想史》的"序论"中写道："中国人自有文化以来，从未以国家为人类最高团体，其政治论常言天下，而国家不过与家族同为组成天下之一阶段，故其向外对抗之观念甚为薄弱，向内之团结亦不大感觉必要。这是一种'反国家主义'或'超国家主义'。"（岳麓书社2010年版）梁漱溟在《中国文化要义》一书中也曾提出，在中国国家与社会的界限不清，国家消融于社会，社会与国家相融，社会与国家，不像在西方历史上的那样分别对立。反映在政治上，就是政治上的"消极无为"不扰民为其最大的信条，以"简政刑清"为其最高的理想。（上海世纪出版集团2005年版，第140页。）

在新制度学派对于"制度"本身的理解更加强调了一种"嵌入性视角",认为"制度"与"结构"之间是一种"制度化了的结构"与"内嵌于结构的制度"的互构关系;制度在对社会结构的定型化与社会秩序的稳态化发挥约束作用的同时,也在为结构尤其是结构之内的行动者主观所建构。正是新制度主义关于"制度"的这种理解,奠定了本书"制度—结构"分析视角的理论基础。其次,从已有研究谱系来看,"制度—结构"互构的分析视角虽未被明确提出(张静虽然提出过"结构—制度"分析,但并未提炼这一分析视角的理论基础与基本内涵),但在许多的社会学研究中被运用到。本书从基层治理角度简要列举了张静、黄宗智、华中村治研究团队的一些研究,认为"制度—结构"互构视角在当前农村社会治理方面的研究中被经常使用,而这种分析视角之所以有效,原因在于当前农村基层治理过程中大量存在着正式制度遭遇"不适"的问题。最后,本部分还运用这一视角分析了18世纪中国农村的财产权纠纷问题,以此作为"制度—结构"互构视角是否有效的历史检视。上述三个方面的论证无疑为本书运用"制度—结构"互构的分析视角提供了依据。

本章还对"制度"与"结构"这两个分析概念进行了操作化,以便为本书的田野调查收集到可供观察的经验现象。具体而言,本书在借鉴当前产权经济学已有研究成果基础上,将"土地产权制度"操作化为"占有权""使用权""收益权"与"处置权"等四个方面;同时,本书认为农村社会结构内部的关系结构、土地产权认知结构,以及一套充盈于社会之中的意识形态符号系统,是社会结构内部与当前农村地权冲突产生直接关系的三个具有决定性的变量,正是这三个变量与农村土地产权制度之间形成了有机的互构关系。本书在经验部分的写作上,也主要按照"农村社会结构"这三个具体操作维度来安排文章结构。

第三章

田野与历史：集体土地产权制度的建立及其演进

本章主要侧重于研究个案——江东镇两方面情况的介绍，一是介绍江东镇的基本地域社会概况，二是介绍江东镇农村集体土地产权建立以来土地产权制度演进的基本情况。

无疑，后者是本章的重点。本章将简要梳理回顾自 1951 年农村开始建立互助组以来江东镇农村集体土地产权制度演进的基本历程，这中间主要分为农业集体化时期、税费时期两个阶段展开论述。但需要指出的是，本章并不打算从一种"年代史"的角度，描述农村土地集体产权制度的基本演变进程，取而代之，更希望继续沿着"制度—结构"互构的分析视角，通过对江东镇农村集体土地制度演进历史中土地产权制度与农村社会结构的互构共变过程的分析，来试图回答如下两个方面的问题：其一，农村土地集体产权制度作为一种舶来的、基于马克思主义意识形态而建立的土地产权制度，何以能够在中国农村迅速扎根？其二，20 世纪 80 年代的家庭联产承包责任制所激发出的生产热情何以在短短数年内就消失殆尽，取而代之，中国农村出现了极其严重的税费冲突？笔者认为，从"制度—结构"互构的分析视角来看，这两个不同的问题其背后有着一以贯之的解释逻辑。更重要的是，通过这种历史维度的土地产权制度与农村社会结构内在逻辑的认识，将有助于我们认识当下农村地权冲突，也有助于我们从历史的演进中把握未来的方向。

第一节 研究个案的地域特征

一 地域特征

江东镇位于东经 120.55 度、北纬 30.23 度，地处浙东北部、浙北平原区南部、钱塘江南岸，属中纬度北亚热带季风气候区南缘，雨量充沛，阳光充足，霜期长，具有冬夏长、春秋短、四季分明、光照充足、雨量充沛、温暖湿润的气候特征。辖区范围内地形单一，以平原为主，兼有滩涂和水域。① 目前，全镇辖 17 个村，1 个社区，地域面积 32.73 平方千米，人口达 4.1 万人。

据历史记载，江东镇所属区域由夏至战国初年，地域为越国辖境。秦始皇二十六年（公元前 221 年），秦统一中国，置会稽郡，该地域属会稽郡。三国东吴黄武年间（公元 222—229 年），改名永兴，属会稽郡。南宋建炎四年（1130 年），高宗驻跸越州，以"绍奕世之宏休，兴百年之丕绪"之意，次年改为绍兴元年，升越州为绍兴府，隶属绍兴府，并一直持续至民国。民国元年（1912 年）绍兴废府，江东镇改属为省直属县然县所属。1949 年新中国成立以后，除 1952—1956 年属于省直属县外，其余时间被划归为绍兴专区。1959 年改属杭州市，并一直延续至今。②

江东镇在历史上因一条湾直河穿镇而过，故又名湾镇，为整个萧绍平原地区较古老的镇。从历史地理学的研究看，江东镇所处的萧绍平原为钱塘江冲积平原，主要由钱塘江水带来的泥沙沉积而形成，同时因为地处钱塘江入海口，受海潮侵蚀，当地土地的盐化现象比较严重，虽然农民主要种植水稻、小米、玉米与高粱等粮食作物，但因为土壤原因，农民庄稼种植产出率不高；相反，特殊的土壤条件也让这里适合种植萝卜，当地有名的萝卜干也主要产自这一带的沙土地上；此外梅干菜也成为当地人每顿必不可少的菜肴，是当地饮食的一大特色，具有较高的知名度。

由于农业不发达，当地在新中国成立以前经济总体较为落后。为改善生活条件，自 20 世纪 60 年代以来外出从事建筑业就成为当地人谋取收入的重要来源，特别是随着家庭联产承包责任制的实施，当地农民开始大量外出从事建筑业。当地流传有"10 人中就有 1 人做建筑"的说法，足见建筑业在当地对农民就业的重要影响。建筑业也成为该镇的一张名片，是当地对外宣传的一面招牌。当地较为著名的一些公司也都是由早期从事建筑业的社队企业发展而来。20 世纪 80 年代以来，当地工业经济发展迅

---

① 江东镇概况，http：//town.xsnet.cn/dangwan/zjbl/2398561.shtml，2020 年 3 月 8 日。
② 江东镇，http：//baike.baidu.com/link?url=kDs5apbpdKprrE_iGlMRSb5S_jf-fhOyaRbzk_q4vJh32QYovyluRCBf2sHhRhWngLzLopvkkLH5RfR_Oziwz_，2014 年 10 月 14 日。

速，全镇形成了以轻纺印染、建筑建材、针织服装、机械五金为主导产业的经济发展格局，被列为"杭州市工业经济重点镇"。2013 年，全镇实现财政总收入 2.75 亿元，其中地方财政收入 1.27 亿元；实现企业总产值 203 亿元，实现农民人均纯收入 24392 元。[①]

当地工业经济发达，但除了一些大型企业，众多的家庭作坊也是当地经济的一大特点。笔者在村内调查时经常看到很多的家庭小作坊，这些小作坊有的直接在本地村民自家房子内从事生产，也有的是在自己房前屋后搭建的小厂房内进行。这些小作坊一般机器不多，多则十余台，少则一两台，雇请的工人数也十分有限，每家作坊所承担的都是某种产品生产的一个环节，比如衣服的一个标签、冲轧一个特制的小塑料片、涂料配色等。虽然家庭作坊规模不大，但对于农民而言一旦拥有这样一份"产业"，农民便能获得较高的收入，在村庄中具有较高的社会地位。而一旦家庭没有自己的副业，农民会选择去附近的工厂上班，月收入能够达到 2000—3000 元。同时，房屋出租也构成了当地农民收入的一份稳定来源。由于当地工业经济发达，外来务工人员一般选择租住农民家减少支出，很多农民会在自己的院墙内搭建两三间小工棚用于出租，而并不直接出租自己的新楼房。

从基本社会特征来看，江东镇范围内的村庄基本属于杂姓混居村落，历史上的移民特征非常明显。查阅当地县志，当地的大姓一般是在南宋迁都时迁入；不过对当地姓氏格局产生更大影响的是太平天国战争，历经多年战乱后当地地广人稀，很多士兵和流民逃窜到当地隐姓埋名，其后代逐渐融入，成为当地人。从笔者统计江东镇的众村，以及镇郊的风村与梅村的情况来看，每个村基本都有三四个大姓，如在风村大姓包括倪、陈、张等姓，而小姓则多达 10 余个。杂姓混居的村庄结构对当地农村宗族结构形成了比较大的抑制作用。新中国成立前，江东镇几乎每个村都有祠堂，一些大姓还有公田族产，但是，历经土改和农业集体化，农村的族产已不复存在，而很多村庄的祠堂、族谱也大多在"文化大革命""破四旧"中被毁坏。同时，与浙江温台甬等地农村的情况略有不同，即便 20 世纪 80 年代以来，随着农村政治运动的肃清和经济形势的好转，江东镇当地的宗族活动也并未如上述地方那样得到明

[①] 摘自《江东镇 2013 年工作总结和 2014 年工作思路》。

显的复兴，农民对于大肆修祖坟、续族谱、大规模祭祀等活动并没有表现出特别的认同。而从普通村民之间的日常关系来看，农民宗族性的血缘关系认同仍旧存在，当地人逢年过节亲戚之间会经常走动，清明时一起祭祀祖坟的传统仍旧被保持，一些大家族也仍旧承袭着每年聚在一起吃年饭的传统，但从村庄日常的生活网络来看，农民更加看重自致、建构的关系网络，其日常交往的范围早已跨越村庄的范围，主要是同事、朋友关系，这也意味着农民之间关系的可塑性、流动性与不确定的增强，可以说年轻一代基本已不再与村庄发生多少关系了。

江东镇调查中的一大感受，就是当地虽然经济较为发达，整个村庄内部的社会关系却极其简单，村庄正在经历的不仅仅是"去政治性"，同时还正在发生着"去公共性"。除了一些个体老板会经常聚在一起吃饭、打牌、休闲外，对于大多数农民而言，日复一日的辛勤劳作似乎已成为他们的"本职天命"①。当地农民的日常闲暇比较单调，不像很多中西部地方常见的农民闲暇时经常聚在一起玩牌打麻将，而是基本保留着白天干活、晚上休息的习惯。农民晚上有空，一般也就待在家里看看电视，邻居之间很少串门，村庄内部也极少见到供大家聚集"闲聊"的公共空间。总体来看，当地农民日益卷入市场化的非农经济之中，差别化的就业方式与收入来源日益形塑了农民的"个体化"，农民不仅普遍对于日常的村庄政治活动不感兴趣，就是村庄内部自发的公共性也在日益瓦解。对于这些集体经济相对富裕的村庄而言，村庄基础设施的公共品供给基本来源于上级政府职能部门的"项目制"拨款，村庄的红白喜事操办也基本借助当地市场解决。一如李培林在华南农村研究时所提到的"村落的终结"，可以说在当地作为"共同体"的村庄也早已在市场化的冲击下不复存在。

唯一还能证明村庄"集体"存在的似乎只剩下了土地这一纽带。围绕着农村集体土地而发生的土地征用、流转与土地利益分配等纠纷冲突，似乎成了能够勾连当下村庄政治与公共性的仅有话题。

二 土地概况

据有关统计数据，截至 2013 年底，江东镇地域面积为 32.73 平方

---

① 这让笔者想起了韦伯笔下的清教徒。风村书记说当地的农民与绍兴、宁波等地的农民大不一样，大家都想着怎么去挣钱，挣了钱除了盖房子就是买车。除此以外，农民并没有任何奢侈的消费。

千米，其中耕地面积 43068 亩，全镇共辖 17 行政村、1 个社区。由于地处萧绍平原，土地主要呈"田"字形网格化分布，这使得江东镇各个村庄基本保持着成块的土地分布。早在 1983 年分田到户时，当地农户承包的土地十分有限，全队人均土地面积不足 3 分地。同时因为道路、水利等基础设施建设、社队企业建设等征地，各生产大队之间土地的不平衡远远超过生产大队内部土地分布的不平衡。从当前笔者重点调查的众村与风村来看，众村共有 29 个生产队（生产小队，下同）根据 1984 年的统计结果，全大队共有耕地 2354 亩，人均土地面积 0.26 亩；而与众村一河之隔的风村，却拥有耕地 1964.07 亩，人均耕地达到 0.45 亩，几乎是众村人均土地的 2 倍。土地面积的狭小，也意味着当地农民基本不以农业为主，农民私下的土地自发流转极其频繁，保持了明显的"老人农业"特征。同时，这也造就了当地一部分老年人强烈的惜土观念，走在村庄的田间地头都能发现农民私自垦荒的大量边角地，甚至不足半米的地方都能被开垦成"插花地"。而这些农民自发垦荒的无名土地在当下引发过大量的地权冲突。

如果说到当地有关土地的地方性知识，不得不说到两个事情，一是当地在镇域范围之外还有着大片钱塘江围垦土地；二是当地在 20 世纪 90 年代以来实施"两田制"，并一直持续至今。自 1966 年开展大规模的钱塘江围垦以来，萧山目前已围造滩涂达 50 余万亩，这一面积约占萧山总面积的 1/4。这一壮举曾被联合国粮农组织称为"人类造地史上的奇迹"[1]。1966 年下半年，浙江省、杭州市、萧山县联合在九号坝下游凹囊内围得毛地 2.25 万亩，揭开了萧山大规模围涂的序幕，截至目前共进行了 17 期万亩以上的围垦，并且这一围垦工程当下仍在继续。由南沙大堤自西至东这些土地共可划分为 5 个垦区，"各垦区名称及面积划分为：半爿山至红卫闸垦区为 1.28 万亩，顺坝垦区为 2.32 万亩，九号坝垦区为 4.15 万亩，美女山至十二埭闸垦区（亦称"萧围"垦区）为 38.97 万亩，益农垦区为 5.1 万亩。围垦后属于江东镇所获得的土地位于美女山至十二埭闸垦区，共计获得 2 万余亩土地"[2]。江东镇各

---

[1] 张德良、毛长久：《萧山将最后一次向钱塘江要地》，《杭州日报》2005 年 12 月 23 日。

[2] 萧山概况，http://www.xsnet.cn/，2014 年 12 月 10 日。

村在围垦区的土地，在 80 年代家庭联产承包到户时没有被直接分给农户，各村以农民自愿申请，集体统一发包的形式进行。江东镇团村的章凤老人早在 1979 年就以一年 60 多元的价格包下了 10 亩土地，种下了络麻，也成为当地最先到围垦承包土地的人之一。当前，每一个村庄都在围垦地区保有一块面积较大、归属于集体实质占有的"飞地"，这些土地也为当地农业产业化提供了条件。各种大型的苗木公司、蔬菜基地、特色农产品种植等，都让这个地方的土地流转异常活跃，而随之而来的土地使用权流转纠纷也一直时有发生。

与浙江省内许多地方类似，20 世纪 90 年代以来，江东镇曾实施了较为独特的"两田制"，这一做法并且一直延续到当下。早在 1991 年，浙江省就出台了《关于稳定和完善土地承包责任制的报告》（浙政办发〔1991〕110 号），明确提出，为了保持承包土地的相对稳定，在提供商品粮较多的地区，可经过充分酝酿、商量，取得群众同意后逐步实行"两田制"①。其具体做法一般有两种，一是实际的两田制，主要是把农村集体所有的土地分类成责任田和口粮田两种形式，同时村集体保留有少量的机动田由集体支配。责任田由有劳动能力的社员自愿承包，口粮田则主要按人口进行平均分包。另一种做法可称为账面"两田制"，即农户承包的口粮田和责任田在地块上不作区分，承包土地的总面积不作变动，而"两田"的具体面积，则根据人口和劳力的变化情况，在农户内部加以调整。人口增加户，可以减少一部分责任田，用作新增人口的口粮田；人口减少户，则减少一部分口粮田，改作责任田，同时对粮食定购任务作相应调整。由于考虑到操作简便，1996 年江东镇实施"两田制"时采用了后一种形式，其基本做法是：按照家庭成员数和劳动力数两重标准进行分田，每个家庭成员大致可分得到 0.2 亩的"口粮田"，每个劳动力还可以得到最多不超过 0.4 亩的"责任田"（又称劳力田）②。实际上，当时条件下浙

---

① 所谓两田制，就是在坚持土地集体所有和家庭承包经营的前提下，将集体的土地划分为口粮田和责任田（有些地方叫商品田或经济田）两部分。口粮田按人平均承包，一般只负担农业税，体现社会福利原则；责任田有的按人承包，有的按劳承包，有的实行招标承包。承包责任田一般要缴纳农业税，承担农产品定购任务和集体的各项提留。

② 实际上，从当时江东镇一般农户的户均面积来看，几乎没有家庭人均劳动力的承包地超过 0.4 亩的情况出现，因此，对于此处操作其实质意义就是在账面上的调整，明确了口粮田与承包地的税费比例，从而重新确认了每户耕种土地税费负担的水平。

江推出两田制改革，其初衷在于解决农村大量私下流转土地行为的合法性问题，有助于实现土地劳动力的最优化配比，从而提高土地的使用效率，保证国家税赋的稳定。但实际在后文中将会介绍，这一做法却为20世纪90年代末农村的大量土地抛荒留下了隐患，成为诱发农村税费冲突矛盾的制度导火索；同时，这一做法延续至今在当下的实践中也引发了很多地权冲突。

从当下江东镇全镇范围土地利用的基本概况来看，其下辖各村庄的土地使用呈现以集镇为中心，从商业用地到工业用地再到农用地的梯度分布特征。桥东社区与众村位于江东镇的镇区中心区域，其土地在利用上主要被用于集镇的商业用地开发。江东镇集镇中心的文化路、镇中路相交叉处构成了集镇的主要范围，桥东社区也坐落在此，主要由沿东河两个盖于20世纪90年代居民集中居住小区组成，住户大多是附近的纤纺集团的职工，同时还有少部分其他企业的员工。众村位于镇中路以西，是离集镇范围最近的一个村庄。自20世纪80年代以来，江东镇镇域范围的扩张基本是在众村的土地上完成的。目前，该村大半的土地已被征用完，除了保留在村东边3块成块的、约600余亩土地，供农民种植一些蔬菜外，实际上村庄中有半数以上的农民属于无地农户。同时，按照杭州市有关土地征用留置地的政策，众村村委会有2块集体经营性建设用地地块，面积总计在60亩左右，建成了商住楼出售，将底层的商铺出租从而保证村集体收入的持续性。需要指出的是，本书另一个重点调查的村庄风村，虽然与众村相邻，但因为湾直河的天然阻隔，土地一直未被利用。笔者调查期间，正赶上该村与江东镇协商借助文化路跨河东延工程，通过拆迁部分农民房子，从而整理出7余亩土地用于江东镇的集镇建设。在不远的将来，风村也将面临大量的土地征收与建设开发。正如风村书记在拆迁过程中大大小小的会议上一直强调，这个工程是未来风村能否取得大发展、农民能否得到大实惠的关键，这实际也表明在当下的农村，"土地生财"确实是村庄发展绕不开的一条道路。

在江东镇集镇北部的东村、曙村、梅村与前村等村庄，是江东镇比较老的工业集中地，当地最大的集团公司纤纺集团就坐落在这一区域。纤纺集团始创于1981年，由早期的萧山县江东乡知青印染厂发展而来。在过去30余年的发展中，随着业务的不断扩大，公司在原有东村基础上，陆陆续续征用了曙村、梅村与前村等部分土地。因为征地，当地有很多年轻劳力被安置到纤纺集团工作，这让这些村庄很多家庭的老人不再依赖于土地种植收入，这些村庄也顺势而为地将剩下不多的土地，由村委会对外招标进行了统一发包，主要租赁给了外地以及萧山当地一些农业种植大户进行规模经营。而农户所获得土地出让金则主要由三部分构成，一是由经营大户给予的租金，约为 500 元/亩，同时每两年根据物价水平进行适度递增；二是由萧山区政府以奖代补给予的一次性补贴，为 200 元/亩；三是江东镇政府与纤纺集团一次性共同支付的 100 元/亩的生活补贴。通过这些数据我们可以发现，一旦地方政府具有较高的工业化基础和相当的财政实力之后，政府就可以通过具体的农业扶持政策来加速当地的非农化进程与农业现代化进程。

从土地利用的空间梯度分布来看，风村、安村与锋村、联村等村庄并未卷入城镇化与工业化的浪潮，这些村庄存量土地很多，利用的格局也最为复杂。如在安村，村委会并未采取集中村庄土地然后再由村集体进行统一发包的方式。而从笔者调查的原因来看，主要在于村民对此分歧较大，一些农民特别是年纪偏大的农民对土地非常珍惜，同时还有一些农民认为自己种的粮食吃起来放心。他们通常选择自己耕种以满足日常生活之需，也不肯将手中的土地流转出去①。在锋村主要是一些村民自己流转土地，该村有一个苗木花卉老板需要一些土地，就直接同部分农户签了长期合同。而在风村同样有一些土地流转是以村民小组为单位进行的，如该村 6 组有 300 多亩土地以小组为单位流转给承包大户，每亩租金在 400 元左右。总体来看，近年来，江东镇纯农业村庄的土地流转较为频繁与普及，以家庭农场为主的适度规模经营趋势明显。据统计，2013 年全镇蔬菜规模种植面积达到 25270 亩，花卉苗木种植面积达 3262 亩，水产养殖 3800 亩，全镇 10 亩以上规模经营面积达 11000 亩，占全镇土地面积的 32%。②

综上看来，江东镇农村的土地利用结构实际具有一个明显的梯度分布

---

① 从某种意义上讲，江东镇农村的这种耕作方式并未摆脱黄宗智（2000）所言的"过密化"的陷阱，老年剩余的劳动力仍会被不计成本地投入到单位面积的土地上，除非家庭没有适龄的老年劳动力，或者老年劳动力有着替代性的收入来源，如去工厂当门卫，当地的农民实际遵循的仍然是小农的"道义理性"的行为逻辑。

② 赵菲：江东经济概况，http://town.xsnet.cn/dangwan/zjbl/bzgk/1908160.shtml，2014 年 12 月 10 日。

特征，从集镇中心到集镇外围边缘土地的农业化程度逐渐增强。商业区位于集镇的最中心，邻近的是工业园区，在这些地方土地被征用进而实现非农用途的比例最高，农业的保留程度已经很低，当地农民就业的多元化与非农化特征十分明显，且已经直接影响了这些村庄的第二、第三产业。而在离集镇与工业园区稍远的村庄，土地的利用基本未被卷入城镇化与工业化的浪潮，但这些地方多数的土地也在政府主推下实现了规模流转和向大户集中的趋势，当地大部分的农民也不再从事农业生产，转而去附近的工厂打工，或者从事个体经营；而有个别村庄并未发生大范围的土地流转，当地农业呈现的是明显的"老龄化"或者"兼业化"特征。

第二节 集体化时期农村集体土地产权与社会结构的互构

要了解当下，就无法回避历史。在简要介绍江东镇的基本概况后，本章后面两节将主要从历史维度介绍农业集体化和农业税费两个时期，江东镇集体土地产权制度与农村社会结构互构关系的考察，从而加深有关集体土地产权制度与农村社会结构之间内在互构演进逻辑的认识。

一 农村集体土地产权制度的建立及其演进

江东镇集体土地产权制度的建立历史其实是整个中国农村集体化历史的缩影，从1952年到1962年，江东镇以及萧山其他地区的集体化过程几乎经历了与这一大历史时期完全一致的阶段性变迁历程，即"互助组—初级社—高级社—人民公社—以队为基础的三级所有"的不断调整的过程。

随着1951年12月15日中共中央《关于农业生产互助合作的决议》的颁布实施，1952年初，萧山地区农村就开始筹建了大量的农村互助组。据统计，1952年萧山参加农业互助组的农户占农户总数的54.71%。[1] 1952年底，江东乡[2]向下辖的各个村庄传达了党的决议，正式推广互助

---

[1] 毛丹：《乡村组织化和乡村民主——浙江萧山市尖山下村观察》，(香港)《中国社会科学季刊》1998年（春）。

[2] 自1951年以来，江东镇经历过多轮建制调整，其当下建制始于1992年5月的调整。故在历史概况中，具体的数据与表述以当时的建制为准。

组。三个月内，该乡就建立了16个互助组。而在互助组未成立多久，一场创办合作社的运动就又在萧山开始了。从当时萧山县的情况来看，1953年上半年开始试办了4个初级农业生产合作社，至1954年，全县共办初级社22个，其中自发社仅为2个。在1955年秋毛泽东做出"关于农业合作化问题"指示的有关精神后，萧山县初级社得到迅速发展，1955年底全县共有初级合作社2247个，覆盖总农户的52.6%。① 1955年底，江东乡下面各村开始纷纷建立初级社，当时风村建立的第一个初级社被命名为"大风农业合作社"。

互助组与初级社在土地产权关系上具有显著的不同②，虽然大多数村民在几年前自愿加入了互助组，但从江东乡当时的情况来看，在合作化运动的初期，很多村庄的农民并不愿意参加合作社。据风村老书记回忆，农民之所以不愿意加入合作社，主要有几个方面的原因，一是当地为建筑名乡，20世纪50年代初就有一些农民泥瓦匠，在农村砌墙、打灶、造房，游走于当地农村，如当时萧山比较有名的十二埭闸工程就是江东乡的建筑工匠修建的。那些从事建筑副业的人担心加入合作社后，失去搞副业的机会从而影响收入。二是，当地人均土地面积偏小，土地资源相对于人力比较稀缺，一些人少地多的相对富裕户感觉跟地少人多的农户一起参加合作社在收入上会吃亏。三是，一些孤寡老农，以及适龄劳动力不多的家庭，则担心加入合作社后他们没有办法获得足够的工分，从而影响到家庭经济收入。因此，在倪关荣看来，"假如没有共产党的强硬推进，初级社不可

---

① 毛丹：《乡村组织化和乡村民主——浙江萧山市尖山下村观察》，（香港）《中国社会科学季刊》1998年（春）。

② 1955年11月通过的《农村生产合作社示范章程草案》对初级社性质做了明确规定："初级阶段的合作社属于半社会主义性质。在这个阶段，合作社已有一部分公有的生产资料，在一定时期还保留社员的所有权，并且给社员适当的报酬。"上述规定的重要一点，就是"土地必须以入股的形式交到社里统一经营"，这使得农村土地具有了农民名义占有与集体实质占有的"模糊产权"特征。土地所有权上的土地入股说明，在具体的操作化过程中，农民已经失去了对土地直接占有的权利，并直接成为农村土地产权性质发生根本性改变的潜在一步。因为在土地入股的名义下，农业合作社实行土地入股，也就意味着农民失去了对土地及农具等财产的占有、使用（经营）、收益，以及处置（分配）等各种经济权利，而也正是在这一过程中，国家通过赋予集体对土地财产的实际经营生产和管理权限，获取了享有农民土地活动经济收益的分配权。正是在此意义上我们说，虚拟集体组织的产生以及虚拟集体代理者的出现，标志着国家构造过程中的集体产权的雏形形成了。

能普遍组织起来"①，农民虽然并不抵制加入合作社，但会使用各种借口推迟加入，很多农民持一种犹豫、观望与迷茫的态度。

当江东乡正在按照上级相关文件精神逐步组建初级社的时候，有关《高级社农业生产合作社示范章程》的规定便接踵而至。已有资料显示，1957年底，萧山县有高级社636个、初级社45个，入社农户132616户，占总农户数的98.1%。②而凤村在原有4个初级社基础上，将这些初级社合并组建了1个高级合作社，另外将一些强烈反对加入高级社的部分农户强制性地编入了2个新的初级社。如此一来，按照倪关荣的说法，全村农户入社率达到了100%。③江东乡各个农村高级社的成立并未如初级社一样缓慢，在有关《高级社农业生产合作社示范章程》的规定颁布不久，当年的10月，萧山县召开了为期三天的全县农村干部形势教育培训班，其中重点部署了全县关于建立高级合作社的目标、具体要求与实施步骤，萧山县的农村高级社几乎是在未遇到任何阻力的情况下一夜之间建成的。

在高级社建立的1957年，整个凤村已经笼罩上了一层更加紧张的阶级话语和意识形态。④虽然"章程"规定："社员有退社的自由"，但在当时村庄实际的运行状态下，对于凤村的农民而言，是否拥护参加高级社的态度与行为已经被归结为路线问题、性质问题与走哪条道路的意识形态问题。不仅如此，农民是否拥有社员权已经不仅仅关系到劳动收益，更是一种劳动地位的体现，是农民在村庄社会地位、政治地位的象征。而对于凤村的干部而言，他们已经无须再顾忌社员的退出诉求，按土地要素分配的取消，让农民日益意识到自身土地权利的遥不可及，退社就将意味着失去

---

① 2012年4月27日，凤村老书记倪关荣访谈。

② 萧山档案馆藏资料。

③ 倪关荣一直认为，初级社和高级社的区别实际只是一些报表的差别。因此相对于加入初级社而言，高级社的组建只是一份形式上的工作（2012年4月27日，凤村老书记倪关荣访谈）。

④ 这种意识形态色彩还突出表现在，时任浙江省温州地委永嘉县委副书记李云河等主张包产到户人员的批判处理。1957年10月13日，《人民日报》发表了《调动农民什么样的积极性》一文，点名批判了温州专区"包产到户"的土地政策"迷失了方向"，指责"包产到户""所调动起来的只是少数富裕中农个体经济的积极性"。1957年9月2日中共中央发出《关于严肃对待党内右派分子问题的指示》。浙江省委、温州地委遵照这一指示，于1958年2月至6月对永嘉县委副书记李云河等主张包产到户人员的批判处理，并在全省范围内展开了规模浩大的集体大讨论、大批判。

生存资料。① 因此，合作社干部对农民的态度也发生了显著的改变，在领导社员组织生产和处理社员群众日常生活问题时，自觉或不自觉地放松了说服教育，代之以简单的行政命令；而在执行上级命令或指示时，更是逐渐转向强迫命令，而不再寻求做村民的思想政治工作。

循着理想的逻辑演变，高级社必然向人民公社过渡。② 1958年12月中共八届六中全会发布了《关于人民公社若干问题的决议》，这标志着人民公社制度的正式确立。根据这一决议，"从1958年夏季开始，只经过了几个月时间，全国74万多个农业生产合作社，就已经在广大农民热烈要求的基础上，改组成了2.6万多个人民公社。参加公社的有1.2亿多农户，已经占全国各民族农户总数的99%以上"③。萧山县人民公社的建立伴随着席卷全国的"共产风"。按照毛泽东1958年8月发出的"还是人民公社好"的要求，1958年9月中旬，萧山县兴办了第一个人民公社，公社以下分设管理区、生产大队、生产队；同年9月底萧山县在全县范围内建立了河上、戴村、进贤、进化、径游、欢新、临浦、所前、浦阳江、城南、城东、长河、城北、坎山、英雄、红旗和宇宙红等17个人民公社，下辖83个大队，1381个生产队，其中，江东乡与其周围的2个乡合并为宇宙红公社的一部分。萧山农村由此进入了人民公社时代，包括土地在内

---

① 专门从土地产权关系的角度来看，高级社与初级社之间的差别显然是明显的，主要表现在四个方面：(1) 取消了农民的土地所有权，土地无论在名义还是在实际上都转归为集体所有。《高级社农业生产合作社示范章程》规定，"入社的农民必须把私有的土地和耕畜、大型农具等主要生产资料转为合作社集体所有，视为合作社的公共财产。而且，公共财产必须受到保护，任何社员都不得侵犯"。(2) 取消了农民的土地收益权，农民原先基于土地私有的利益分配已无法得到反映。农户在入社时所转移的土地和农具等都不再参与利益分配，而是将劳动视为获取收益的唯一条件，不分男女老少，实行统一经营、共同劳动、按劳分配。(3) 扩大了土地所有权主体的单位。与初级社相比，高级社是一个更高的集体，这个集体突破了初级社原有的熟悉社区边界。原来不同初级社之间的利益差别被平均化了。(4) 不完全的集体产权形态。高级社以来，农村集体产权具有了实质性的内核，这种实质性既表现在集体拥有自身的集体财产，包括大型的农具等生产资料，历年累积下来的公积金、公益金和公共财产等；还表现在集体对这些财产有着统一的经营管理权，以及不完全意义上的利益分配权。参见刘金海《产权与政治：国家、集体与农民关系视角下的村庄经验》，中国社会科学出版社2006年版，第22—24页。

② 张乐天：《告别理想：人民公社制度研究》，上海人民出版社2012年版，第56页。

③ 赵阳：《共有与私用——中国农地产权制度的经济学分析》，生活·读书·新知三联书店2007年版，第58页。

的所有农业生产资料由公社所有、支配和使用。①

如果说人民公社制度的建立，对于乡级层面而言改变的仅是"一大二公"的程度与土地所有权的主体，但对江东乡及其下辖的村庄而言，无论是村庄的组织管理还是人们的日常生活实际都随着产权结构的改变而被极其显著地卷入其中。而且从产权变革来看，风村的整个人民公社化运动经历了与整个宏观时代背景高度一致的"亢进与退却"的复杂变革过程，即1958年以宇宙红公社为产权基础的人民公社时期，1959年以风村生产大队为产权主体的人民公社时期②，以及在20世纪60年代初最终定型的"三级所有，生产队（小队）为基础"的人民公社时期（又被称为小公社体制）。③ 1961年，宇宙红公社规模缩小拆建为江东、梅西两个公社，同年江东公社的风村也正式确定了生产队为基本核算单位的管理体制，全村基本退回到初级社的所有制水平，共管辖16个生产队，每个生产队的规模为20—30户。

随着1962年9月正式通过的《农村人民公社工作条例（修正草案）》（即著名的"人民公社六十条"，或称为"农业六十条"）明确规定"生产队是人民公社中的基本核算单位，实行独立核算、自负盈亏，直接组织生产，组织收益的分配"，并规定"这一制度定下来以后，至少三十年不变"④，江东乡也开始进入了一个相对平稳而快速发展的集体化时

---

① 根据毛泽东亲自修订并作为模范在全国推广的河南省嵖岈山人民公社"示范章程"，原合作社的"所有公共财产"和全部农户的私人财产，如宅地、家畜、树木以及最重要的自留地，均须上交公社。

② 1959年3月萧山县委召开了五级干部大会，开始纠正"大跃进""人民公社化"运动中的"一大二公""一平二调共产风"等错误。同时随着国家形势改变，1959年第二次郑州会议通过《关于人民公社管理体制的若干规定（草案）》，提出了土地的集体所有制和基本核算单位要以生产大队为基础。

③ 关于人民公社的分期主要存在着两种不同的分类标准。以中国人民大学辛逸教授为代表的一些学者将人民公社时期分为大公社时期和人民公社时期，其中大公社时期以人民公社兴起（1958年河南遂平出现第一个大型农业社）到1962年"三级所有，队为基础"公社体制的确立；而将此后至公社的最终解体称为"人民公社时期"。而赵阳（2007）、张乐天（2012）、胡穗（2007）等学者则对人民公社时期进行了与本书类似的三个阶段的划分。

④ 《农村人民公社工作条例（修正草案）》第20条。此外，1960年11月《关于农村公社当前政策的紧急指示信》，提出"以生产队为基础的三级所有制是现阶段人民公社的根本制度，从1961年算起，至少七年不变"。

期。同时按照"农业六十条"有关财产划分的要求,各个生产队开始积累了一部分的集体资产,特别是"小四清"以后,一些开始归属于大队的集体财产也在所有权权属上直接划给了生产队。在占有这些集体财产的基础上,整个萧山发展出了大量社队企业,而这也成为萧山乡镇企业的前身,为整个萧山经济在20世纪80年代的大发展打下了坚实基础。

二 集体化时期农村集体产权制度的权利束特征

通过对风村集体土地产权制度建立过程的分析,我们可以发现,其实风村集体土地产权的建立并不是一个一蹴而就的过程,每一次调整都伴随着集体土地产权制度内涵的变化。一直到1962年《农村人民公社工作条例(修正草案)》[①] 颁布实施以后,江东乡农村的集体土地产权制度才正式具有了法律依据,以一种较为稳固的形态在农村固定下来,并逐渐沉淀出了可供观察的农村集体土地产权制度与农村社会结构内在的互嵌性特征。

按照登姆塞茨的观点,私有产权制度的最重要特征在于产权权利的"排他性"与"可转移性"(主要指处置权),对照这一定义,那么,农业集体化时期农村集体土地产权作为一种区别于私有产权的公有制产权,其最重要的特点,无疑就是"非排他性",与"不可转移性"了。

所谓农村集体土地产权的"不可转移性",主要体现在集体所有制在本质上是一种国家所有制,国家保留了对于土地的最终所有权,垄断了对土地的处置权。周其仁在分析集体产权的性质时,曾指出:"国家通过指令性生产计划、产品统购统销,严禁长途贩运和限制自由商业贸易(哪怕由集体从事的商业),关闭农村要素市场,以及隔绝城乡人口流动,事实上早已使自己成为所有制经济要素的第一位决策者、支配者和受益者。"[②] 从文件表述来看,"修正草案"第21条规定,"生产队所有的土地,包括社员的自留地、自留山、宅基地等,一律不准出租和买卖。生产队所有的土地,不经过县级以上人民委员会的审查和批准,任何单位和个人都不得占用"。这说明国家垄断了土地交易市场,土地产权主体必须经过代表国

---

① 1962年颁布实施的《农村人民公社工作条例(修正草案)》,明确规定农村集体土地产权的所有权主体是生产队,生产队是生产队地域范围内土地财产的唯一合法主体,享有作为财产主体所应享受的直接占有权、一定限制的生产经营使用权和收益分配权。

② 周其仁:《中国农村改革:国家和所有权关系的变化——一个经济制度变迁史的回顾(上)》,《管理世界》1995年第3期。

家权力意志的县级以上人民委员会的审查,不能以任何形式实现土地财产权利主体的变换。同样,生产队只有在先行完成了国家各种以低价征购、派购的计划任务之后,才可以将农业剩余在集体内部进行分配。这也说明国家这一角色在生产队的土地产权中占据着更为优先的权利位置。

如果说农村集体土地产权制度的"不可转移性",主要对应的是土地产权的处置权,那么,农村集体土地产权制度的"非排他性",则涵盖了更为复杂的土地所有权、占有权、使用权、收益权等权利束特征,主要表现为在这种产权结构的内部,国家享有终极所有权、部分收益权与处置权,而集体享有土地的占有权、使用权、部分收益权,而这些特征也更深刻地与农村当时的社会结构形态发生着内在有机联系。

无疑,1962年颁布实施的《农村人民公社工作条例(修正草案)》,确立了"队为基础"的生产资料所有权的主体,这使农村生产队这一级组织直接取得了对生产队范围内土地所有权的法律依据,获得了对于土地的占有权、使用权与部分收益权①(文件表述为土地的生产经营管理自主权)。根据风村老书记倪关荣回忆,《农村人民公社工作条例(修正草案)》颁布后的风村大队,虽然农民的生产种植仍受到国家自上而下的计划指导,却进入了一个相对稳定的农业生产期,"大跃进"时候的"深翻一米五,产量超过一千五"等各种"放卫星""瞎指挥""生产竞赛"逐渐淡出了农民的农业生产,各个生产队基本能够按照国家年初下达的粮食征购任务组织生产,并完成国家的粮食收购任务。同时生产队也获得了一定程度上的收益自主权。这一时期,风村各个生产队在上缴完成国家的粮食征购任务和公社、大队的生产提留后,能够自行决定扣留公积金和公益金的具体数量,以及对于经营所得的产品和现金在全队范围内如何进行分配。风村各生产队社员的劳动分配实行的是工分分配制②,粮食分配一

---

① 虽然法律规定,农村土地归生产队所有,但这种产权的非排他性,尤其是"三级所有,队为基础"的表述,其实从土地产权的权利束特征来看,本质意义上,农村生产队其实只是获得了土地的占有权以及由此派生的使用权,而非一种真正的所有权。

② 在风村,这种工分制的具体计算方法如下:主劳力1个工日计10个工分;副劳力(中年妇女)1个工日计8分;附带劳力(老人、未满18岁劳力)一般计5—7个工分。工分的基本分配方法,一般是以全年总收入减去公积金、公益金后,以生产队总工作日平摊实际收入,求出每个工日的劳动价值;然后再以每户全年劳动日的总数乘以每个工日的劳动价值,从而计算出该户当年的劳动价值。

般以工分为基础，工分数多的农户在分得粮食后还会得到一定的现金；而一些工分数少的农户则要补交一定现金，才能拿到生产队分配的粮食。此外，对于一些丧失劳动力或家庭困难的农户，生产队一般会分给粮食，但不会分现金。

《农村人民公社工作条例（修正草案）》规定，集体化时期农村土地财产的唯一合法主体是生产队，"生产大队与人民公社作为主体对应的客体主要是针对大队与人民公社范围内的公共领域，即，在生产队确定了集体土地的边界之后，剩下来的地域就是其能支配的财产范围"①，但从凤村的实际情况来看，这一规定并未使农村集体化土地产权走向清晰，模糊性与非排上位性（尤其是不具有排国家性）仍旧是集体化时期农村集体土地产权的重要特征。从产权角度来看，人民公社"三级所有、队为基础"的制度设计，这其实使农村（土地）产权主体含糊不清。在这种制度下，无论是公社还是生产队与生产大队，其实都不享有对集体财产（主要是土地）的完整产权，这些主体享有的只是大小不一的使用权、经营权或收益权。也正是由于"三级所有"，很多公社和大队都存在着无偿征用生产队山林、水塘等现象，从而进一步模糊了所谓的"队为基础"这一法律规定。以这一时期的土地征用为例，据倪关荣的回忆，公社时期因为兴办社队企业，公社和大队经常征用生产队的土地。公社在征用土地时一般相对规范，会以减免农业生产提留的方式给大队和生产队一定的补偿，补偿标准一般是该土地3年的收入。但是大队在征用土地时一般不会办理任何手续，也不会给生产队任何补偿，如1967年大队征用了第4生产队的一块2亩左右的荒地用作大队仓库，由于当时没有任何手续，围绕这块土地的权属在前几年引起了很大的纠纷。② 从这一点可知，在这一时期，生产大队相对于公社而言，对生产队具有更直接的支配能力，也保留了与农村生产队之间更为紧密的关系。在农民眼中，生产大队是与农民日常生产生活紧密联系的一个圈层，人民公社则更类似于一个居于这一圈层之外

---

① 刘金海：《产权与政治：国家、集体与农民关系视角下的村庄经验》，中国社会科学出版社2006年版，第65页。

② 按照当时的文件，国家对此规定比较含糊，1958年国务院的《国家建设征用土地办法》对于土地征收的补偿规定比较含糊，规定为"以它最近2年至4年的年产量的总值为标准"。同时还规定，对于征收农业生产合作社的土地，如果社员大会或者社员代表大会认为对社员生活没有影响，不需要补偿，经县级政府同意，也可以不发给补偿费。

的国家政府部门。

农村土地产权的这种"非排上位性"还突出表现在围绕集体土地收益权的分配格局，三级主体都能够合法地参与生产队土地利益的分配，亦即常说的"社共队的产"。人民公社时期，除了国家强制性地从农业中收取农业税收，公社、大队这几级主体也能够参与土地利益的分配，主要表现为公积金、公益金等的提留。在风村，这些剩余的提取，一般都有正常的比例，比如国家的农业税率在10%左右，公积金、公益金等的比例在2%左右。除此之外，"一平二调三收款"①的"共产风"也一直笼罩在风村，成为人民公社时期各个生产队固定负担之外的"主要负担"。据风村老书记回忆，当时农村的各种款项名目繁多，借"协作"之名，行"抽调"之实的例子比比皆是。比如公社大队开公路、修桥梁、建堰塘水库、办社队工厂等，不仅向生产队征调劳力，同时还要向生产队抽钱调物。此外，生产队还要负责公社企业人员口粮、水利人员口粮、小学民办教师口粮、民兵口粮等粮食开支，这让生产队难以招架。在实行过程中，好说话的队就多抽多要，不好说话的队就不了了之。总体来看，以生产队为基础的农村集体土地产权，在所有权主体上不具有排上位性，公社相对于大队而言，其代表了更"公"的程度，在参与农村集体土地产权的权利束上具有更大的合法性与正当性。

三 被"集体化"的村庄社会结构

集体土地产权是国家通过"强制性制度变迁"建立起来的一种土地产权制度形态②，也正因此，从"制度—结构"互构的视角来看，这种土地产权制度在农村要顺利实施推行开来，就离不开国家权力对农村社会结构的"集体化"改造。从风村的经验来看，农村集体土地产权制度的建立与国家对农村社会结构的改造是一个共变的过程。国家在推进农村土地产权制度变革的同时，也在推进着一个系统的社会改造工程，这就是对农村社会关系结构、农民土地产权认知结构与社会意识形态结构的全方位改

---

① 所谓"一平二调三收款"，即在公社范围内，实行贫富拉平，平均分配；对生产队的某些财产无代价地上调；银行方面，也把许多农村中的贷款一律收回。

② 董国礼：《中国土地产权制度变迁：1949—1998》，（香港）《中国社会科学季刊》2000年（秋）。

造，正是这种社会结构的改造保证了农村集体土地产权制度在风村的建立与顺利推进。

首先，从村庄社会关系结构来看，农村集体土地产权的"非排上位"性特征，实际也同时确立了农村社会纵向关系结构中，国家、人民公社、生产大队、生产队以及农民等产权主体之间的内在层级结构关系。1949年中国革命的胜利以及20世纪50年代的农村土改运动，意味着国家通过暴力手段成为土地的最终所有者（终极意义上的所有者），农村的集体土地来源于国家"授予"。这种土地产权制度所隐含的"授予"关系，一方面使国家获得了土地的所有权、土地的部分收益权（主要体现为国家进行税赋的征收从而供给庞大官僚体系和暴力）与土地的处分权（如国家不许土地买卖，垄断了土地交易市场），也使国家在整个以集体土地产权为纽带结成的产权主体关系结构中位居最顶层的位置。另一方面，这种土地产权授予关系，还构成了一个逐级"授予"的圈层结构，农村的"人民公社"与"生产大队"等组织，同时扮演了一种"被授予"与"授予"土地产权的角色，也因此能够合法地成为农村集体土地的二级"所有者"（管理意义上的所有者），获得集体土地的部分收益权与处置权。简而言之，农业集体化时期，围绕着农村集体土地产权制度所结成的一套产权主体间的关系结构与这一时期农村科层化的、权力支配型治理结构之间是高度镶嵌的。

而从村庄的横向社会关系来看，非排他性是一种"对上的非排他性"，但同时也是一种"排农民性"。正如潘学方（2010）所言，农村"集体"是个集合概念，是由一定数量的劳动者（即劳动者集体）构成单一的整体，复数的劳动者没有形成一个整体也不能算是"集体"。① 这实际表明农村集体土地产权制度下农民之所以能够耕种集体土地并从集体获得收益，是源于其集体成员权身份，而非农民拥有任何法律上的产权权利束。也正是这种极强的集体成员权身份，导致了村庄横向社会结构的封闭性②和均平性。与国内大多数地方一样，人民公社时期，风村的社员相当

---

① 潘学方：《中国农村土地集体所有制的政治建构性》，（香港）《二十一世纪》2010年10月号。

② 林毅夫强调了人民公社的集体产权是一种不同于合作经济组织的特殊产权形式，农村集体的成立强制性及集体权法定性，说明农民事实上是不具有进入集体或退出集体的自由权的，农民所有的土地权利，只能以是否是集体的成员为前提。林毅夫：《制度、技术与中国农业发展》，上海三联书店、上海人民出版社2005年版，前言第10页。

程度地保持了封闭性，入党提干和参军入伍几乎成为农民脱离生产队集体，改变自身社员身份的唯一方式。在人民公社20年中，这个1000余人的生产大队只有20余人（估计数）走出农村，成为村民眼中"吃皇粮饭"的"国家干部"，其余的风村人就在这个相对固化的圈层内，从事着日复一日的被高度组织化的农业生产。在这种封闭的村庄社会结构内部，这一产权制度改革还塑造了一种均平化的社会结构，它抹杀了因个体差异而导致的社会合理分化的合理性，消解了传统社会因自然逻辑原先联系比较紧密的村庄伦理本位的共同体结构，个体对维系传统价值的义务观念也在变弱。传统的以血缘为基础的村庄共同体在巨大的土地利益的驱动下很快就出现了瓦解的态势；传统的村庄共同体意识也被阶级意识所消解，演变成了一个细胞化的控制单元。

其次，农村集体土地产权制度还要求整个社会中拥有一套公有制产权规则的土地产权认知。田野调查中，虽然笔者的访谈是针对当前风村农民进行的，其有关集体化的历史记忆不可避免地会受到当下情势的影响，但无疑可以肯定的是，农民的很多话语仍旧代表了那个时代整个社会有关土地产权问题的基本认知。如在访谈中，风村老支书倪关荣在谈到农业税费时，就说出了自己关于土地产权规则的一番理解：

"我觉得土地就是国家的，从土改分给农民那时起就是国家的。集体化时候是国家的，现在分田单干其实也是国家的。国家向农民收税费天经地义，集体化那时集体做了那么多事业，钱从哪里来，不都是集体土地收入中提留来的？集体国家建设要钱，集体做些公益也要钱，所以土地还是应该公有，不然钱从哪里来呢？"①

而在与普通村民对于土地是否应该调整的访谈中，不少村民也都提到了类似观点：

"我就觉得土地应该定期调整，国家当初为什么要搞土改、搞集体化呢，就是要防止多少不均，不然就有贫富差别了……""像我们这种地方土地本身就很少，你不定期分地，就怎么还能平均呢，那就

---

① 2012年4月27日，风村老书记倪关荣的访谈。

不是公有制，不是社会主义了……"①

农业集体化时期，农民关于集体土地产权的认知逻辑可以表述为，中国旧社会是一种封建地主所有制，地主占有大量土地同时位居国家的统治阶级，广大农民则少地或无地处于被统治地位。地主与农民之间的关系既是一种租佃关系，也是一种阶级对立关系，一种剥削与被剥削关系。卢晖临认为，随后的集体化运动摧毁了传统农民"社会分化的文化网络，"塑造了农民的平均主义心态，并对当前农民的社会心理产生了重要影响。②吴毅等进一步认为土改与集体化中的动员技术"翻转"了农民有关土地产权的传统认知，形塑了农民均平化的土地产权认知与诉求，这种认知与诉求又对当下农村土地产权制度改革产生了重要的路径锁定效应。③ 然而，从江东镇的实践来看，土改及其集体化对于农民土地产权认知的影响绝不止于农村土地产权的均等化占有，它实际上形塑了农民更为重要与复杂的土地产权观念：在所有权意义上，农民的土地来源于国家的授予，农民的土地属于生产队这一集体，但同时也从属于生产大队、公社，并在终极所有者的意义上从属于"国家"；土地首先是一种优先保障社会大众平等生存的社会性资源，而非个人财产，蕴含着保障生存的社会公平价值理念；社会主义的土地公有制之所以优越，原因在于，只有国家（集体）代表农民占有土地这一生产资料，才能真正消灭土地私有制这一剥削制度。可以说，正是这样一套有关土地产权的认知构成了农村集体土地产权制度运行的社会心理基础。

最后，这一时期农民有关农村土地产权认知结构的变化，实际上是当时弥漫着整个社会革命的意识形态逻辑中的一个具体面向。正是这一时期大规模而持久的革命意识形态的教化与灌输，翻转了农民的土地产权认知，为集体化运动中土地产权制度的变革与调整提供了思想准备和理论武器。在江东镇，革命意识形态的宣传教育最重要的手段就是开大会。风村老书记倪关荣的一本旧笔记本，记载了他在 1973 年 3 月到 1974 年 8 月之

---

① 2012 年 4 月 12 日，众村农民秦海荣的访谈。
② 卢晖临：《集体化与农民平均主义心态的形成——关于房屋的故事》，《社会学研究》2006 年第 6 期。
③ 吴毅、吴帆：《传统的翻转与再翻转——新区土改中农民土地心态的建构与历史逻辑》，《开放时代》2010 年第 3 期。

间参加各种会议的大致情况，接近一年半的时间内，有记载的大大小小会议竟达到232次。而结合访谈内容，对风村整个土改、集体化时期各种会议内容进行梳理，可以发现，虽然不同阶段政权对农民革命意识形态的教育有着各自不同的内容与侧重点，但从土地产权视角切入来看，所有这些会议其实都是在围绕着农村集体产权建立、演进不同时期存在的具体问题而展开的，正是这大大小小的会议为农村集体土地产权制度的确立与维系提供了意识形态基础。

在风村土改期间，农村有关意识形态宣传的重点在于揭发和控诉旧社会的黑暗，形式主要是外来工作组的理论宣讲会或现场演出会。理论宣讲本质上就是对农民进行阶级教育，通过这种教育最终让农民意识到社会是分阶级的，农民是底层的被剥削者；地主通过剥削农民变得富裕，是社会的剥削阶级。农民之所以遭受剥削，原因在于农民的土地被地主阶级所剥夺，并不占有任何生产资料。此外，这一时期，风村还迎来了许多上面来的文艺现场演出会，如教唱土改歌谣《谁养活谁？》及演出话剧《白毛女》等，这些文艺演出通过教唱土改歌谣和演出话剧等形式来向农民灌输阶级意识，给当时的普通农民留下了深刻印象。在进入土改后期，风村农民进一步卷入了"贫雇农诉苦大会"的浪潮之中。在诉苦大会上，干部往往会安排"苦主"声泪俱下地控诉地主的种种恶行，以诉阶级压迫之苦来向农民灌输阶级仇恨意识，让"诉苦"大会现场中农民的情感相互感染，从而达到改变农民政治情感，提高农民积极性和达到组成贫雇农核心力量的目的。

在农村集体土地产权制度正式建立后，农村意识形态宣传的重点也随之进入"割资本主义尾巴"，成为维系农村集体土地产权制度的思想基础。所谓"割资本主义尾巴"，就是农村坚持走集体化、机械化的社会主义集体道路还是走个人发家致富的资本主义道路的斗争。[①] 李怀印认为，"社会主义时期，尤其是20世纪70年代，在管理乡村社会时，国家经常被两个彼此矛盾的目标所困扰：一方面，需要纠正过激的经济政策，提高社员和干部的生产积极性；另一方面，又要跟出轨的经济行为和意识形态做斗争，以防止集体经济遭受破坏和农村资本主义的复辟。在实现第一个

---

① 张立影：《中国共产党对资本主义认识的历史进程》，博士学位论文，中共中央党校，2010年。

目标的同时，往往会导致与毛泽东最关注的第二个目标背道而驰"①。例如，在国家允许农民保留一定自留地时，农村就出现了许多农民私自扩大自留地的现象；劳动报酬中计件制的重新采用，促使农民关注个人利益，拉大了强劳力和弱劳力之间的差距。总之，只要农村政治氛围总体缓和，农村就不可避免地会形成"自发的资本主义倾向"，而国家又为了避免这种倾向开始了新一轮"割资本主义的尾巴"。②

总之，通过上述农业集体化时期土地产权制度与农村社会结构的分析，我们可以发现，农村集体土地产权制度作为一种移植的、基于马克思主义意识形态而建立的土地产权制度，之所以能在中国农村建立与顺利实施，除了与周其仁所说"在土改后形成的农民个体私有制中就已经包含了后来集体公有的一切可能的形式，因为通过政治运动制造了所有权的国家，同样可以通过政治运动改变所有权"③这一强力政治原因外，其实还与国家这一时期对农村社会结构领域的"集体化"改造相关。这一时期，国家在推进农村土地产权制度变革的同时，也在推进着一个系统的社会改造工程，这就是对农村社会关系结构、农民土地产权认知结构与社会意识形态结构的全方位改造，正是这种社会结构的改造保证了农村集体土地产权制度与农村社会结构之间的高度镶嵌，从而为这一制度在正式建立后二十年中的顺利运行奠定了基础。

第三节　低税费何以产生税费冲突

20世纪80年代初，建立在农民作为农业生产经济利益主体基础上的家庭联产承包责任制开始产生，这标志着农业集体化时期建立的集体土地

---

①　[美]李怀印：《乡村中国纪事——集体化和改革的微观历程》，法律出版社2010年版，第157页。

②　李怀印认为，实际上此一两难的困局也是毛泽东时期中国乡村社会主义制度的内在症结所在，跟整个集体化的历史相始终。直到20世纪80年代初，邓小平决定废除集体化时期旧制度、恢复传统的家庭农业，这一矛盾才得以最终解决。具体可参见[美]李怀印《乡村中国纪事——集体化和改革的微观历程》，法律出版社2010年版，第157—158页。

③　周其仁：《中国农村改革：国家和所有权关系的变化——一个经济制度变迁史的回顾（上）》，《管理世界》1995年第3期。

产权制度出现了重大调整，中国农村迎来了一场农业生产力的极大解放。① 然而，这一土地产权制度调整所释放的调动农民生产积极性的红利，在 20 世纪 90 年代就逐渐消失殆尽了，取而代之，中国农村发生了极为严重的税费冲突。赵阳与周飞舟等一些学者曾采用"中央—地方"观察视角，将农村税费冲突归结为国家财税体制改革，认为 1994 年的国家分税制改革使地方财政日益紧张，从而导致了地方政府向农村的过度"汲取"与农村税费冲突的产生。② 此外，孙立平与郭于华、张孝直等学者运用"国家—社会"关系视角，主要将税费冲突解释为政府（含乡村组织）力量强大而农民力量弱小基础上的利益侵犯。③ 但是来自"制度—结构"互构视角下江东镇经验的观察，可以发现，农村税费冲突的产生其实是这一时期农村集体土地产权制度调整并引发农村社会结构变动后，农村土地产权制度与农村社会结构之间内在不适应凸显的一种结果。

一 低税费下的农村税费冲突

1982 年中央一号文件提出全面建立家庭联产承包责任制，但直到 1983 年，萧山地区才普遍实行这一制度。是年春天，萧山县委根据当时中央《当前农村经济政策的若干问题》有关"稳定和完善农业生产责任制，仍然是当前农村工作的主要任务"的指示精神④，制定了《关于进一步推进我县联产承包责任制的意见》，并发送至全县各乡镇，"分田到户"的家庭联产承包责任制改革由此在萧山全面推行。作为一场农业经济（农业经营方式）层面的制度变革，农村家庭联产承包责任制的推行，带来了

---

① 如 1978 年 2 月 3 日，官方媒体《人民日报》发表文章《一份省委文件的诞生》，专门阐述了家庭联产承包责任制改革的重大意义。

② 赵阳、周飞舟等从分税制对于基层县乡财政影响的角度认为，由于县乡财政与农民负担紧密联系在一起，所以分税制似乎间接对 20 世纪 90 年代中期以来趋于严重的农民负担问题负有责任。同时，因为分税制只是对中央和省级财政的收入划分作了规定，而省以下的收入划分则由省政府决定，所以分税制造成的收入上收的效应就会在各级政府间层层传递，造成所谓的财权"层层上收"的效应。具体可参见赵阳、周飞舟《农民负担和财税体制：从县、乡两级的财税体制看农民负担的制度原因》，《香港社会科学学报》2000 年（秋）。

③ 孙立平、郭于华：《"软硬兼施"：正式权力非正式运作的过程分析——华北 B 镇收粮的个案研究》，载《清华社会学评论》（特辑），鹭江出版社 2000 年版；张孝直：《中国农村地权的困境》，《战略与管理》2000 年第 5 期。

④ 这一精神出自 1983 年中央一号文件《当前农村经济政策的若干问题》。

江东镇农村经济的大发展，这一改革一方面使农民有更多的农业剩余时间投身工副业，以赚取更多非农收入；另一方面，当地乡村市场也开始活跃和繁荣起来，原本高度自足的小农逐步卷入市场的潮流之中。据有关资料显示，20世纪80年代的十年中，江东镇GDP年均增长率为16.4%；农民人均年收入由1980年的120元提高到1990年的1200元；10年间增长了10倍。

有关江东镇在实行家庭联产承包责任制后取得的经济成绩不加赘述。需要指出的是，江东镇地处工业化程度较高的东部沿海发达地区，"三提五统"并不构成当地农民的沉重负担，也未成为政府财政收入的重要来源，但进入20世纪80年代末期，这一地区同样出现了如中西部地区农村一样的农村税费冲突——农民纷纷弃田抛荒，拒交农业税费，干群关系紧张成为社会矛盾的焦点。

实际上，自20世纪80年代中期起，由于当地工业经济的迅速发展，存在着大量非农就业的情况；同时因为土地面积狭小，农业生产不构成农民收入的主要来源，当地早已呈现"老龄农业"的特征。而在90年代后期，一旦农民发现种田压根儿是一个并不划算的"买卖"时，当地就在极短的时间内出现了大量土地抛荒的情况。在江东镇档案室保存的一份有关风村土地抛荒的文件①，详细记录了当时各村民小组土地抛荒的基本情况，这份报告显示当时几乎所有的组都存在着土地抛荒行为，而约有1/3的村民小组抛荒严重，这些小组抛荒土地占到全部土地的30%—40%。② 从土地抛荒的原因来看，主要有3类，一类是夫妻都在附近工厂工作，且家中没有老人的农户，这类农户大部分选择抛荒土地，其约占总土地抛荒农户的1/3左右。第二类土地抛荒农户，主要是家庭经济条件较好，基本全家在外经商务工，属

---

① 这份文件是风村村委会写给江东镇政府有关农民土地抛荒情况手写汇报材料，落款时间为1997年8月6日。

② 该份报告显示了当时风村以小组为单位的土地抛荒情况，其中1组、3组、4组与6组土地抛荒相对比较严重，其余村民小组相对较好。1组、3组、4组与6组土地抛荒情况如下：1组共有23.9亩承包水田被抛荒，16亩旱地被抛荒，占小组总承包土地的30.4%；从户数来看，共16户抛荒土地，其中6户农户全部抛荒，另有10户农户属部分抛荒。3组共有28.9亩水田被抛荒，14.3亩旱地被抛荒，占小组总承包土地的27.9%。从户数来看，共14户抛荒土地，其中9户农户全部抛荒，另有5户农户属部分抛荒。4组共有33.6亩承包水田被抛荒，19.3亩旱地被抛荒，占小组总承包土地的41.4%。从户数来看，共18户抛荒土地，其中11户农户全部抛荒，另有7户农户属部分抛荒。6组共有26.7亩承包水田被抛荒，18.2亩旱地被抛荒，占小组总承包土地的30.4%。从户数来看，共16户抛荒土地，其中6户农户全部抛荒，另有10户农户属部分抛荒。

长期户在人不在类型，平时土地都是转租给了村内别的农户耕种，由别的农户代为缴纳农业税费。这类农户也基本占总土地抛荒农户的 1/3 左右。此外，还有其他一些原因，如年纪偏大无力耕种、经济较好不愿耕种、耕作条件不好无法耕种，等等，这些原因抛荒土地的农户也大约占到 1/3。

农民选择抛荒土地，也就意味着农民抵制缴纳税费，一旦这种趋势蔓延下去，作为一项政治性任务的税费收缴就会受到极大的影响。因此，为了能更有效率地完成任务，江东镇政府倾向于任命那些在村庄中家族势力大、参与一些黑恶活动的人担任村干部，那些在村民中间享有一定"威望"的人此时已不符合当时高度紧张的干群关系的结构性需要。但是这些"缺德"村干部上台后收缴税费的手段趋于强硬，又进一步导致了严重的干群关系紧张，以及大量的针对村组干部的群众上访事件。以下是1997—2000 年江东镇信访部门年度农户信访的统计。

表 3-1　　　　　　　　　1997—2000 年江东镇农户信访统计

	农民负担过重	干部经济、作风问题	民事纠纷	要求调整土地	反映生活困难	其他	总计
1997 年	38	18	23	3	6	9	97
1998 年	45	23	26	8	4	10	116
1999 年	32	14	25	5	3	13	92
2000 年	28	20	18	14	1	12	93

然而，通过横向比较来看，笔者发现此一时期江东镇农民的税费负担实际相较于一些中西部农村而言并不沉重。笔者曾于 2011 年在湖北荆州市 S 镇调查了当地 1997—2000 年农民税费负担的基本情况，与江东镇的比较来看，首先，在绝对负担金额上，S 镇农村农业税征缴税率与江东镇基本相当，都是按照土地面积征缴。在江东镇，一个四口之家拥有 1.5 亩的土地，1998 年其农业税收负担大约维持在 140 元左右。而从"三提五统"与"共同生产费"的收缴来看，S 镇农民的负担远远超过江东镇农民的负担。在农业税费负担最重的 1998 年，江东镇一户四口之家"三提五统"（总计 11 项）比重约为 150 元，而 S 镇这一费用约为 300 元；"农业共同生产费"方面，江东镇由于各村集体经济条件较好，各村一般都不向农民收缴这方面的费用，而在 S 镇，这一比重基本与"三提五统"费用相当。亦即是说，除去因人均耕地面积不同而导致的农业税负担上的差异，中部地区一个四口之家其各种农业费的负担要较江东镇多出接近 650

元，多出部分几乎为凤村农民承担税费总额的一倍。更重要的是，从当地农民的人均年收入比较来看，1998年江东镇农民人均收入为7500元；而同期S镇农民人均收入仅为3000元左右。可以说，相对于中部地区的S镇农民而言，农业税收并未超过农民土地的种植成本，而根据人口摊派的"三提五统"也并未构成当地农民的严重负担。

那么，江东镇20世纪90年代的农村税费冲突又因何而来呢？显然仅仅通过农民负担水平的比较，并不足以揭示这一时期江东镇农村税费冲突的发生原因。而这也提醒笔者关注并考察这一时期围绕农村税费冲突发生的农村土地产权制度与农村社会结构等因素。

二 分田到户背后的集体土地产权制度演进

虽然学界对于人民公社体制到底是否有效率一直存在明显的争议①，但单就整个20世纪80年代而言，家庭联产承包责任制在江东镇的推行无疑取得了远超人民公社时期的经济绩效。在主流学界内部连同官方话语中，家庭联产承包责任制的制度改革通常被认为是对传统集体经济的弊端进行纠偏而采取的一种生产责任制形式，这实际上是一种非此即彼式的比对表述，即以家庭联产承包责任制下的农业经营体制制度创新绩效来比对、突出农业集体化时期集体生产经营方式存在的问题②，实际上，家庭联产承包责任制因袭人民公社制度而来，这二者之间更多是一种

---

① 目前关于人民公社低效率原因的解释主要集中在以下几个方面：一是从自然灾害方面找原因，如受三年自然灾害的影响等。二是从产权制度上找原因，认为是产权弱化导致排他性极差，从而失去对生产性努力的激励。三是从分配制度上找原因，认为公社的分配制度没有提供有效的激励。四是从社员身上找原因，如社员的自私、偷懒等。五是从公社管理上找原因，认为是代理人寻租造成了对社区福利的损害以及瞎指挥等弊端。六是从人口增长方面找原因，这种观点比较有影响的是黄宗智的"过密化"。而有效率的观点认为，农业集体化运动中水利设施的修建，克服了小农经济生产服务体系问题，迎来了农业生产、增产的高潮。

② 正如周其仁教授指出，集体公有制既不是一种"共有的、合作的私人产权"，也不是一种纯粹的国家所有权，它是由国家控制但由集体来承受其控制结果的一种农村产权制度安排。周其仁：《中国农村改革：国家和所有权关系的变化——一个经济制度史的回顾（上）》，《管理世界》1995年第3期。以林毅夫为代表的赋予农民"自由退出集体经济权利"派，强调了农村集体的成立强制性及集体权法定性，说明农民事实上是不具有进入集体和退出集体的自由权利的，而农民作为一分子所拥有的土地权利当然也事实上不可能由个人来行使。林毅夫：《制度、技术与中国农业发展》，上海三联书店、上海人民出版社2005年版，前言第10页。

继承、发展的关系。

我们同样以土地产权的"排他性"与"可转移性"两个角度来考察农业税费时期集体土地产权的具体权利束。所谓"可转移性"主要对应了土地的处分权。从法律政策角度而言,农业税费时期,国家对农民土地处分权的严格限制,农民并不享有集体土地的处分权,亦即农民不能通过出租(流转)、抵押,甚至买卖等方式转移其手中掌握的土地权利。当然,现实中的具体情况未必如此,早在20世纪90年代初江东镇就出现了各种隐性土地流转。由于土地并不构成农民收入的主要来源,只要农民在非农就业市场中获得稳定就业机会,而家中又无老人耕种土地时,部分农民会将自己的责任田与口粮田无偿转包给本组、本村其他农民,甚至在当地务工的外来人口,并通常留下何时收回承包权的口头协议。这样一种自发隐性土地流转,虽然并不符合国家政策,但更有助于保证粮食税费的征收,因此当地政府与村集体也都默许这一行为的发生。

而从土地产权的"排他性"角度来看,在家庭联产承包责任制下,农村集体土地产权同样是模糊的"非排他性",但与农业集体化时期的不同之处在于,农民取得了集体土地产权的占有权、使用权与部分收益权,成为集体土地产权多元主体中的一个。在占有权上,农业税费时期,除了围垦地区有2万余亩土地作为机动地没有分给村民,江东镇其他土地都已经属于村民占有了。在土地的使用权上,农业的生产经营权,包括生产计划、劳动管理、产品销售和分配的权利几乎全部转移到了农户手中,不仅政府不再对农业生产活动实施超经济的强制,农户生产什么主要受生产惯习、市场导向以及自身家庭劳动力情况的影响,而不受计划约束。在土地的收益权上,农业集体化时期农民享有的基本生活资料是由其社员身份以及劳动所得,并不是直接享有土地的收益支配权[①];而在税费时期,"交足国家的、留够自己的,剩下的都是自己的"这一农业收益分配政策的调

---

① 表面上看,农业集体化时期的农民享有一定的收益权,如与农业税费时期农民获得的收益权相比,都来自自身的劳动,并没有显著差异。但考虑到农业集体化时期农民生产收益的获得来自集体的分配,农民并没有直接获得收益的支配权,农民收入的多少与其劳动之间并没有直接的对应关系,而主要取决于是否有成年劳动力及成年劳动力数量的多少,同时,农民收入的取得主要源于其集体成员权身份,而非其取得了集体土地的产权。但是在农业税费时期,农民只要交足国家的、留够自己的,剩下的都是自己的。虽然农民仍旧不能完全支配自己的土地收益,但至少获得了农业剩余收益的支配权。

整,使农民获得了一定的收益支配权。也正是这一定的收益自主权将农业产出与农民收入之间建立了直接关联,从而充分调动了农民的生产积极性。但是,仍要强调的是,统分结合的双层经营体制,让农民获得集体土地的承包经营权,也让他们建立了农民个体之间的排他性产权。也正是在这个意义上,可以说,此时的农村集体土地产权同时具有了纵向结构上的非排他性与横向结构上的排他性特征。

然而,农业税费时期的农村集体土地产权同样没有消除这一产权结构的模糊性与非排上位性,农民的农业收入必须首先满足国家农业税的上缴、乡镇的"三提五统",以及村级共同生产费的提留,这使得农民的土地占有权、使用权与部分收益权只是一次从属于国家、集体土地所有权之下的"低层次"的土地产权权能。同样,农民在土地收益权上面临的境况也同样如此,正如有学者戏言:中国农村的家庭联产承包责任制,又被称为"交足国家的、留够集体的,剩下都是自己的",但究竟如何才是交足了国家的,留够了集体的呢?① 实际上,正是政策在土地收益权上的有所保留,才赋予了国家以及乡村各级从农业与农村汲取的合法性,也导致了农民在农业剩余分配制度中的份额被不断挤压。同时,也正是国家对农民土地处分权(出租、抵押,甚至买卖等)的限制,农民一旦获得相对于土地种植收益更高的非农化就业机会时,就会选择用脚投票,放弃自身的承包土地。② 而一旦土地抛荒量大,很难再次找到转包的下家,村集体根本就不敢同意和农户解除原有的土地承包关系③,因为这是他们索取农业税费的根本凭据。也正因此,在这些地方,农民即使是土地抛荒,仍旧会面临着农业税费的负担,这也成为当地相较于中部地区税费冲突要更加激烈的原因所在。

---

① 这种分配制度通常被表述为:交足国家的、留够集体的,剩下都是自己的。正是这种模糊的收益分配制度,让农民负担的加重成为可能。

② 如在我国历朝历代,在一种高度累退的租税结构下,农民如果只在很小的一块土地上耕种,其每年所得将不足以缴纳税赋。与之相比,大地主和享有特权的官僚则可以具有免税的特权,农民弃产逃亡或带产投献他们的记录便不绝于史书。赵冈:《中国传统农村的地权分配》,新星出版社2006年版,第9—23页。

③ 因为农户和集体签订的是一个承包合同,在合同期限内具有法律效力。真正从法律契约的意义上来说,这种承包合同本身就意味着农民无法摆脱合同的约束,在合同期内需要履行缴纳税费这一相应的义务。

三 分田到户后的农村社会结构变迁

如果说，有关这一时期农村集体土地产权制度内在权能特征的解读，还只是从纯粹的制度逻辑上分析了农村税费冲突存在的可能，那么，产权制度所规制对象的社会结构，还需要关注产权制度背后的社会结构，只有真正把土地产权制度与其所嵌入的农村社会结构进行综合分析，我们才能真正发现农村税费冲突背后内在的、一般性的逻辑机制。从江东镇的情况来看，正是这一时期农村社会结构中的社会关系结构、土地产权认知结构、社会意识形态结构为江东镇农村税费冲突的产生提供了内生性条件。

首先，在村庄社会关系结构来看，家庭联产承包责任制的实施带给村庄社会结构的变化可以用"化约"二字来形容。在农业集体化时期，国家同样向农民收取税费，生产大队还会向生产队提取共同生产费、公积金和公益金等费用，但是关于税费收缴而出现的权利与义务、支配与服从的非经济关系并不是直接在国家、集体与农民间出现的。正如徐勇教授所分析的，这一时期，"一方面，由于农民的个人利益意识被作为集体社会成员的集体意识隔断，另一方面农民的负担又大多通过集体经济这一中介组织而濡化"①，这些都使得农业集体化时期，围绕着税费问题的征缴并未形成国家、集体与农民的直接联系与对抗。但是，随着分田到户，政府和村级组织的权力开始从农业生产中抽离，农民就与村级组织，以及通过村级组织形成的与政府（国家）的经济联系就直接凸显出来了。农户依照相关法律规定享有经营村庄土地的权利，但同时也需承担向国家和村组两级缴纳各种税费的义务——这构成了这一时期乡村内部政府、村组以及农民三者间内在关系的本质。于是，农业集体化时期高度控制型的国家与农民关系就极大地简化成为围绕税费的经济利益关系，按农民的话说，就是一种简单的"收钱"和"交钱"的关系。对农民来说，这种产权制度的调整将农业集体化时期国家、集体与农民间具有"共容性利益"②的治

---

① 徐勇：《现阶段农民负担问题的特点及对国家和农民关系的影响》，《社会科学》1993年第7期。

② 奥尔森认为，一个国家一旦当执政利益集团排除了共容利益，完全蜕化为自利的狭隘利益集团时，其政治合法性也就完全失去了，政权往往会被新的更具有共容利益的典型性代表集团所取代。参见［美］曼瑟·奥尔森《权力与繁荣》，苏长和、嵇飞译，上海世纪出版集团2005年版，引言部分的论述。

理—依附关系化约为围绕着税费提取与征缴而发生的赤裸裸的"竞争性利益"的经济利益关系，这相当于直接将农民置于国家与农村基层组织的对立面，直接加剧了农民对农村基层组织的不满，消解了农村基层治理的合法性。正如吴毅所言："这是一个错综复杂的国家与社会关系网络的化约过程，当这种化约和去神圣化的世俗化过程将国家、集体与农民的关系以赤裸裸的经济利益关系的形式展现出来的时候，矛盾的凸显也就是迟早的事了。"①

其次，在农民的土地产权认知来看，农民的土地私有产权意识出现了萌芽。农业税费时期江东镇农民仍旧保留着有关农村集体土地产权公有制产权规则的认识，即主要将土地视为保障农民生存的一项基本生产资料，而非个人的财产，但家庭联产承包责任制的改革，也对农民对于土地产权的认知产生了新的影响，即在农业税费时期，统分结合的双层经营体制，使农民与农村集体土地产权之间建立了关联，促使农民将自己放置于土地产权关系的中心，在一个由国家、基层政府、村组、他者共同组成的差序场中认知土地产权。具体而言，这种产权认知关系主要包括了如下圈层：一方面，在农民眼中，"国家"通常被认为是土地的最终所有者，人们所拥有的土地权利来源于"国家授予"。另一方面，在国家之下，在农民的切实感知中，他们更倾向于认为乡镇、行政村与村民小组是农村集体土地的实际控制者与管理者；除非发生极少数的村与村或组与组之间的地权冲突，农民在多数情况下并不会有着强烈的农村集体土地产权主体到底属于哪个具体层级的认识。当乡镇或者行政村需要征用农村土地时，村民一般也会被认为这一行为具有正当性而予以默许。再者，在农民个人层面，统分结合的双层经营体制，让农民获得集体土地的承包经营权，也让他们建立了农民个体之间的排他性产权认知——这是我的承包地，别的村民不能使用。也正是在这个意义上，可以说，在农民的土地产权认知中，家庭联产承包责任制的改革让农民逐渐习得了私有化的土地产权认知规则②，一种以农民个体权利为导向的土地产权认知逐渐形成。如这一时期农民选择

---

① 吴毅：《村治变迁中的权威与秩序——20世纪川东双村的表达》，中国社会科学出版社2002年版，第184页。

② 经济学家赵阳在《共有与私用——中国农地产权制度的经济学分析》一书中认为，这一时期的农村集体土地产权相对于农民而言，已经具有私有产权的部分属性。

土地抛荒时，通常持有这样一种土地产权认知心态："我不种地的权利总该有吧？反正我把地交还给了集体，税费我是不会缴了。"如果说排他性是私有产权观念的起点之一①，那么透过这种产权认知的分析，我们可以据此认为家庭联产承包责任制确实开启了农村土地产权制度私有化变革的起点。

最后，这一时期乡村革命意识形态的消解，也为税费冲突的产生提供了思想准备。20世纪80年代的农村改革，本身就是中国当代历史的重要转折，它标志着在彻底清算极"左"路线以后，中国彻底告别了"革命"，"改革"成为中国20世纪最后20年的主旋律，革命的意识形态也逐渐在江东镇的农村消解。一方面，伴随着农村集体土地产权制度的改革，国家权力在退出农业生产领域的同时，也日益从村庄的政治社会生活中撤出，农村社会的方方面面开启了去政治化的进程。由于国家推出的全新的经济改革逻辑也与革命的政治逻辑背道而驰，这让农业集体化时期的宣传意识形态的机器停止了运转，农村社会的革命意识形态随之松绑。另一方面，随着国家权力从农村撤出，农村的思想政治宣传也逐渐停止，整个乡村社会在意识形态领域开始了一场"去政治性"与"祛魅"的变化过程，这也使基层干部在农民观念中原有的"亲人""恩人"形象，在这种"竞争性利益"面前，转换成了"坏人""恶人"的形象。正如在访谈中，很多农民在谈到税费时候的干群关系时，农民往往都会讽刺地说那些村干部是"农民出钱养的一群专门咬自己的狗"，这一表述当然过于负面，但它表明这一时期农民由于对农村基层干部收缴税费行为的不满，使农村基层干部在村民心目中具有十分负面的评价，而这其实是对整个农村基层治理主体合法性的质疑。也正是这种质疑成为这一时期农村税费冲突的思想基础。

总之，透过上述"制度—结构"互构的分析视角，我们可以清晰地看到集体土地产权制度因素与社会结构因素是如何相互交织在一起，共同导致了农村税费冲突的产生。实际上，不止如此，如果我们将视野进一步拓

---

① H.登姆塞茨认为，"排他性"和"可转移性"是私有产权最重要的内涵。具体可参见H.登姆塞茨《一个研究所有制的框架》，载［美］R.科斯、A.阿尔钦、D.诺斯等《财产权利与制度变迁：产权学派与新制度学派译文集》，刘守英等译，上海三联书店、上海人民出版社1994年版，第192页。

展，审视这一时期整个农村基层治理中的干群关系、信访、群体性事件，乃至村庄治理的黑恶化，我们可以发现，所有这些问题其实都是税费冲突内在逻辑机制的再拓展、再延伸。也正是在这个意义上，我们可以说，这一时期农村集体土地产权制度的内在权能特征，及其与它所形塑的农村社会结构之间的互构逻辑，注定了20世纪80年代家庭联产承包责任制改革后的中国农村会再次陷入一场治理性的危机之中，这并非外在的国家分税制改革所致，而是这种"制度—结构"内在互构逻辑的必然性使然。

本章小结

本章以江东镇为研究对象，简要介绍了江东镇的基本概况，以及基于"制度—结构"视角，梳理了农业集体化与农业税费这两个时期江东镇农村集体土地产权制度与农村社会结构之间互构共变的基本演进历程。

所谓集体土地产权，是一种基于马克思主义公有制产权理论而"建构"的土地产权制度，其基本含义可以表述为：为了消灭剥削，土地应该是，而且只能是一种由农民共同占有并由农民直接使用的生产资料。20世纪50—80年代的农业集体化时期是对这一产权理论的探索实践时期。"三级所有，队为基础"的集体土地产权制度表述，不仅标志着集体土地产权制度在我国农村的正式确立，同时也隐含了这一产权制度最重要的实践特征，即向上的"非排他性"——农村集体土地产权制度遵循着一种自上而下的产权授予逻辑，国家享有集体土地产权的终极所有权，并据此获得了土地的部分收益权，垄断了土地的处置权；生产队则经过多个层次的产权授予后，最终享有了农村土地的占有权、使用权和部分收益权。在这一逻辑链条中，农民被完全排除在农村集体土地产权主体之外。而从"制度—结构"互构的视角来看，农村集体土地产权制度作为一种"建构"的产权制度，除了要以国家政治权力作为保障外，其在整个农业集体化时期的建立与维系，还离不开国家对农村社会结构的"集体化"改造。国家在推进农村土地产权制度变革的同时，也推进了一个系统化的农村社会结构改造工程，这就是对农村社会关系结构、农民土地产权认知结构与社会意识形态结构的全方位改造。可以说，正是这种改造保证了农村集体土地产权制度与农村社会结构之间的高度镶嵌，为这一制度建立后20余年的顺利运行奠定了基础。

第三章 田野与历史：集体土地产权制度的建立及其演进

20世纪80年代初的农村家庭联产承包责任制改革是对农村原有集体土地产权制度的调整，这种调整形塑了新型的农村社会结构，同时也造成了这种社会结构内部的紧张。农村税费冲突可以说正是这种紧张关系的外在表现。具体而言，从农村土地产权制度调整角度看，农村家庭联产承包责任制改革本质上是一个向农民赋权的产权制度改革，农民开始享有了农村土地的占有权、使用权，以及一部分的收益权；而从农村社会结构的形塑角度看，这一改革，一方面将农业集体化时期国家、集体与农民之间基于"共容性利益"的治理—依附关系化约为了围绕着税费提取与征缴而发生的赤裸裸的"竞争性利益"关系；另一方面，也使农民逐渐习得一套以个体权利导向的私有化的土地产权认知；此外，这一改革还间接引发了农村意识形态领域的去政治化。农村社会结构领域上述三个方面的变化显然为这一时期农村税费冲突的产生提供了内生性条件。

综上，正是通过"制度—结构"互构的分析视角，窥探20世纪50年代初至税费改革前江东镇农村集体土地产权制度与农村社会结构间内在的互构、共变逻辑关系，我们可以得出一个有关农村集体土地产权制度、农村社会结构以及农村地权冲突（农村税费冲突本质上是一种基于土地收益权争夺而产生的冲突）三者之间内在因果逻辑关系的初步认识：农业集体化时期的农村集体土地产权制度是一个基于马克思主义产权理论而建构的公有制的土地产权制度，其突出特点在于在土地权利主体上完全排除了农民，这导致这一产权制度对于农民激励的不足以及整个制度运行的低效率。正是看到这一内在的产权制度弊端，20世纪80年代的家庭联产承包责任制改革自然选择了一个向农民赋权的产权制度调整方向；同时这一制度调整带来了农村社会结构的改变，造成了社会结构内部关系结构、土地产权认知结构以及社会意识形态结构的紧张，而这恰恰是导致农村地权冲突大规模爆发的社会结构性原因。当然，以上研究及其认识，对于整个研究而言仍旧只是一个初步的结论，在接下去的论述中，本书将继续尝试沿用"制度—结构"互构的分析视角，集中关注江东镇税费改革以来的农村地权冲突，希望通过对江东镇税费改革以来土地产权制度、农村社会结构内在互构关系结构的考察，达至对当前农村地权冲突发生原因的深层理解。

第四章

地利之争：后税费时代的土地升值与农村地权冲突概况

当时间进入21世纪，中央开始不断要求各地切实减轻农民负担，并最终于2006年全面取消农业税费。延续中国历史千年之久的"皇粮国税"就此走向了历史的结点，岌岌可危的"三农"形势也得到了根本性扭转。然而，令政策制定者始料未及的是，当国家全面取消农业税费，并开始对农业与农村反哺的时候，却意外地在农村引发了一场声势浩大、冲突主体复杂、具体原因多元的土地产权争夺。这种争夺在其后的城镇化进程中被进一步放大。就此，中国农村便进入了一个大规模农村地权冲突集中爆发的时期，呈现出冲突数量庞大、类型多样、原因复杂、主体多元、危害性大等诸多特点。

这一时期，江东镇农村同样进入了一个地权冲突集中爆发的年代。如何继续从"制度—结构"互构的视角，通过对后税费时代以来江东镇农村地权冲突微观实践的观察，对这一时期的农村地权冲突做出进一步阐释，既是本书所要回答的核心问题，也将是本书第四、第五、第六、第七章研究的重点。本章将主要介绍后税费时代江东镇农村地权冲突的基本概况，力图通过来自江东镇相关政府部门的统计数据，以及众村、风村这两个个案村若干冲突案例，集中描绘后税费时代江东镇农村地权冲突的基本概况。

第一节 地权冲突：从幕后走向台前

如果说20世纪90年代，用一个与土地有关的主题词来概括江东镇农村的基本特征，那么，这个词莫过于"逃离土地"。农村家庭联产承包责任制改革对于江东镇人而言，无疑是充满喜悦的，但这种喜悦并非来自农

第四章　地利之争：后税费时代的土地升值与农村地权冲突概况

业生产劳动积极性的提高和收获了更多的农业剩余，而是因为这一改革使农民能够脱离集体、逃离土地，从而投入工副业活动以赚取更多的非农化收入。随之而来的农村税费负担，更是让农民觉得种地并不是一件划算的买卖，这从另一个逻辑上让农民对土地纷纷避之不及，从而导致了农村大量土地的抛荒与农村税费冲突的产生。总之，对于这一时期的江东镇农民来说，"要想富、先离土"，是他们对于土地的基本心态。

但是，进入21世纪，另一个与土地有关的主题词成为江东镇农村社会特征的最好概括，那就是"争夺土地"。随着土地的升值，风村人对于土地开始斤斤计较了起来，土地不再成为农民的牵绊与负担，而是具有了实实在在的价值，谁拥有土地便意味着谁拥有了一笔财富。后税费时代风村无论是农业用地，还是以宅基地为主要内容的村庄建设用地都出现了土地价值的大幅飙升，而这引发了土地各方利益主体的大肆争夺。

从乡镇层面来看，在对江东镇信访办、综治办、司法所三个部门有关农村矛盾冲突宗卷的统计显示，2000—2003年、2004—2007年、2008—2011年三个时间段内江东镇农村各类矛盾冲突主要包括反映干部经济问题或作风问题、要求进行低保等生活照顾、家庭邻里矛盾纠纷、各地地权冲突等，矛盾冲突的总量分别为144起、214起、207起；而其中各类地权冲突的总数分别为23起、83起、92起，环比平均增幅达135.9%，地权冲突总数占总矛盾冲突的比重分别为15.97%、38.79%、44.44%。通过这一数据可以清晰发现，2004年以来，江东镇农村地权冲突的数量呈现急剧上升的趋势，由占农村总矛盾纠纷的15.97%上升到44.44%，并且这一趋势一直维持到2008—2011年。各时间段内江东镇矛盾冲突的类型与数量可见表4-1。

表4-1　　2000—2011年江东镇各类矛盾冲突的基本情况统计　　单位：起

	反映干部经济与作风问题	要求进行生活照顾	家庭邻里纠纷	各类地权冲突	其他	总计
2000—2003	48	14	26	23	33	144
2004—2007	62	26	25	83	18	214
2008—2011	69	19	21	92	6	207

资料来源：江东镇信访办、综治办、司法所卷宗材料整理而成。

而就其中地权冲突的数量及类型来看，自2004年以来，江东镇农村地权冲突不仅数量出现了急剧攀升，地权冲突的类型也发生了明显改变。

如 2000—2003 年的宗卷资料数据来看，当时的农村地权冲突主要集中于土地流转冲突（9 起）、土地征地补偿冲突（共 13 起，其中 6 起征地补偿数额的冲突，7 起为补偿款如何分配的冲突）等类型，而并无一起土地权属冲突、要求收回承包地冲突以及要求重新调整土地冲突等地权冲突类型登记在案；但是进入 2004 年以来，农村地权冲突在数量上急剧上升的同时，在冲突的类型上也表现得更为多样化，这中间既有集体所有权的权属冲突，也有土地承包经营权的流转冲突；既有各类关于征地补偿金额的冲突，也有补偿后如何在集体内部以及集体成员之间分配的冲突。此外，还有一些田界地界冲突、要求重新调整土地的冲突，等等。特别是进入 2008 年以来，当地城镇化进程加速，对土地的需求量日益增大，围绕土地用途改变而产生的级差地租，导致了投资者、政府、村集体以及农户对于土地利益的直接争夺，而由此引发的连锁效应，则是农村征地补偿数额与分配方式方面的冲突出现了显著增长。

表 4-2　　2000—2011 年江东镇各类地权冲突的基本情况统计[①]　　单位：起

	土地权属冲突	土地流转冲突	征地补偿款分配	要求收回承包地	征地补偿数额	要求重新调整土地	田界地界冲突	其他	总计
2000—2003	0	9	7	0	6	0	2	3	27
2004—2007	12	16	8	21	10	8	8	5	88
2008—2011	14	8	17	17	16	9	9	6	96

资料来源：江东镇社会综合治理部门卷宗材料整理而成。

不仅江东镇社会综合治理部门的卷宗材料数据清晰显示了后税费时代农村地权冲突急剧增加的基本趋势，来自江东镇干部的其他访谈资料与一些文本材料也同样支持了这一现象。如江东镇农办的谢主任，在农村基层工作了 30 余年，对农村基层情况非常熟悉。在与他的一次长谈中[②]，他向笔者讲述了自己工作 30 余年所经历的农村土地矛盾的基本变化过程。在他看来，税费改革以前与税费改革以后，农村社会的土地矛盾不仅有着数量上的差异，更有着类型上的区别，而围绕着土地问题而发生的基层社会

---

① 注，在有的案例中，有的地权冲突同时有多种具体形式，如有的征地补偿纠纷中，既有关于征地补偿数额的冲突，也有征地补偿款在具体村民中间分配时所产生的纠纷。在针对此数据统计时，进行了重复统计，故表 4-2 数据中地权冲突的总数要大于表 4-1 中的数据。

② 2012 年 4 月 30 日与江东镇农办谢主任访谈。

第四章　地利之争：后税费时代的土地升值与农村地权冲突概况

治理也呈现出了两种截然不同的局面：

> 在农村，土地矛盾从来是免不了的。在（税费改革）以前，也有很多的矛盾纠纷。一个是邻居间的土地矛盾，我们这里每家的房子都在越盖越大，每次新盖房子时，大家都想多占点，有的把路给占了，有的把别人家门前的出场（注：门前不带院子的空地）给占了，矛盾就来了。还有，就是农民和隔壁田的矛盾，也是邻里矛盾（笑），老百姓都自私啦，在平整田地时，机耕道会越挖越小，田埂也越挖越窄；还有些房前屋后的空地，没主的地，有人就建个厕所、搭个猪栏，农民都自私啊，都想多占点，……这些都是以前的矛盾。以前的矛盾也多，但都是些邻里之间的鸡毛蒜皮的小事，不会闹大，一般是生产队的干部去调解，矛盾大点的就找大队干部去调解，不会到镇里。……那时候的村干部有威信，到现场看看，谁家的对，谁家的不对，没那么复杂，要是都有理的就都让点；……而且老百姓心理也很清楚，公道有人心在……
>
> 现在的矛盾比那会儿多，因为地值钱了嘛，大家都要争。一开始是那些早期（20世纪90年代）不交粮食税（费），没有要村里土地的人，这个时候开始回来要地了，每个村哪还有地再给这些人呢；还有就是那些多占了土地的人也不肯让出来啊，人家白纸黑字有承包证的，凭什么给你让地？以前村里能调地，这种矛盾很好解决，现在地不让调了，那些以前（调地时）出（让出）了地的人、家里人多地少的人就会觉得不公平；还有土地征用，以前就是给青苗补偿，剩下的由集体分配，但现在钱基本是给农户了，农户也肯定想越多越好……土地矛盾永远都有，但现在连乡里干部下去，村民都不买账，你一个村的干部还能有什么威信去解决矛盾？

随着江东镇农村地权冲突由幕后走向台前，围绕着地权冲突的治理也自然成为整个农村基层治理工作的中心。围绕着农村集体土地而发生的土地征用、流转与土地利益分配等纠纷冲突，成为当下能够勾连当下村庄政治与公共性的仅有话题。在江东镇许多村庄，这种因地权引发的矛盾，既表现为零星的村民与村民之间的矛盾，也有村民与村委会之间的矛盾；更重要的是，这种土地矛盾不同于税费改革以前基本被限定于村庄内部的纠纷之处，在于这些冲突已经极大地冲击了村庄既有的政治生态，造成了村庄政治社会的不稳定。如在风村，因农业税费时期大量农民抛荒放弃土地承包权，而在税费改革以后又陆陆续续回村庄要求收回承包权的矛盾一直以来都是该村地权冲突的焦点。由于行政村与村民小组解决这类矛盾时的空间极少，这类地权冲突一直从2005年左右开始一直持续至今，成为该村群众不断上访的主要原因。而且在众村，这种因为土地问题而引发的矛盾，不同于风村出现的零星的纠纷，它表现出了更大的群体性与村庄政治性。这种矛盾不仅表现在每次土地征用开发过程当中，村民、村民小组、村委会等主体之间会出现关于土地征用补偿款如何分配而产生的巨大利益博弈；而且造成了村庄政治的极大裂痕，如在3年一度的村"两委"选举中，众村都是江东镇有名的问题村，每次都会出现大量信访举报事件，村庄围绕着村"两委"选举出现了明显的派系分裂与斗争。

袁松在对浙中吴镇的考察中，认为东部经济发达地区的农村正在进入一个土地利益密集的年代，乡镇的主要工作可以说全部围绕着土地而展开。一方面，土地的非农化建设开发与农业规模流转，成为地方经济高速发展的引擎；另一方面，围绕着土地利益的争夺与冲突构成了乡村基层政治的基本生态。[①] 这一判断，同样符合江东镇的基本情况。鉴于日益严峻的农村地权冲突形势，2012年12月，江东镇专门召开了全镇农村基层治理形势与维稳会。会上，该镇党委书记要求，全镇镇、村干部要高度重视农村的土地纠纷形势，强调当前农村最大的问题就是土地问题；土地问题不仅是利益问题，同时也是政治问题。会议要求镇政府各职能部门、各行政村集中精力、集中一段时间解决各行政村（社区）内部长期遗留的土地方面的老大难问题。会后，江东镇还专门成立了由镇长亲自挂帅，农办、信访办、综治办、司法所、公安等部门协同参与的江东镇农村土地纠纷专项化解行动小组，专门负责与各行政村对接，开展土地纠纷的化解工作。由此可见，当前农村日益严峻的地权冲突形势，确实已成为当前农村基层社会稳定的最重要隐患，有关农村土地纠纷的治理已成为当前基层政府政治维稳工作的中心任务。

[①] 袁松：《富人治村：浙中吴镇的权力实践（1996—2011）》，博士学位论文，华中科技大学，2012年。

第二节　"土地生财"：地权冲突的前置条件

江东镇农村地权冲突数量众多，要真正深入认识这些冲突，还需要对这些冲突的发生机制进行再认识。显然首先需要明确的是，当前农村地权冲突本质上是一种土地利益的争夺，这是整个有关地权冲突分析的逻辑起点，同时也提醒我们在分析江东镇农村地权冲突的发生原因时，需要注意导致农村土地升值的因素与机制分析。只有厘清土地升值背后的内在逻辑机制，才能在此基础上进一步对农村地权冲突进行分类和认识。具体到江东镇而言，进入21世纪主要有三重机制导致了农村土地价值的不断攀升，这三重机制也直接塑造出了三种主要的农村地权冲突类型。

一　税费改革与土地价值的翻转

20世纪90年代随着农村税费冲突的不断升级，"三农"危机开始为整个社会所关注，国家也开始审时度势地推出了以"农民减负""税费改革""取消农业税"以及"补贴农业"为主要内容的一系列惠农政策措施。1998年，浙江省和萧山市为贯彻中央切实做好当前减轻农民负担工作相关精神[①]，专门印制了《农民减负手册》读本发给农民，并加大了有关减轻农民负担的执法检查力度。在此基础上，2002年，萧山区开始正式启动农村税费改革，"三提五统"等各种纷繁芜杂的税费项目不断被清理与合并，总目录下只保留了农业税和农业特产税这两大类。2006年，萧山又全面取消了农业税费，同时，为提高农民种粮的积极性，在这一年，萧山还开始按照中央政策出台了粮农直补、良种补贴、农机置购补贴、农资增支综合直补等一系列补贴农业的措施。

有关减少农民负担与增加农民收入的国家惠农政策很快就在江东镇收到了效果，农民承包土地的亩均负担直线下降，因税费冲突而岌岌可危的"三农"形势也得到了极大缓解。有关这一历史节点的记忆在风村前任书记陈荣的印象中特别深刻，因为风村当时不仅是萧山地区农村减负的典型，甚至还接待过省里有关专家与媒体的访谈。在老书记陈荣的家中至今

---

① 《中共中央办公厅、国务院办公厅关于切实做好当前减轻农民负担工作的通知》（中办发〔1998〕18号）。

仍保留着一份当时的省专家组有关风村农民减负的报告，这份报告通过对当时全村4个小组64个农户的抽样调查，较详细地核算了风村农民税费负担的下降情况：2005年风村农民平均税费负担为37元，比2002年减少了28元，下降幅度达45.3%；同年，农民亩均负担由2002年的96元，下降到2005年亩均负担49元，是1990年以来风村农民税费负担额度最低的一年，也是该村同期减税幅度最大的一年。此外，从税费负担占当年农民人均纯收入的比重来看，这一比重也由2012年的2.4%下降至1.2%，降幅达50%。[①]

然而，这一时期国家各项惠农政策在江东镇产生的另一个后果，并非是激发了农民生产粮食的积极性，而是让江东镇迅速陷入了一场争夺地权的风波之中。因为国家取消农业税费同时补贴农业的做法，很快就让江东镇农民意识到种田虽然收益不大，但至少不再是一个赔钱的差事了；特别是看到一些有地的农民即使不种地，也能因为粮食补贴获得一笔收益[②]，这就让农民在急剧变化的农业形势下重新认识到土地的价值，也才有了从"逃离土地"转向"争夺土地"。以江东镇的统计来看，在农业高税费时期，一个四口之家拥有1.5亩的土地，该村农民农业税费以及"三提五统"各项费用总额为近300元；而农业税费改革后，粮农直补、农资增支综合直补等补贴，加在一起农户获得的土地补贴达到了100元左右。

由"向农民收取税费"到"向农民发放补贴"这一农业政策的翻转，对于农民而言其重要的意义在于，这一政策转向，让农民对于土地承包权的理解由一种以"义务"为取向，转为以"权利"为取向。而这也直接让许多在高税费年代将土地"抛荒"或者"甩手"的风村人此时心理产生了不平衡，转而纷纷要求收回自己的土地承包权。实际上，在20世纪90年代，与全国很多地方农村的情况一样，面对农村土地的大量抛荒，江东镇村干部为了弥补这部分土地的税费空缺，或通过说好话转给那些家中土地较少的村民，或者收归集体改为机动地，再以较低的费用发包给其他村民，同时，这些土地在二轮承包中被登记在了其他人名下。这种变通

---

① 数据出自风村陈荣家中的一份材料《风村农民负担的报告》。
② 虽然国家政策规定，粮食补贴是补贴给种粮的农民，但在实际的操作过程中，国家不可能真正去监督一块地是何人耕种，最简单易行的办法就是直接将粮食补贴根据种粮的土地面积进行补贴，这导致了一些农民即使自己将土地出租，不耕种土地却能享受到粮食补贴。

方法在当时能够不突破国家土地承包政策的前提下[①]，较好地解决了农民不愿意种田背景下农业税费征缴难的问题，但同时也导致了农村极其混乱的土地承包经营权[②]，从而为在土地升值背景下农村大量土地承包经营权争夺纠纷的产生埋下了隐患。

案例 4-1

蒋某，系风村 4 组村民。1997 年前举家搬出风村，将土地抛荒，其土地转给了远房亲戚耕种，属长期"户在人不在"类型。2004 年夏，蒋某回村要求分得土地，风村村委会以蒋某所在的组没有土地可分，且在二轮承包时未主动提出申请为由，拒绝了蒋某的请求，对蒋某提出的土地收益补偿（含粮补）也不予支持。1996 年风村按国家政策进行了第二轮土地承包，由于蒋某未提出第二轮土地承包的申请，故这块土地也被登记在倪某名下。

针对蒋某提出的收回土地承包权的要求，江东镇和风村经过数次沟通，做出如下调解意见：根据《关于妥善解决当前农村土地承包纠纷的紧急通知》"对于外出农户中少数没有参加二轮延包，现在返乡要求承包土地的，如果户口仍在农村，原则上应同意继续参加土地承包，有条件的应在机动地中调剂解决，没有机动地的可通过土地流转等办法解决"这一要求，认为风村集体与小组都无机动地可再分，同时蒋某自身也存在过错，建议待以后村庄调整土地，再解决蒋某的承包地问题。而蒋某不服从这一调解，并多次去萧山市上访。

[①] 在我国，2002 年 8 月通过《农村土地承包法》后，法律才规定农民承包的土地在不改变用途的情况下可以流转。因此，在 20 世纪 90 年代末，面对大量的土地抛荒，乡村干部并不能直接推动土地流转，唯一的做法只能是直接变更土地承包关系。也正是这种土地承包关系的改变，才导致了后期土地权属的大量纠纷。对此国家也出台专门政策文件，要求稳定既有的土地承包关系不变，尤其规定了村集体不能随意变更农户的土地承包权。

[②] 笔者曾试图对这一时期村庄发生的土地承包权转移的情况进行一个统计，但最后发现根本没法进行，即使是在当时村会计与小组长的土地登记簿上，承包土地的面积、地界和种类等信息极其混乱，很多土地的权属早已无据可查。许多土地的权属变动往往不止一次，土地易主的速度之快使很多村民小组长都已经很难分清一块土地的具体转包情况。这正如郭亮所言："'千年土地八百主'的描述虽然夸张，却也符合当时农村土地制度的基本特征。"郭亮：《地根政治：江镇地权纠纷研究》，社会科学文献出版社 2013 年版，第 91 页。

二　土地流转与土地市场价格的形成

在江东镇农村，除了国家通过取消农业税费并给予农民种粮补贴，这一制度改革提高了土地价值外，当地因为特色农产品需求而导致的农业种植结构调整，带来了土地流转的日益增多与土地租赁市场的活跃，这也成为江东镇21世纪以来农村土地价值攀升的一个重要原因。

黄宗智认为，改革以来大规模非农就业的出现（先是乡村工业，而后是城市就业）、人口自然增长速度的减慢，以及近年来人们的食品消费转型（从以粮为主转向粮食、肉—鱼、菜—果兼重模式）三大趋势的交汇，正在赋予中国农业一个走出"过密化"困境的历史性契机。[①] 这一判断，大体符合江东镇农业发展的基本趋势，非农就业人口的减少以及人们对于农业产品需求的多样性转变，都为当地农业的现代化转型提供了现实条件。但不同之处在于，黄宗智主要关注了中国农村的隐性失业，以及劳动密集型小农经营的前景，而在江东镇，在农业劳动力资源并不丰富的背景下，这一趋势主要带动的是农业特色种养殖产业的发展以及土地的大规模流转经营。

进入21世纪以后，随着当地农民生活水平的提高，人们的食品消费需求结构发生了极大改变，如在笔者调查的风村几户人家，除了日常大米、青菜等食物必需品外，不仅禽、蛋、鱼、猪肉等成为农村日常生活的基本消费品，甲鱼、牛羊肉、螃蟹、虾等也成了农民日常餐桌上常见的菜肴，饭后吃点水果也逐渐成为人们日常饮食习惯的一部分。农民更加注重身体健康，也更加注重营养结构的全面与均衡，而这种需求结构的转变也直接带动了当地农业的现代转型，草莓、西瓜、蓝莓、桑葚、家禽、鱼虾等农产品的规模化种养殖，也成为当地农业发展的主要内容。农业的发展也带动了农村对于土地的需求，江东镇也随之出现了大范围、大规模的土地流转。据统计，2013年该镇蔬菜规模种植面积已达到25270亩，花卉苗木种植面积达3262亩，水产养殖3800亩，全镇10亩以上规模经营面积达11000亩，占全镇土地面积的32%。

土地市场的日益发达，必然带动农村土地租金的直线上升。由于农业

[①] 黄宗智、彭玉生：《三大历史性变迁的交汇与中国小规模农业的前景》，《中国社会科学》2007年第4期。

第四章 地利之争：后税费时代的土地升值与农村地权冲突概况

种植收益低而乡镇企业发达，早在20世纪80年代末90年代初，江东镇农村就出现了各种形式的转包、代耕代种等形式的自发土地流转，只是这种流转大多发生在亲朋邻里之间，较少有规范的土地流转协议，基本属于免费流转。如在江东镇当时就有很多农民跟随一些建筑老板外出从事建筑业，举家外出后将承包的土地免费转包给了亲戚朋友耕种。但是，进入21世纪，江东镇出现了最早的一批"租地客"，农村土地在这种契约化的市场流转中也开始出现了价格。如凤村早在2001年时就引进了一个温州西瓜种植户，第一次以200元每亩的价格租种了该村20余亩土地，这一行为曾在当地引起了不小的轰动①。但需要指出的是，一直到2008年以前，当地土地流转一般都较为细碎，规模一直并未明显增大，价格也基本维持在200元左右。而从调查来看，200元左右的价格，实际是当地历史条件下土地流转的一个均衡点。一方面，在老年人劳动力成本可以忽略不计的情况下，农民觉得过低的土地流转价格并不划算；另一方面，在"租地客"看来，在农业种植收益低下的背景下，过高的土地租金也无力承担。②2009年，浙江省出台了有关《关于积极引导农村土地承包经营权流转，促进农业规模经营的意见》（浙委办〔2009〕37号），要求各级政府根据自身财政规模拿出专项资金采取以奖代补的形式鼓励农村土地的流转。这一政策成为打破当地农村土地流转均衡，实现当地农村土地大规模流转的一支助推剂。该政策出台后，来自区级和镇级的土地流转专项补助让江东镇农村土地流转的价格大幅上涨，达到了600元左右。而后随着物价上升，农产品价格上扬，江东镇农村土地流转的价格进一步升高，农村土地流转的规模也大幅增加，整个农村的土地流转进入了快车道。笔者2013年在江东镇调查时，当地农村土地流转面积已经接近全部土地的60%，每亩土地的租金更是上涨到1000元左右。

---

① 因为从法律上来说，这一行为是违法的，一直到2002年8月通过的《农村土地承包法》，才明确规定农民承包的土地可以在不改变用途的情况下进行流转。

② 笔者曾做过一个较细致的计算，当地农村土地主要种植蔬菜和水稻，用于满足日常消费。一亩地以种一季稻来计算，收益为800—1000斤，毛收入在800元左右；在人力成本不算的情况下，除去化肥农药等成本，收益为每亩500—600元。而蔬菜因为要投入更多的劳动，其种植收益更高。但是相对于租客而言，以种植西瓜为例，尽管毛收入高，但由于一块土地最多只能种两年，土地整治前期成本高，因此实际每亩净收益大概维持在800元左右。因此，土地流转价格和流转面积也一直维持在一个相对均衡的水平。

农村土地流转行为的发生，从产权的角度而言，意味着农民取得了土地的一部分处分权；而其背后更为重要的意义还在于，这种处分权的获得第一次让农民意识到了土地的财富价值。正是在土地流转中，农村土地价格的不断上扬，直接导致了诸多土地流转冲突的产生，一些跨度较长的土地流转因农户不认可已签订的土地流转合同，而成为导致这些冲突的主要原因（如案例4-2就是这样一起典型的冲突案例）。具体而言，在江东镇这种流转冲突主要有两种表现形式：一是由农户自发的、不规范的土地流转所致。在江东镇，早期很多土地承包经营权的流转以口头协议形式进行，处于自发或无序状态；有的转让方和受让方虽有协议，但这些协议的订立不够完善，或者未明确双方的违约责任，或者缺乏见证人，从而导致一些出让方要求收回土地或提高承包金，从而引发冲突。二是由镇、村两级主导的土地流转所致。在江东镇，很多土地流转是以镇、村的名义主导进行的，即镇、村两级组织充当了农民与承租人之间土地承包经营权流转的协议中介。这种方式有助于减少协议达成的中间成本，但是潜在的问题是，一旦土地流转价值上涨，这些农户就会以村集体违规发包土地（如未经村民大会2/3多数同意），或者镇村干部从中收取好处为由，否认既有的土地承包协议，要求提高土地流转价格甚至直接要求收回流转土地。

案例4-2

2003年，萧山区黄村（注：该村位于萧山区另一乡镇）的邵某干起了个体运输生意，就将自己的8分承包田转让给了邻居赵某，赵某是当地的一个苗木种植户，在邵某的耕地上间杂种上了一些香樟、银杏与紫薇。双方约定租金为每年200元，租期为5年，并于当年一次性付清租金。2008年底合同即将到期，赵某口头提出再续租5年，邵某同意，但双方未就具体合同和租金进行再约定。2010年，黄村引进了一个蔬菜种植大户要承包大片耕地，同时允诺租金为每亩700元/年，租期4年。邵某于是向赵某提出收回土地经营权，但赵某不同意，一是因为事先和邵某沟通过，另是一时无法找到合适的耕地移栽苗木。双方由此发生了较激烈的冲突。

三 土地征收与高额级差地租的出现

相对于21世纪以来，江东镇因税费改革和土地流转导致的土地农业种植收益的提高，这种土地价值的收益每亩最多在千元左右，那么，伴随着近年来城镇化加速而出现的土地非农业化（建设用地）收益的大幅提高，则更是成为诱发江东镇农村大量剧烈地权冲突的直接导火索。

自农村集体土地产权制度建立以来，土地征收一直是实现农村土地所有权主体转移的主要办法。① 早在人民公社时期，江东镇因为发展社队企业就出现过一些土地征收。税费时期，杭州市及下辖的各区县在土地的非农使用上实行的是无偿划拨制度，同时对被征地农户实行非货币化补偿的招工安置②。这一制度一直到 2000 年 5 月，杭州市发布《杭州市征用集体所有土地实施办法》（杭州市人民政府令 152 号）才改变。新的农村集体土地征收办法首次明确将安置补偿费直接支付给需要安置的农民个人，并由此形成了所谓的"货币化补偿"与"土地招拍挂"相结合的土地征收制度。正是这一土地征用制度改革，让基层政府与农民都开始将农村土地与巨额财富画上了等号。

如果说"土地招拍挂"与"货币化补偿"制度的实施，迈出了土地市场化的重要一步，使土地具有可供市场衡量的价格，那么紧随其后的城镇化进程与日趋偏紧的农地管理政策，则使农村非农建设用地价格日益高涨。如在 2005 年，江东镇政府曾在政府所在地东边主干道附近的众村土地上，规划一个 4 平方千米的镇级工业园，作为政府招商引资的主要平台。经过多次协商谈判，最终，江东镇政府以 228 万元的土地征迁费（主要由四块购成，即土地补偿费、青苗补偿费、地面附着物补偿费和安置补助费、房屋补偿费）征得这片土地，并于 2007 年建好工业

---

① 《土地管理法》（2004）第四十三条规定："任何单位和个人进行建设，需要使用土地的，必须依法申请使用国有土地，但是，兴办乡镇企业和村民建设住宅经依法批准使用本集体经济组织农民集体所有土地的，或者乡（镇）村公共设施和公益事业建设经依法批准使用农民集体所有的土地的除外。"

② 当时的主要方法，是给被征地户"招工安置"的办法，安置补助费相应地支付给用工单位。《国家建设征用土地条例》第十二条："因征地造成的农业剩余劳动力由县市土地管理机关组织被征地单位、用地单位和有关单位分别负责安置。安置的主要途径有：发展农业生产、发展社队工副业生产、迁队或并队。按照上述途径确实安置不完的劳动力，经省、自治区、直辖市人民政府批准，符合条件的可以安排到集体所有制单位就业，并将相应的安置补助费转拨给吸收劳动力的单位。"

园区基础设施后对外公开拍卖。据当地政府内部一位人员透露，这块土地最后总出金达到480万元左右，除去征迁费、建设工业园基础设施成本，政府获利近150万元①。而城镇化进程中的商业土地开发则具有更高价值，在江东镇的风村，2010年借助江东镇文化路跨河东延工程，通过拆迁部分农民房子，从而整理出一块土地用于江东镇的集镇建设，土地性质为商业用地。据公开资料显示，这片土地经过数轮拍卖，最后以3820万元的总价成交。

毫无疑问，一旦因土地非农化使用而出现的土地级差地租与基层政府、农民的利益直接挂钩，而非农土地的价值又在节节攀升，那么，与土地利益相关的地方政府、村集体、村民小组、村民等各方主体就势必参与到土地级差地租收益的争夺中来，从而导致农村土地征收过程中矛盾冲突的产生。如案例4-3就是这样一起非常典型且又普遍的土地征收冲突。在这一冲突过程中，"每一方都会认为自己应该得到更多的分配，自己的行为是正当的，并将对方的行动视为对自己'权利'的侵害，进而挤压对方的分配空间"。② 在法律上，由于国家垄断了土地建设市场，农村的土地只有经过土地征用转化为建设用地才能够进行市场交易，因此，政府认为农民得到相应的补偿后，政府的土地出让收入（土地极差收入）是政府公共财政投入的结果，而与农民和村集体无关；而从村委会的立场来看，在政府拿走了土地出让收益的"大头"后，村委会要求得到相应的土地补偿同样有法律和政策的依据，因为土地补偿费的提成是用于村庄公益事业建设，是村庄保持正常运转的必要条件。最后，对于被征地的村民小组及农民而言，他们认为自己才是农村土地所有权的主体，而并不认可现有的土地收益分配格局，他们寄希望政府能够给更多的土地补偿，也不希望村委会在有限的补偿款中再拿走一部分，于是各方围绕着土地补偿的分配陷入剧烈的冲突之中，土地征收冲突已成为当前引发农民上访、游行、静坐等抗争行为的主要导火索。

---

① 实际上政府真正收入多少，数字都是严格保密的，笔者也是在与乡镇参与负责的人聊天所获取，不一定精确，但总体上不会出入太大。

② 郭亮：《土地征收中的利益主体及其权利配置——对当前征地冲突的法社会学探析》，《华中科技大学学报》（社会科学版）2012年第5期。

案例4-3

纤纺集团原本是江东镇辖区内，靠近东村的一家大型印染企业。近年来，随着纤纺集团业务多元化，公司规模不断扩张，对土地的需求也日益强烈。从20世纪90年代起，纤纺集团曾先后两次在众村4组大规模征地，使这一村民小组人均土地面积不断减少。但是在2008年的一次征地中，因为征地补偿问题引发了激烈矛盾。这次征地面积为20亩，土地征收的主体仍旧是镇政府。根据镇政府一份内部文件，此次征地，补偿农民及村集体经济组织共计739265元，其中，土地补偿费为343152元、安置补助费为331986元、青苗补偿费及地上附着物补偿费共64127元。此外，据4组村民掌握的消息，政府将土地有偿划拨给纤纺集团共获取土地出让金为1354425元，几乎在补偿给众村的价格基础上翻了一倍。按照惯例，由于村集体是农村土地所有权的法人代表，江东镇政府于是将土地补偿费一并发给众村村委会，再由其对失地农民进行分配。在具体分配的过程中，众村村委会拟从中提取25%。但是，这一次4组的农民不愿意村集体进行提留，坚持将所有土地补偿款留在4组内；而村集体认为行政村是村庄基本核算单位，目前4组所有公共品都是由全村统一提供，不同意4组拿走全部土地补偿款。至今，村民和村集体之间未就余下25%的土地补偿费的分配问题达成一致。

第三节　地权冲突的类型：基于主体与性质的划分视角

通过上述分析可以发现，21世纪以来江东镇农村因税费改革、土地流转、土地征用等带来了农村土地的全面升值，这也成为导致江东镇农村土地承包冲突、流转冲突与征用冲突等的直接诱因。但显然，这一时期江东镇农村地权冲突远不只这三种，在土地升值的大背景下，江东镇出现了全方位的地权冲突，这种争夺在主体上既有农民与农民之间冲突，也有农民与村集体、农民与政府等之间的冲突。在冲突的性质上，既有个体农民间日常型的、与村庄政治稳定无涉的地权冲突，也有直接威胁到基层政治稳定的群体性冲突；更重要的是，还有一些冲突直接挑战了既有的农村土地产权制度，从而使农村基层几乎没有任何解决的可能。为了能对江东镇农村地权冲突有一个更为清晰的、鸟瞰式的认识，笔者依据冲突的主体与冲突性质，将农村地权冲突进行如下四种类型的划分。①

一 农民—农民的日常型地权冲突

所谓农民间的日常型地权冲突，是指发生在个体普通农户之间，由于争夺土地利益而引发的有关土地占有权、使用权等的冲突。从江东镇的情况来看，这类地权冲突是当前农村极其普遍的一种地权冲突形式。通过对相关部门工作卷宗的统计，以及对其中一些冲突案例的深入访谈，可以发现当前农村这类地权冲突具有如下几个方面的特征。

首先，从冲突的表现形式与产生原因来看，江东镇这类地权冲突主要可分为三种情形，一是由于土地界限争议而引发的地权冲突，如田界冲突、宅基地冲突等。以宅基地冲突为例，近十余年来，江东镇很多农民都开始建造小别墅，由于别墅对宅基地面积要求较大，这导致很多农民在建造这类房子时私自扩大宅基地面积，从而引发了村民之间有关宅基地的争夺。二是农民间不规范的土地流转。由于农业种植收益低，而非农就业渠道发达，江东镇自20世纪90年代以来就存在着许多土地转包、代耕代种等形式的土地自发流转，这些流转较少有规范的土地流转协议。在当前农村土地升值的背景下，这些不规范的土地流转导致了很多地权冲突事件的产生；最后，也因为土地升值，一些农户开始不认可农户之间已经发生的

---

① 需要指出的是，当前有关农村地权冲突的分类研究，主要是循着地权冲突的主体、地权冲突的具体环节而展开的，通过既有文献梳理，可以归纳出以下两种有关地权冲突类型的划分标准：其一，从地权冲突的主体进行类型划分。如梅东海（2008）将当前农村的地权冲突划分为农户—农户或村—村、农户—村民小组（土地的集体所有者）、农民—基层组织及干部、农民—较高层政府及其土地主管部门、农民—资本持有者等五种类型，并论述了每种类型地权冲突的具体表现形式及诱发原因。郭亮（2009）以一个乡镇内部土地冲突案例为基础，将当前农村地权冲突划分为农户之间的地权冲突、农户与村集体之间的地权冲突以及村民小组与村集体之间的地权冲突等三种类型，并认为这三类地权冲突本质上都是土地升值后的利益之争。其二，根据地权冲突发生的环节进行类型划分。这种划分方法多为法学研究者所采用，主要以农村地权冲突发生的具体环节为分类标准，区分出了土地承包、流转、征收等环节中出现的冲突类型。蔡虹（2008）、范文涛（2010）、史卫民（2010）、陈丹等（2011）等人的研究都选择了这种类型划分方式。此外，谭术魁（2008）等从土地管理的角度，对当前农村土地冲突进行了十大分类标准的列举，应该算是当前国内有关农村地权冲突分类中最为全面的探讨。但这种划分只是一种列举式的，并未深入地权冲突的内部，也不能增进对于当前农村地权冲突本质的理解。

一些宅基地私下买卖行为，要求买主补偿一部分差价。

其次，从冲突的数量来看，这类地权冲突的数量较多，占据了农村地权冲突总数的一半以上。如综合统计江东镇 2008—2011 年信访、综治、司法三个部门的工作台账，这类地权冲突四年间的数量分别为 16 起、24 起、19 起与 23 起，约占江东镇当年地权冲突总数的 48.6%、52.3%、39.7% 与 54.7%。而从冲突烈度来看，由于当地人均可耕种土地面积较小，农地产出值占总收入的比重不高，这使得当地因为农地利益之争而产生的地权冲突一般烈度不大，冲突主体之间较少发生较高烈度的肢体冲突，对农村基层社会的总体秩序并不构成多少冲击。但是，在宅基地冲突之中也有极少数冲突烈度较大的案例发生。

最后，从冲突的解决来看，这类地权冲突大部分获得了妥善解决。江东镇 3 个部门的数据显示，此类地权冲突绝大部分（约 70% 以上）通过村干部或中间人调解协商解决；剩下一部分（25%）主要经由乡镇部门（如农办、司法所和综治办等）调解或仲裁而解决。此外大约 5% 的冲突主要经由双方协商解决或不了了之。总体来看，此类地权冲突由于既不涉及基层治理主体，也不指向已有的农地制度，这些都使得此类地权冲突并未威胁到基层社会秩序的稳定，基层治理主体也拥有超脱而独立的调解空间，冲突的裁决也更容易为冲突双方所认可。但调查也发现，正是由于基层治理主体的这种相对超脱性，容易带来基层治理主体面对此类冲突事件时消极不作为，导致冲突烈度的不断升级。

二 农民—村级组织的维权型地权冲突

所谓维权型地权冲突是指发生于农民与村级组织之间，农民由于认为自身土地利益受到村级组织的非法侵犯而组织的维护自身土地权益的冲突抗议活动。从江东镇的调查情况看，这类地权冲突主要针对个别干部的不法行为而起，并不直接指向已有的各种土地产权制度。但由于卷入冲突的群体规模较大，对基层社会的稳定构成了一定威胁。从江东镇调查的情况来看，这类维权型地权冲突主要具有如下方面的特征。

首先，从这类地权冲突的发生原因看，村民主要认为村级组织存在违规发包土地，以及在土地征用、流转中截留补偿款的行为，是导致这类地权冲突产生的最重要原因。如在江东镇很多土地流转是在镇、村（主要是村级主导、乡镇协调）两级主导下进行的，即镇、村两级组织充当了农民与承租人之间土地承包经营权流转的协议中介。这种方式有助于减少协议达成的中间成本，但是潜在的问题很多。当这些被发包土地面临征收、流转等升值契机，农民就会以村集体未经民主程序（如一些村集体未经村民会议 2/3 以上成员或者 2/3 以上村民代表同意）发包土地，或者镇村干部从中收取好处为由，否认既有的土地承包协议，要求提高土地流转价格甚至直接要求收回流转土地。此外，随着土地价值的不断攀升以及农民土地权利意识的膨胀，农民不满于土地征用拆迁补偿而引发的群体抗争也正在不断增多。

其次，这类地权冲突的数量不多，但冲突烈度较大。从统计资料来看，这类地权冲突在江东镇 2008—2011 年这四年中的数量分别为 8 起、6 起、2 起和 5 起，约占该镇当年地权冲突数的 6.94%、5.43%、1.74% 和 6.26%。从冲突的烈度来看，这类地权冲突的烈度较大，农民通常进行群体维权的方式是大规模上访，严重时会发生围堵村委会及镇政府的聚众行为与群体性事件，这对于基层社会秩序的冲击非常大。

最后，从这类地权冲突的解决来看，江东镇的调查表明，这类冲突主要有如下几种解决方式：一类是基层政府卷入其中，这类冲突往往在初期较难得到解决，但随着村民选择群体上访、围堵镇政府，甚至发生群体性事件等方式，不断向政府施压，往往会迫使政府做出让步并最终解决此类冲突；而当基层政府并不卷入此类地权冲突时，地方政府往往能以相对超脱的身份成立专门的调查组，纠正违规行为并处罚相关责任人，或者做出一个为冲突双方都能接受的合意仲裁结果。此外，特别值得一提的是，此类地权冲突还有相当一部分开始诉诸法律诉讼解决，主要包括行政诉讼和民事诉讼两种，约占此种类型冲突总数的 16%。

三 农民—村级组织的挑战型地权冲突

以上两类地权冲突的一个共有特征，在于地权冲突直接诉诸土地利益，冲突行为并不触动既有土地制度，这也让这两类冲突具有正当与否的清晰法律标准衡量。但在江东镇农村还有一些地权冲突，直接触及了已有的土地制度安排，这让基层治理主体难有直接化解的空间，其权威也因之而受到挑战。从江东镇的情况来看，这类挑战型地权冲突具有如下方面的特征。

首先，从江东镇的情况看，这类冲突的产生原因主要在于，法律条文之间的相互抵触，或法律条文与村庄传统惯习之间的相互冲突。具体而言，这类地权冲突主要有如下表现形式：一是"二轮延包"中的失地农民依据"集体经济组织成员有权依法承包由本集体经济组织发包的农村土地。任何组织和个人不得剥夺和非法限制农村集体经济组织成员承包土地的权利。"① 这一规定要求土地承包权，而村庄又无地可分所引起的冲突（具体可参见案例4-1）。二是法律规定"现有土地承包关系保持稳定并长久不变"②，与部分人多地少农户要求定期调整土地而引发的冲突。三是村庄为了公共利益之需对个体农户土地施加调配的"基础性权力"，在土地物权化的背景下日益遭到了农户的抵制所引发的冲突，如在2008年，风村村委会从萧山农办申请到了一个标准化农田改造项目，但因修建路渠沟排要占去一部分农户土地，而遭到了许多农户的反对，这一项目最终被迫放弃。四是一些"人户分离""半边户"等特殊群体（如外嫁女）是否享有土地收益权的冲突。这突出表现在集体土征用时，一些户口在村但人实际不在村的特殊群体是否应该享有集体土地补偿款的分配权而引发的冲突。五是一些村组之间关于土地的"祖业权"之争也是此类冲突的重要诱因。

其次，从冲突的数量和烈度来看，这类冲突主要表现为个体农户与村集体的冲突，冲突的数量较多而烈度较小。就数量统计来看，这类地权冲突在江东镇2008—2011年这四年中的数量分别是10起、12起、11起和9起，分别占该镇当年总地权冲突数的20.5%、24.3%、23.5%、20.1%，是仅次于个体农户间日常型地权冲突外的另一类主要冲突类型。而从冲突的烈度来看，这类地权冲突烈度呈现较大差异，一个重要区别在于其中的农民是否具有群体性。一旦农民是以个体的形式出现，如农户与村集体的土地承包权冲突，通常不会产生剧烈冲突，因为此时的农民对土地利益诉求往往具有"合法但不合理"或者"合理但不合法"的"谋利"特征，同时村集体组织并不存在过错，这使部分农户的地权诉求往往不具备广泛的社会基础，在一定程度上削弱了冲突的烈度。而一旦许多农民的利益诉求目标一致，具有了群体性，这类冲突就具有了较强的冲突烈度，如

---

① 此条文为《农村土地承包法》（2009）第五条。
② 此规定可参见十七届三中全会通过的《中共中央关于推进农村改革发展若干重大问题的决定》。

2008 年凤村被迫停修路渠沟排工程就是这样一起典型的冲突事件。

最后，从冲突的解决来看，这类地权冲突大多通过"变通"的方式获得解决，而一些未能解决的冲突则成为农村的历史遗留土地问题，一直是持续性信访矛盾的焦点。从江东镇的调查来看，由于这类冲突直接挑战到了既有的农地制度安排，这让基层治理主体往往没有直接解决此类冲突的空间，如村庄中个别农户因基础设施建设，土地被占用很多，而要求集体进行适当调整土地，但这一做法对于村集体而言，并无操作的可能。"变通"成为解决此类冲突的主要方式。而"变通"之所以有效，一是基层治理主体仍旧掌握着相当一部分资源的调配能力，如不少村庄在通过低保指标去弥补一些失地农户的损失；二是因为这些冲突大多是一些个体性、偶发性的冲突，适当的开口子并不会产生明显的连锁示范效应，从而影响到基层治理的权威。此外，还有相当一部分冲突，由于基层治理主体认定个体农户的诉求不合理而拒绝做出妥协，如一些外嫁女等特殊群体的土地利益诉求，许多会由于其自身力量太小，且大多只占到"法"与"理"的一头，因而也难以形成对基层治理主体的压力，从而不了了之。

四　农民—政府的博弈型地权冲突

当前农村最需要引起注意的一类地权冲突，是以群体事件的形式发生、直接触及既有土地制度安排，并严重影响到农村基层稳定的冲突类型。由于基层政府充当了农村土地管理者角色，是各项土地制度在农村的践行者、捍卫者，这使得这类地权冲突主要发生在农民与政府之间，可称为农民与政府间的博弈型地权冲突。所谓博弈型地权冲突，主要表现在由于双方涉及利益巨大，同时彼此力量又势均力敌，从而出现各种形式的利益博弈。

首先，从地权冲突的表现形式来看，这类冲突主要有两种表现形式：一是当前农村出现的各种小产权房买卖以及由此导致的地权冲突；二是个别村庄因特殊原因（一些历史遗留问题）与政府在土地征用补偿问题上协商不下，从而强力抵制政府的征地拆迁行为。结合江东镇的实地调研以及政府部门的资料分析，这类地权冲突主要具有如下特征。一是这类问题大都具有历史遗留土地问题的特征。所谓历史遗留土地问题，是由于土地政策自身的瑕疵以及基层治理实践中的一些不当行为，基层治理主体在以往的治理实践中留下了大量地权冲突的隐患。如在江东镇存在着数起在集体土地上私盖的小产权房，在合资建房时未履行相应的土地审批手续，而缺乏土地使用证，从而导致这类房屋在土地征迁时面临着利益协商不下的困境。二是部分当前农地制度与政策上的不尽完善合理，与客观历史事实之间的适应性较差，这导致这类政策在执行时遭遇较多的阻力。这突出表现在土地征用与拆迁补偿制度上，政策针对一些特殊事项的补偿标准与实际的情况之间出入较大，而农户往往处于被动的价格接受者的地位，难以影响到政策在具体实践时的裁量权，从而冲突双方相持不下。

其次，从冲突的数量与烈度来看，这类冲突总体数量不多，从全镇范围 2008—2011 年这四年的数量来看，分别为 3 起、4 起、1 起、0 起。同时，这些地权冲突的烈度较大，通常引发了较为严重的群体性冲突事件的发生。导致这类地权冲突烈度极大的原因主要在于，其一，冲突涉及农户利益较大，如拆迁补偿远远不足以在当地市场中购买到同等面积的住房；其二，乡镇政府往往以依照法律（政策）为由不愿做出妥协让步，或因为政策原因而无法做出较大让步，这也导致冲突双方难以达成彼此接受的补偿标准；其三，住户以维护自身的居住权和生存权为诉求策略，获得了较多道义上的支持，且在与政府的持续抗争博弈之中逐渐习得了"大闹大解决"的抗争心理，这也在无形之中助长了冲突的烈度。

最后，从冲突的解决来看，由于这类地权冲突直接挑战到了既有土地制度的底线，这让基层治理主体在面对此类冲突时几无解决的空间。以江东镇存在的很多小产权房冲突为例，一方面，如果政府在这类冲突中做出较大让步或采取变通解决，则等于向基层变相传递出了"小产权房"合法的信号，这必将助长更多的私建小产权房的违法行为，削弱当前农地制度的约束性与基层治理的权威性；另一方面，自上而下的压力型维稳体制以及基层自身的去政治化，也让政府在处理此类冲突时丧失了采取强制性手段的可能。正是这类地权冲突必须解决而又几无解决的空间，让基层治理主体陷入了一种前所未有的窘境，不仅削弱了基层治理主体的权威，也严重影响到农村既有的土地产权秩序。总体来看，这类地权冲突所引发的矛盾在江东镇农村异常突出，冲突范围大、烈度高、持续时间长，极难获得有效解决。

本章小结

一旦土地具有丰厚的收益，围绕这些收益的争夺便会产生，这是政治社会学分析当下农村地权冲突的基本解释①,这一解释无疑也符合当下江东镇农村地权冲突的实际。进入21世纪,主要受到农村税费改革、土地流转以及土地征用等三方面因素的影响,江东镇农村无论是农用地还是非农用地,其价值都出现了大幅飙升,土地各方主体围绕着土地利益的争夺也随之而起,江东镇也由此进入了一个地权冲突全面爆发的年代。

但需要强调的是,土地升值只是引发地权冲突的一个前置条件。产权经济学家张五常认为,"在一个个人为使用稀缺资源而竞争的社会里,要避免出现一种霍布斯式的原始丛林状态(人与人的战争状态),就必须存在某些竞争规则或标准来解决这一冲突。这些规则通常称作为产权"②。由此可见,土地升值,只是意味着土地成为整个社会中一种竞争性的资源,具有了争夺的可能性,而并不意味着这种争夺必然导致冲突的发生。正如在一个有着良好市场契约规则的社会,价格变动通常只会导致物品供给需求的变化,而并不会导致整个社会冲突的出现。因此,要真正考察21世纪以来江东镇农村地权冲突的发生原因,除了关注土地升值因素外,还必须深入考察与地权冲突高度相关的土地产权因素,注重对这一时期的农村土地产权制度,及其产权制度背后的社会结构的分析。这也是本书提出通过"制度—结构"互构视角来考察当前农村地权冲突的一个重要原因。

如果说,20世纪80年代初的家庭联产承包责任制改革,带来了农村社会结构中社会关系结构、土地产权认知结构、社会意识形态结构的变革,同时正是这些变革为农村税费冲突的产生提供了内生性条件,那么,顺着这一逻辑,需要追问的是,进入21世纪,农村的土地产权制度又出现了哪些变化,来自产权制度的变化又形塑了怎样的社会结构变迁,造成了农村社会结构的内在紧张?当然,要从农村社会变迁的历史时段之中直接观察并析清每一个土地产权制度调整与农村社会结构转型之间的一一对应的内在互构环节,几乎是一件异常复杂、机械且不可能实现的美好愿望。也正因此,在接下去的第五、第六、第七三章,将主要以若干地权冲

---

① 如贺雪峰(2010)认为,当前中国存在着两种完全不同类型的地权冲突,一是在沿海发达地区和城郊地区,因土地用途改变而产生的大量土地级差地租收益,围绕这些收益的争夺主要表现为土地征收方面的冲突;二是一般农业型地区,围绕着取消农业税费以及种粮补贴等带来的土地种植收益的争夺,主要表现为土地权属方面的冲突。具体可参见本书文献部分的论述。

② 张五常:《经济解释——张五常经济论文选》,商务印书馆2000年版,第427页。

突案例的详细剖析为基础，以社会结构中的社会关系结构、社会认知结构、意识形态结构等为主线，通过分析社会结构领域的各种内在张力，来分别考察产权制度对农村社会关系结构、社会认知结构以及意识形态结构的影响。只有通过如此分析，我们才能明确在大的转型视角下，农村土地产权制度与农村社会结构在特定的历史时空中的演变趋势，以及在这种互构变迁中是如何导致了当下农村地权冲突的发生。

第五章

谁的土地：后税费时代农村地权冲突中的社会关系结构[①]

马良灿认为地权是一束权力关系，主张学术界应当超越"土地所有者应该是谁？"这类带有浓厚意识形态色彩的应然问题，而将地权嵌入特定权力关系之中进行理解。[②] 这一认识，无疑极富启发，它将土地产权化约为一个更加外显的、可供观察的土地各方权利利益主体之间的关系。对于本书而言，同样只有把农村土地产权放置于特定历史时空下的社会关系之中予以考虑，才能更好地理解当前农村土地产权制度下不同土地权利主体之间的关系结构，也才能更好地理解每一起地权冲突事件背后不同土地权利主体是如何行动的，这种行动的内在逻辑又是如何导致农村地权冲突的必然发生。

本章将主要讨论后税费时代江东镇农村地权冲突中的社会关系结构，试图回答这样一个问题：后税费时代与农村土地相关的基层政府、行政村、村民小组以及普通村民等产权主体，其背后分别有着怎样的行为特征，这些不同主体的行为又是怎样地相互冲突从而交织出了当下农村的地权冲突？这种行为特征又是怎样发生的，其与土地产权制度调整之间的内在关系如何？

第一节 一直在场的基层政府

如果将宏观意义上的国家理解为土地政策法规的制定者，其行为具有利益超越性，那么，作为国家土地法规实践者的基层政府则实际上并不超脱，

[①] 此章节曾经过修改，以《后税费时代农村地权冲突行为主体的内在逻辑分析》为题，发表于《社会科学论坛》2019年第1期。

[②] 马良灿：《地权是一束权力关系》，《中国农村观察》2009年第2期。

第五章　谁的土地：后税费时代农村地权冲突中的社会关系结构

他们在贯彻相关土地法规政策时，也充当了自身利益的谋利者角色。① 从江东镇的经验来看，虽然国家通过全面取消农业税，彻底隔断了乡镇基层政府作为国家代理人身份"汲取"农业税费的合法性基础，但实际上，这一改革仍不足以改变基层政府在乡村社会关系结构中的强势地位，因为只要基层政府作为国家代理人的身份不可动摇，其天然具有的基础性权力和专制性权力（至少是专制性权力）的合法性就必然存在，这就注定了基层政府天然的"营利型经纪"角色，在这样"一个由利益形塑的基层政治秩序"中，土地一旦具有了可供争夺的利益，那么基层政府参与土地利益分配的角色便会一直在场。

21 世纪之初的农村税费改革，因为截断了基层政府以"三提五统"的名义向农村收取合法收入的渠道，这让时任江东镇的林书记来说，确实有过担忧，因为虽然在当时江东镇的地方财政收入已经一度突破亿元大关②，但在萧山也只能算是中等偏后，而且从支出的角度看，虽然镇级范围内的开支不需要村级负担，但很多村级自身层面的日常开支，如村干部收入、村级土地整治、环卫支出、全镇范围内的河道梳理等费用，是要与全区标准靠齐的硬性支出。同时，林书记也表达了自己对当时中央这一政策的不理解：

> 包括江东镇在内的整个萧山地区农民的负担并不重（具体可参见第 3 章的有关统计数据），相对于农民的收入而言，和中部地区比较，这种负担就更不高了。我们这里的收费（"三提五统"）都做到了专款专用，每一笔钱用到哪里都有明确记录，而且村里也不收取共同生产费。哪里来的乱收费呢？……虽然每个村收的不多，但是十几个村加在一起也是不小的一笔开支。关键是这些很多开支，都是农民享到了政府的公共支出，每个村河道垃圾清理的费用都是我们负担的。……不能把所有的担子都压给政府，农民享受了权利就应该履行义务……中央不应该一刀切就把政府和农民之间的权利义务给打破

---

① 张林江：《围绕农村土地的权力博弈——不确定产权的一种经验分析》，社会科学文献出版社 2012 年版，第 109 页。

② 对于基层政府而言，实际的财政收入是一个十分保密的数据。笔者曾 2007—2008 年在江东镇农村挂职，和当地干部有较多私下接触，据了解，在萧山当地很多地方选择少报，一是因为报的少，留给乡镇自身支配的空间就更大；二是考虑到增长率的需要，增长率基本需要每年都在提高，如果一次报得过高，就会造成后面几年的压力。

掉，关键是要合理分清楚哪些是当收的，哪些是不当收的……①

但是，税费改革过后不久，林书记的这种疑虑很快就被打消了，因为在截断了基层政府向农村收取"三提五统"后，萧山区随之也开始了财政体制改革，通过财政转移支付的方式，由区级财政统筹解决了乡镇财政中负担的很多农村公共支出。与此同时，全面取消农业税费还让税费时期剑拔弩张的紧张干群关系得到了极大缓解，整个基层政府似乎都从税费时高度紧张的关系中解脱出来，每个部门在没有了年复一年运动式的税费收缴任务后，开始正常的日复一日的常态化工作。然而，基层政府从农村的相对抽离，并未让从高度紧张中缓解过来的干群关系走向亲密，而是让基层政府与农民的关系更加疏离，乡镇基层在农村的存在感逐渐消失。以前，乡镇干部驻村，与群众打成一片，即使是下村税费征缴，这些也都对于克服基层政府的官僚主义、及时了解村庄情况、在国家与农民之间建立有效的沟通纽带等等，无疑有着十分重要的作用。但是，税费改革后，基层政权相对于农村出现了"悬浮"②，以乡镇干部联村制度来看，税费改革使江东镇干部的联村方式经历了从"驻村"到"坐班"的转变。即使按照政策要求，干部也有包村联片的任务，但基本不怎么进村，进村也就是与村干部对接一下，基本不和普通村民打交道，也并不深入了解每个农村的基本情况。如，笔者挂职风村期间发现，江东镇农办主任作为该村的镇派联村干部，基本也就每个月去风村一次左右，每次过去也主要是送送文件，或者在召开重要会议的时候列席会议。此外，在村庄矛盾的调解中，乡镇干部的权威发生了很大降低，除了书记、镇长，村民谁都不放在眼里，普通乡镇干部的威信还不如一个村干部③。在很多的调解中，乡镇干部在矛

---

① 2012年11月16日与江东镇林书记的访谈。

② 周飞舟：《从汲取型政权到"悬浮型"政权——税费改革对国家与农民关系之影响》，《社会学研究》2006年第3期。

③ 税费改革以前，风村很多的纠纷，一旦纠纷冲突较大，大多要去请乡镇（当时主要被称为公社）干部来主持调解。如江东镇农办谢主任曾向笔者讲述过一起税费改革前去风村调解土地纠纷的案例。1998年风村有两户居民老宅子前后相连。其中一户准备在自己的宅基地上新盖一幢三层楼房，由于设计面积超过以前老宅子的面积，打墙基时占据了这两户宅基地之间的部分空地，导致双方起争执并发展为斗殴。这起纠纷先经风村村委会多次协商无效，后来让谢主任参与调解。在了解情况后，谢主任就认定多占地农户是未经审批私自占用集体土地，让占地的农户一个星期内退出所占土地，并警告不自行拆除的话让镇里的联防队来拆。后来这一起纠纷被很好地化解掉了。谢主任认为这起纠纷在当时很好化解，因为谁是谁非非常清楚，政府在当时仍具有一些强制性权威。

盾纠纷中只是充当了一个协调者的角色，而不再保持一个裁决者的角色了。

但是，这样一种"悬浮"状态未过多久，江东镇政府很快便又因为土地问题重新与农村发生了联系——在看到了农村不断浮现的土地利益后，江东镇政府就陷入了一场与村集体、农民等土地权利主体的利益博弈之中。进入 21 世纪，随着江东镇经济的快速发展，土地日益成为制约当地经济发展的主要因素，特别是随着政府严禁农业用地转为建设用地的土地管理政策的日趋严格，这些都使得当地工业用地的价格日益高涨，据有关数据统计，2005 年江东镇工业一级用地价格为 200 元/平方米；而到 2011 年这一价格上涨到了 435 元/平方米；到 2013 年这一价格更是达到了 647 元/平方米。正是看到土地价值不断上涨背后的丰厚利益，2005 年，江东镇政府就开始筹建一个面积较大的工业园区（如案例 5-1），通过向农村征收土地，建立工业园然后供企业有偿使用，从而赚取巨大利益。同时，对于基层政府来说，农业费税时代，江东镇地方政府财政收入的来源主要包括农业与工商业，但随着农业税费的降低及至免除，地方政府可供自由支配的财政收入来源就只剩下工商业税收了。① 这一财政结构的变化无疑更加强化了当地政府通过建设工业园增加招商引资扩大税基的冲动。正是在这种双重利益刺激下，江东镇政府开始利用自身作为土地征用主体的身份②，走上了一条"土地生财之路"。

案例 5-1

2005 年，江东镇政府将正式打造一个镇级工业园区的工作提上日程。在政府所在地东边文化路附近的众村土地上，规划一个约 4 平方千米的工业园作为政府招商引资的主要平台。工业园的建设首先需要征用农民的土地，在这一过程中，江东镇成立了由镇长亲自任组长的土地征迁领导小组，通过历时 3 个月与村民不断做工作、谈判，最终征用农民耕地 5.4

---

① 当然，此时地方政府还有另一个重要的财政来源，就是区级政府的财政转移支付，但是这些钱大多是专款专用，地方政府很难截留。

② 因为按照《土地管理法》（2004 年）第四十三条的规定，"任何单位和个人进行建设，需要使用土地的，必须依法申请使用国有土地，但是，兴办乡镇企业和村民建设住宅经依法批准使用本集体经济组织农民集体所有土地的，或者乡（镇）村公共设施和公益事业建设经依法批准使用农民集体所有的土地的除外。"

亩，另外拆迁4户农户。整个过程中，除了对4户农民住房装修程度的认定存在一定的争议与讨价还价外，总体过程仍比较顺利。在把这些农户的工作做通后，镇政府通过228万元的土地征迁费（主要由四类费用构成，即土地补偿费、青苗补偿费、地面附着物补偿费和安置补助费、房屋补偿费）征得这片土地，并于2007年建好工业园区基础设施后就开始对外公开拍卖。按照当地政府内部一位人员透露，政府这块土地最后总出让金达到480万元左右，除去建设工业园基础设施成本，政府差不多获利了近150万元的土地出让金。

实际上，从农村土地产权制度的角度来看，21世纪以来的农村税费改革虽然截断了基层政府从农地中"汲取"农业收益的可能，但实际上，国家法律仍保留了基层政府从农村获取收益的另一种可能，那就是通过土地征用从农村获取农地非农化收益。众所周知，我国目前实行的建设用地制度主要包括两方面，国家首先垄断了土地的一级市场，以此为基础国家才适当放开了土地的二级市场。这样一种制度设计，一方面，可以严格限制土地用途，严格控制土地非农化规模；另一方面，更重要的是，在地方官员为了晋升展开的"锦标赛"① 竞争下，土地就意味着经济发展的各项指标能否达标，意味着地方政府财政收入的增加，在某种程度上也意味着地方政府和官员的政绩。也正因此，对基层政权而言，土地开发自然就成为当下江东镇政府极端重要性和紧迫性的中心工作。周飞舟指出，"在土地征用和开发过程中，地方政府主要通过财政和金融手段积聚资金，'圈地'只是'圈钱'的手段而已"②。由此可见，土地财政已成为当前各级地方政府收入的重要来源。

当然，正如钱忠好所言，政府垄断非农土地的供给，以较低的土地征用价格从一级市场获得农村土地，然而在土地二级市场又通过较高价格出让土地。这样一种做法能够调动地方政府征用农村土地的冲动；但与此同时，也可能抑制农民供给土地的意愿，从而导致土地的供求缺口与市场不均衡。③

---

① 周飞舟：《锦标赛体制》，《社会学研究》2009年第3期。
② 周飞舟：《生财有道：土地开发和转让中的政府和农民》，《社会学研究》2007年第1期。
③ 钱忠好：《土地征用：均衡与非均衡——对现行中国土地征用制度的经济分析》，《管理世界》2004年第12期。

这意味着基层政府在土地开发攫取土地财政的过程中并非不受任何制约，随着农民越来越清晰地意识到自身土地所潜藏的巨大价值，地方政府与基层干部在土地开发中，也必须顾及大量分散农户的土地利益分割关系，否则整个土地开发利用就不能有效推进。如在江东镇近年来希望借助江东大开发的契机，通过集镇规划调整以带动更大规模的城镇化建设和土地征用之开发时，就遭遇到了越来越多的阻力（如案例5-2）。从笔者在江东镇的调查来看，农民本身并不反对拆迁，这一过程除了对极少数生活条件丰裕、拥有崭新别墅的村民来说收益不大外；对于大多数普通村民而言，这将意味着他们绝对生活条件的改善，由旧房子住进新的小高层，同时还能够获得一笔补偿。这也可以从风村很多未被拆迁农户的反应中看出，如调查中很多规划范围内的农民都在向笔者打听是否有他们何时能够拆迁的小道消息。但对于农民而言，他们并非愿意以自己的实际损失来计算自己的理应得到部分，在他们看来，政府凭什么就能够拿自己的土地去换取高额利润差呢？

案例5-2

随着21世纪城镇化的提速，有关城镇化发展的战略也在江东镇加快了起来。随着城镇化的加快，2007年，萧山区提出了组团式发展新战略，江东镇等3个乡镇一起加入了三大组团之一的以义镇为中心的组团，并提出了建设"花园式江东新城的目标"。由于江东镇与义镇相隔不足10千米，这让江东镇领导再一次看到了当地土地大规模商业开发的时机。① 在这一时期对工业税收增速放缓的江东镇政府而言，通过直接出售商业用地，不仅能够提高当地的城镇化指标，而且能够获得更高的土地溢价，增强地方财政。于是，江东镇政府开始着手进行镇区规划的调整，把沿着江东镇政府两侧的风村、众村、东村等部分区域划入城区规划范围，一座现代化的江东镇蓝图也跃然纸上。但就在政府准备于2009年大干快干一场时，才刚刚开始，政府就在土地征用中明显感受到了阻力，来自村集体、

---

① 当然要指出的是，这一时期对法律已经明确规定土地征用的主体是市（区县）一级政府。但从具体的执行来看，其基本的流程是乡镇政府从国土部门获取建设用地指标后，再根据面积由乡镇一级为主体进行土地征用。征用来的土地再由市（区县）国土局放在土地一级市场中进行挂牌出让。土地拍卖所得，除了用于补偿被征地农民以外，剩下的钱是要在市（区县）与乡镇政府之间按照一定比例分成的。

村民小组和农民的高额补偿要求,让政府感觉这其中的矛盾没法调和,工作进展一直缓慢。以凤村为例,当年规划范围内需要拆迁 20 户农户的房屋,原计划 6 个月左右完成和农户的签约,但直到一年,真正签约的农户才一半左右。而且越到后面,拖的时间越长,政府越被动。

  但是在基层政府看来,他们似乎也在坚持着一个重要的底线原则,即付给农户实际损失价值的补偿,严格控制由专门评估公司评估价格基础上的浮动比例。因为在地方政府看来,他们才是法律赋予的土地征用中的唯一主体,而且正是政府的开发才使农民分享了土地的溢价收益,帮助农民改善居住条件,因此对农民而言其利益实际上并未受损。另一方面,也是更大的问题,一旦在补偿问题上松了口,对于之前已经签过协议的人怎么办?这将引发一场连锁反应。因此,在江东镇这场拆迁实际演化成了一种持久战,中间出现了大量有关基层政府与拆迁农户之间的博弈环节,如首先要求村庄公职人员必须带头搬迁、对带头拆迁农户予以奖励、优化安置点新农村的基础设施、细化补偿政策的差别以分散农民抱团、对钉子户进行重点工作,等等措施,由此,一套有关土地征用的制度实施过程被嵌入另外的一套基层治理逻辑之中。

  总之,对于进入 21 世纪以来的地方基层政府而言,我们可以看到虽然农村税费改革截断了基层政府从农地中"汲取"农业收益的可能;但由于土地征用制度赋予了基层政府垄断的土地开发权,这使得税费改革以来的江东镇政府仍旧充当的是一个土地利益攫取者的角色。从这个角度来说,在税费改革前后,在基层土地利益的争夺上,基层政府"一直在场"。当然,从我国土地征用制度的最初制度设计来看,这一制度并非基于保障地方的财政考虑,更重要的在于,土地公有制的产权制度逻辑需要政府在土地的市场化过程中充当阻截者的角色,因为一旦土地完全市场化也就意味着土地的私有化。因此,国家在土地征用制度的设计上需要赋予政府对于土地处置权的垄断地位。同时,从另一个层面而言,地方政府通过土地征收制度垄断土地处置权,获得大部分的土地收入,这也更加符合土地公有制的产权逻辑,因为地方政府天然地就是地方利益最大的"公"的代表,地方政府获取土地收益也意味着地方公共物品与公共服务的供给。正如访谈中,江东镇的书记向笔者反问道:"政府不该拿那么多,那农民就应该拿那么多吗?农民的土地本来就是国家的,农民土地升值本身就是政府投钱进行建设的结果。"① 这或许构成了当下土地制度下，地方基层政府行为逻辑最生动的诠释。

第二节 "无为"与"有为"：地利争夺中的村集体

由于身处国家基层政权的末梢，乡镇作为国家代理人的身份不可动摇，这也就注定了即使农村进行税费改革，基层政府丧失了"三提五统"的土地收益，但江东镇政府仍旧能够凭借国家土地征用制度所赋予的在土地处置权利上的垄断地位，在新一轮的土地非农化利益争夺之中处于强势地位。但与之形成了鲜明反差的是，作为农村管理者的村集体，却在这种调整后的土地产权制度下，在当前农村地利争夺战中处于一种较为模糊的角色。一方面，随着农村土地产权制度的调整，村集体对于农地的支配权正在不断遭受来自国家政策的限制与农民土地占有权的蚕食，这往往导致村集体在面对村庄内部许多农户之间的权属纠纷、土地的承包权要求，以及村庄土地利益的分配时基本处于"无为"的状态；另一方面，村集体也并非完全超脱，一旦能够凭借其作为村庄合法代言人身份，参与由外力启动的村庄土地规模流转、土地征收等行为时，村集体通常也会积极"有为"地成为农村土地利益分配的参与者。

实际上，仔细梳理农村土地产权制度调整与农村基层治理变迁的内在关系，我们可以发现，20世纪80年代的每一次土地产权制度改革，都形塑了村集体与农民的新型关系，也都对村庄治理样态产生了极其深刻的影响。如笔者在风村调查家庭联产承包责任制后的村庄社会结构时就注意到，土地承包到户后，农民就开始纷纷脱离农业生产而忙于"勤劳致富"了；大队干部对生产小队的规划与指导成了摆设，因为生产更多的是农民自己的一份私事；同样，生产小队的干部也不再需要为每天的出工而吆喝，为记工而黑脸，为派工而奔波。在原有村庄水利设施仍旧能够发挥作用的前提下，村庄不再需要组织大规模的水利兴修，小农自发的农业生产也能够获得较高的农业生产率；而村庄的各种福利和公益活动，也由于分田到户导致的集体经济衰退而处于荒芜的境地；此外，各种政治运动与社会主义意识形态教

---

① 2012年11月16日与江东镇老书记的访谈。

育活动也因农民日益个体化无法有效组织农民，在流于形式后不久便彻底淡出了村民的日常生活。总之，随着家庭联产承包责任制的实施，风村在农业集体化时期高度"控制型"的村庄治理结构很快就陷入了"空转"，取而代之，一种"简约型"治理逻辑逐渐成为村庄治理的新常态。①

如果说家庭联产承包责任制的改革在产权制度上主要表现为对农民的一种赋权与对村集体的一种限权，亦即在这一改革中农民获得了集体土地的占有权、使用权，而集体也相应地失去了对于农村土地的占有权、使用权；那么，沿着这一视角，我们可以发现进入21世纪以来的农村税费改革，以及国家有关农村土地承包关系由15年延长至30年并继而宣称保持长久不变，及至2010年随着《物权法》的出台将农民的土地使用权定义为一种受法律保护的永益物权，等等规定，其共同之处同样是在对农民赋权与对村集体限权，主要表现在农民进一步获得更有保障的土地占有权、使用权，以及完整的土地收益权与部分处置权。村集体与农民之间围绕着土地权利关系的调整，也同样影响着村集体与农民之间的位势关系，并对当下农村的地权冲突产生了重要影响。

首先，村集体对于村庄土地收益权与土地处分权的丧失，意味着村集体失去了用以控制农村社会的最主要的资源，失去农地处分权的农村集体也会随之丧失对村民进行有效约束的手段，并进一步丧失了各种解决土地纠纷、平衡村庄利益、寻求整体发展时的主动性及其能力。一如贺雪峰所言，税费改革在截断基层组织从农村汲取利益的同时，也让村集体失去了做好事的能力。② 正是在这样一种状态下，笔者在风村的调查中发现，村集体在面对税费改革初期所产生的大量二轮承包中放弃土地承包权而在当下又想重新取得土地承包权的这类地权冲突，就显得几乎没有任何可以解决此类矛盾的资源与能力，并使这类问题一直大量遗留，成为引发农民大量上访的主要类型。如笔者在风村调查中收集到了一个2008年风村交给江东镇政府的有关群众信访问题情况回复的说明，透过这一材料可以看到

---

① 这种简约式治理，主要表现在村干部已经主要沦为一种日常型的治理，成为基层政府在农村的代言人，成为村庄治理的中介环节，成为上传下带、完成上级各种催粮派款、组织民主自治的工具。

② 贺雪峰：《论乡村治理内卷化——以河南省K镇调查为例》，《开放时代》2011年第2期。

这一问题由于无法有效化解而长期累积的现状。

关于我村倪某等四农户要求收回土地承包问题的说明

有关镇转发给我村的文件事项已收悉，现将相关问题情况说明如下：

倪某、倪某、蒋某、陈某等四农户，分别为我村2组、4组、4组和11组村民，目前名下均无我村承包土地。这4户农户在90年代初期举家外出，长期未在我村居住。经与我村委会协商（具体转包协议已遗失），其名下土地连同农业税早已转包过户给其他村民，也未承担共同生产费。1996年，我村按照国家政策进行土地二轮承包，这四户未主动提出土地承包申请，其人又不在家中，故这些土地已被登记在其他农户名下。

倪某、倪某、蒋某、陈某等四户农户根据《关于妥善解决当前农村土地承包纠纷的紧急通知》中，"对于外出农户中少数没有参加二轮延包，现在返乡要求承包土地的，如果户口仍在农村，原则上应同意继续参加土地承包，有条件的应在机动地中调剂解决，没有机动地的可通过土地流转等办法解决"这一规定，提出土地承包权的要求，但由于我村各小组内目前均已没有任何机动地，故反映的问题目前没有解决的空间，建议待以后国家调整有关土地政策，再解决这四户农户的承包地问题。

目前我村委会已会同镇农办、各小组组长以及当事人多次协商说明情况，并将尽力通过其他方式解决这起群众上访事件。

特此说明！

风村村委会
2008年11月20日

通过这份说明，可以发现风村许多失地农户想要收回土地承包权的要求在当时极其普遍。但是对于风村集体而言，真要解决这一矛盾又极其不现实。因为风村村集体在二轮承包时已经将村庄土地全部发包给了农户，少量机动地也在税费改革初期就已经调给了最早回来要地的一批农户。也正因此，风村村委会认为各小组内目前均无可供再分的机动地，故反映的问题目前也没有解决的空间。实际上，导致这一问题当前无法解决，除了村庄无机动地可分外，还有一个更重要的原因在于，此时的村集体已经丧失了农村土地的调配权（可以理解为一种村庄内部的有限处置权）。随着 2002 年国家出台的《土地管理法》作出"增人不增地、减人不减地""农村土地承包期 30 年不变"等规定，凤村就停止了对村庄土地"三年一小调、五年一大调"定期调整的做法。这也使得凤村村委会无法也不愿通过农户之间的调剂余缺来解决这部分农户的土地承包权问题。因为对于凤村而言，每次调地都会引发大量矛盾，"增人不增地、减人不减地"其实是一种最为稳妥、矛盾最小化的做法。而及至 2008 年的十七届三中全会《决定》提出，"赋予农民更加充分而有保障的土地承包经营权，现有土地承包关系要保持稳定并长久不变。"这一规定既使农民的土地承包权变成一种事实上的"永佃权"，国家进一步剥夺了村集体对于农村土地的调配权，同时也意味着这些失地农户再也没有任何收回土地承包权的可能，这也是导致这一矛盾在 2008 年再次集中爆发的一个重要导火索。

其次，村集体不仅在面对一些农户要求收回土地承包权的要求时无所作为，在面对许多村民直接挑战既有土地制度的越轨行为时也处于一种"无为"状态。许多农民对于土地的诉求，已经远远超过了国家有关土地的法律规定，这也致使很多村集体在面对这类地权冲突时难以解决。如在凤村调查中，由于凤村人多地少，当地农民一直以来都有着十分强烈的惜土观念。在道路两旁、河边、田埂上，经常零星散落着当地人自己开垦的边角地。虽然法律规定四荒地的所有权与经营权属于村集体，但在调查中，许多农民都有着这样的疑问：这些土地本身是我们开垦的，又不是集体给我的，即使所有权可以归村集体，但经营权总应该归于我们吧？农民的这种疑问在自己耕种时并不会给集体造成什么损失，而一旦面临土地流转、土地征用带来的不菲收入让农民意识到农地承包经营权自身的价值时，他们就会挑战村集体在土地上的合法利益。

案例 5-3

凤村有一段小水渠，2005 年因为土地整理重新修筑新的沟渠后被荒废。后经过几户农民填埋改造成了 1 亩多的耕地，并一直由这些农户耕种。由于国家严禁各地上报新增土地面积，所有粮食补贴的发放以登记在册的面积为准，因此，这块土地一直在村集体的土地簿上被登记为四荒地，承包经营权都归于村集体。这几户农户也从未领到国家的粮食补贴。2007 年底江东镇区规划调整，需要占用凤村靠近镇区一侧的土地，涉

第五章　谁的土地：后税费时代农村地权冲突中的社会关系结构

这块 1 亩多的"四荒地"。由于在土地登记册上，这块土地被登记为"四荒地"，根据《杭州市萧山区人民政府关于调整征地补偿标准的通知》（萧政发〔2010〕45 号）①的有关规定，这几户所得亩均补偿标准将比一般耕地少 1.5 万左右。这也导致这 6 户的不满，阻挠此次征地。

随着农村土地产权制度调整，村庄在日益丧失村庄土地支配者这一身份的同时，却仍保留了一个重要的双重身份，即村庄公共事务的管理者与村庄公共资源的代表者。正是这双重身份使得村庄在面对由外力启动的土地流转或者征用中，同样能够有所"作为"，成为村庄土地利益的攫取者。如在江东镇，很多农村土地的流转是在镇、村两级主导下进行的，镇、村两级组织充当了农民与承租人之间土地承包经营权流转的协议中介。之所以如此，一方面是因为只有以镇政府来主导流转，承包户才能享受到镇政府所给予的鼓励流转的补偿资金②；另一方面，也是更重要的，只有由村级来组织这一流转才能减少整个协议达成的中间成本。2010 年，风村一个蔬菜种植大户要承包大片耕地，在这一过程中，种植大户要想真正实现规模流转，就离不开村集体在其中的桥梁作用，因为当前村庄内部仅存的组织力量就是村集体了。其一，承租人无法面对大量个体而分散的农户，他需要借助村集体来发动农民、与农民进行谈判；其二，分散的农户也需要一个合适的利益代言人与种植户谈判协商，在这一过程中，村集体自然充当了双方沟通的最佳桥梁，是双方完全信息的掌握者。也正是凭借这种身份，村集体能够在土地流转时以一种村庄法律代言人的身份出现，出现两头通吃的情况。此外，在当时江东镇的土地流转时，镇政府都还安排了一些配套资金作为村集体的"辛苦费"，以此来激励村级组织的土地流转行为，这些也成为村集体独特土地利益

---

①　江东镇为萧山二级片区，征收耕地类土地村级补偿资金标准为 1.5 万元/亩；征收耕地类土地征地安置专项资金的土地补偿费为 1.5 万元/亩，安置补偿费为 3.34 万元/人；同时，征收耕地类土地青苗和地上附着物补偿费标准为 1.47 万元/亩，并一次性支付给被征地集体经济组织，由其据实补偿。同时，政策还规定征收非耕地类土地村级补偿资金、土地征地安置专项资金以及土地青苗和地上附着物补偿费均按减半计算。

②　这实际牵涉到基层政府的政绩问题，即只有由镇级政府领导了土地流转，通过流转补偿资金的发放，才能视为当地政府的政绩；而土地承租人为了获得这一补偿，也乐意由政府来牵头这一流转。同时，这一流转的补偿，最后相当一部分会通过流转价格支付给农民。

的重要来源。①

而一旦村庄面临土地征用，这一过程中村集体的实际利益就会更大。虽然《土地管理法》第 49 条规定："被征地的农村集体经济组织应当将征收土地的补偿费用的收支状况向本集体经济组织的成员公布，接受监督"，但现实中，江东镇农村集体土地被征收后，通常的做法都是由村集体作为土地所有权的合法主体统一从政府部门领取补偿收入，再由村集体向村民小组与被征地农户进行补偿款的分配，如下面案例 5-4 中的分配方式一样。这一过程中很多村民实际上只知道自己被征了多少地、统一的补偿标准是多少，然后看自己拿到的补偿额是否这个数；但对于村集体一共从政府手中拿了多少补偿款则往往并不知情。实际上，除了在公开的补偿款中村集体会拿到一笔村级补偿金外，一些不属于农户的村庄公共土地的补偿款都几乎悉数成了"村集体收入"；而且在萧山有关征地补偿文件中有一项明文规定，即在征地补偿款中单独设置一项"征地调解资金"②，其中的 50% 由村集体管理，这一部分虽被固定用于征地过程中征地经济补偿费的平衡、征地遗留问题的处理以及征地补偿费的预支等征地补偿相关事宜，但从实际运作来看，这一块资金中有相当一部分是作为村干部（含村民小组长）的酬劳，因为农村干部（含村民小组长）的工作是否到位，不仅直接决定了整个征地拆迁过程是否顺利，而且在很大程度上也会影响到农户房屋的补偿标准与补偿金额。

案例 5-4

2011 年众村因镇中幼儿园扩建，江东镇政府拟以此为契机带动幼儿园所在文化路的商业开发，拟征收众村土地共计 9.8 亩，其中耕地面积 6.4 亩，农户拆迁面积 3.1 亩，另有部分田间、垄沟约 0.3 亩。笔者 2012 年在众村调查时曾就土地补偿款的具体情况，询问了该村 6 户村民，得到的回复均为 1.5 万元/亩的土地补偿费，外加 3.34 万元/人的安置补助费，这一标准无疑符合《杭州市萧山区人民政府关于调整征地补偿标准的通

---

① 当然，正如第四章所言，正是因为村集体在这一过程中通常会抽取一定好处，才引发了很多土地流转纠纷。

② 萧山区近年来两份有关征地补偿标准的文件《杭州市萧山区人民政府关于调整征地补偿标准的通知》（萧政发〔2010〕45 号文件、萧政发〔2014〕24 号文件）均提到了征地调解资金这一内容。

知》(萧政发〔2010〕45号)文件的相关规定。但在笔者进一步询问整个众村集体获得土地补偿款的总额时,竟没有一个村民知道,村民都表示这个钱是一笔黑账,曾有人质疑过村里这笔钱的去向,但最后也不了了之。后来,在2014年众村"两委"选举中,笔者收到了一份反映现有众村村委班子问题的检举材料,上面明确提到在2011年的征地中,众村集体除了6.4亩耕地面积获得的补偿9.6万元(按照二级区片1.5万元/亩的价格计算)进入了村庄账目以外,其余3.1亩的拆迁面积补偿(按照二级区片1.5万元/亩的价格计算应收入4.65万元),0.3亩的田间、垄沟补偿(按照非耕地计算应收入0.225万元)均未进入村委会的详细账目,另有关征地调节资金的具体金额和去向亦不明确。

赵树凯曾在一篇小文中写到,当下中国农村的村民自治其实是村民委员会的自治①,这无疑表明当前村集体权力并未受到村民的很好监督。当下的很多研究者也大多站在这一角度,将近年来频繁出现的征地拆迁领域的贪污、贿赂案件,各种城乡接合部的"小官大贪"等现象②,归因为村民自治制度的不完善。这一观点无疑认识到了村庄自治权力运行中存在的民主监督不到位的问题,却忽视了当前我国农村地权制度本身存在的问题。杨一介曾认为:"近些年来,我国农村地权出现了'两头弱中间强'的变化倾向,普通农户和村民小组一级的土地权益正在不断弱化,中央与省市对于农村土地的管理也常常缺位,取而代之,县乡村这三级主体的土地权益却正在不断增加。"③ 笔者虽并不完全同意这一判断④,但同样认为,当前很多村庄大量出现的各类土地问题引发的腐败案件,其实也都与

---

① 赵树凯:《村民与负担——农家大学生的体察》,《调查研究报告》1999年第212号。
② 如近年来出现过多起公开报道的参与征地拆迁补偿工作的机关、乡镇干部、村干部蓄意串通,为骗取国家给予不属于自己的征地补偿款,采用虚报、重报、冒领等方法,大量骗取国家征用土地补偿款等行为。如在丈量登记土地时与户主串通,虚报土地面积,虚报果树青苗数量,虚报房屋被征项目数量。或者是在无补偿项目的户主上虚报补偿项目,或者是在有补偿项目的户主上再虚报补偿项目,或者是将有其户主姓名而无补偿之实的村民当作补偿户,虚报份额,套取补偿款。
③ 杨一介:《中国农地权基本问题——中国集体农地权利体系的形成与扩展》,中国海关出版社2003年版,第183页。
④ 笔者认为农民的地权也同样在强化,有关此论述可以参见本章第四节论述。

当下中国农村的土地产权背后的权利结构有关，并非一项单纯的村民自治制度所能完全解释。当前各级村级组织作为村庄公共事务的管理者与村庄公共资源的名义代表者这一双重角色，确实赋予了村级组织从地权收益的争夺中谋取一份利益的可能。

总体来看，通过上述分析我们可以发现，在当下江东镇农村的地权争夺中，村集体实际呈现出了一种"无为"与"有为"的二元对立的角色，村集体究竟是利益受到侵害还是成为利益的攫取者，这中间存在一个圈层结构，这个圈层实际就是村庄的边界。在村庄的内部，村集体面对农户的土地承包权要求、农户之间的一些土地纠纷，往往都处于"无为状态"，因为近年来，国家一系列对村集体进行限权的产权制度调整，已经使农村集体失去了用以控制农村社会、对村民进行有效约束的最主要的资源与手段，也因此进一步丧失了各种解决土地纠纷、平衡村庄利益、寻求整体发展时的主动性及其能力。而一旦有外力进入村庄，使村庄潜在的土地利益浮出水面之时，此时的村集体就能够凭借自身作为村庄公共事务管理者与村庄公共资源名义代表者的角色，既成为村民与外力之间的沟通平台，也成为双方利益的代言人，是双方完全信息的掌握者。正是由于村集体处在了这种博弈关系网络中的节点位置，为村集体在当前农村土地利益的争夺中获得一份土地利益提供了结构性的支撑条件。

第三节 "虚实之间"：地利争夺中的村组博弈

在当前农村土地产权制度下，不同土地权利主体之间的关系结构中，村民小组有着极为特殊的地位。一方面，无论是从法律规定还是历史传续来看，我国农村土地的所有权无疑被限定在了村民小组一级，村民小组也一直是村庄土地的合法所有者；另一方面，税费改革以来的农村基层治理实践在悄悄消解这一制度规定与历史传统。随着村委会作为一级正式的村民自治组织代表全体村民行使管理权（包括集体资产的管理权），村民小组这一级组织作为传统农村社会基本治理单元的地位与作用就被极大地虚置了。一边是法律赋予的"土地属于村民小组所有"的制度规定，一边是村集体事实上行使着村庄土地的管理权，这种村庄土地所有权与村庄管理权的错置，注定了随着土地价值的升值，必然导致村组之间围绕土地利益分配进行争夺。

在我国农村土地的法律及其实践中，土地所有权被长期维持在生产队（村民小组）一级。虽然在整个农业集体化时期，中央高层一直对于将土地等生产资料"公有"的范围具体放在哪一层级存在分歧①，并一度陷入"一大二公"的狂热冗进之中，但随着"大跃进"的失败，中央开始在农村公有的层级问题上让步，明确将土地所有权放在生产队一级。这一土地产权制度变革集中体现在《农业六十条》的规定中②。自那时起，生产队作为土地所有者的基本单位逐渐被固定下来。各个生产队不仅拥有一定的生产自主性，组织生产队内的农业生产，完成国家的粮食收购任务外，还拥有一定程度上的收益自主权，在上缴完成国家的粮食征购任务和公社、大队的生产提留后，能够自行决定扣留公积金和公益金的具体数量，以及对于经营所得的产品和现金在全队范围内如何进行分配。20世纪80年代，随着《关于实行政社分开建立乡政府的通知》的颁布实施，人民公社体制正式退出历史舞台，人民公社逐渐演变成乡镇政府，生产大队演变为村民委员会，生产队则逐渐过渡为村民小村，接替了生产队原有的作为村庄治理基本单元的组织角色。在这一时期的江东镇，各行政村内的机耕道、堰塘、晒谷场等农业基础设施的修葺都是以村民小组为单位进行的；向村民收取的共同生产费也全部属于村民小组所有，用以给付村民小组范围内的公共事业建设，以及村民小组长的工资。更为重要的是，这一时期风村土地的"三年一小调、五年一大调"，以及土地权属的变更都是在小

---

① 这种分歧表现为两种代表性的观点：一种激进的观点认为，集体所有权的"公有"的层级越高，就越能体现一大二公的社会主义公有制，就越能消灭农民之间财富占有的不平均；而另一种相对务实的观点认为，由过高的集体层级拥有土地所有权，会导致农民生产积极性的下降。这本身就是一个矛盾体。1960年底，毛泽东曾明确反对分田单干，以生产队为基本核算单位，是他调整人民公社体制的底线。他认为不能再退了，再退就退到分田单干的道路上去了，这是与社会主义公有制的性质完全背离的。因此，最终土地集体所有的层级被确定在了生产队一级。

② 《农业六十条》第二十一条规定：生产队范围内的土地，都归生产队所有。生产队所有的土地，包括社员的自留地、自留山、宅基地等，一律不准出租和买卖。……生产队所有的土地，不经过县级以上人民委员会的审查和批准，任何单位和个人都不得占用。……集体所有的山林、水面和草原，凡是归生产队所有，比较有利的，都归生产队所有。

组范围内进行的①，土地征用必须经由村民小组代表大会的认可，而这也是小组拥有集体土地所有权的最直接证据。总之，这一时期的村民小组在村庄内部在组织农业生产、维护村庄公共基础设施、组织农民等方面均发挥了重要作用，是村庄内部具有显性功能的一级村民组织。

但是，进入21世纪以来，随着农村土地产权制度的调整，"强村弱组"便成为江东镇农村村组关系演变的基本趋势，村庄土地的实际管理权逐渐被转移到了村集体一级。虽然国家规定农村土地属于村民小组所有，但随着2002年《土地管理法》出台，同时规定"增人不增地、减人不减地""农村土地承包期30年不变"，这些实际使得江东镇农村各村民小组在失去对于村庄土地占有权、使用权基础上，进一步失去了农村土地的调配权——村民小组既无法通过"三年一小调、五年一大调"这一调剂余缺的方式解决村庄内部土地占有的公平问题，也无法通过这种调配权解决村庄内部公共品供给中的用地问题了，村民小组也实际沦为一个村庄土地所有者的空洞制度符号。而随后接踵而至的农村税费改革，更是让村民小组的这种趋势进一步加剧。江东镇从2004年开始就不再向村民收取共同生产费，同时取消了村民小组的经济核算功能，将"两级核算转变为一级核算"②。取消农村共同生产费的收取，也就意味着村民小组这一级组织失去了财权，原有村民小组内的很多公益便只能依赖行政村来进行。如在以前，风村各个村民小组每年都要组织2次农民出义务工。一次在每年的3月初主要是做小组内各种河道的清理与沟排的疏浚；一次是每年年底冬闲时组织农民去围垦区给土地追肥。进入20世纪90年代中后期，由于很多农民较忙无法出工，村集体就取消了义务工改由统一向农民收取共同生产费，由各村民小组去请外地人代为劳作。但是税费改革以后，由于村组无法再向农民收取共同生产费，这些小组长组织农业集体基础设施的维护工作也就此取消了。③

---

① 在风村村民小组长一般会有专门的"土地簿"，记录着本组内土地的基本情况，如地块名称、地块面积、土地四至等内容。同时，这些"土地簿"上还会有每次村庄土地的变动情况。

② 2007年开始，萧山区为进一步规范农村财务管理，将村级财务核算体系纳入镇级统一管理。

③ 虽然国家规定村庄需要兴办生产和公益事业项目的，可以实行一事一议，但从风村的情况来看，当地并没有实施过一次一事一议。因为一事一议在现实中极难实施，一是大家的意见难统一，二是钱难收，因为很多农民会觉得国家已经不允许再向农民收钱了。

第五章 谁的土地：后税费时代农村地权冲突中的社会关系结构

当村民小组作为农村最低一级村级组织其财权和事权都趋于弱化后，江东镇村庄内部各村民小组在村庄原有的地位与作用自然也就被虚化了，取而代之，行政村日益成为农村各种公共事务的实际管理者与唯一管理者。一方面，村庄内部传统的以村民小组为基本治理单元的格局逐渐被"包片制"所取代。所谓包片制管理，即来自不同片区的村民小组的村干部管理自己所在的"片"，行使着事实上的村民小组长的职责，甚至于一个村干部要兼数个村民小组的组长。如在这一时期的风村，风村村委会主要由村书记、村主任、村会计、村妇女主任等四人组成，这四人实际来自不同片区，每人负责自己片区内的诸多事务。另一方面，以村"两委"为主导的村集体实际担任了代表整个村庄行使管理权、发展集体经济、管理集体资产、提供村庄公共品等诸多职责，这也意味着村集体直接取得了村庄土地的管理权。这一时期，风村的土地流转、土地征用、土地整治等活动都直接绕开了村民小组一级，无一不是在村集体的统一负责下进行的。

在农村土地价值低迷的时候，对农民来说，村集体取代村民小组管理集体土地只是土地的管理主体发生了转移，并不影响农民所取得的对于集体土地的占有与使用权；即使村集体会以"公益"的名义征占农民土地，也不会让农民觉得损失了什么。但是随着近年来税费改革、土地流转、城镇化等因素导致了江东镇农村土地的全方位升值，将土地的所有权（即便是名义的所有权）维持在村集体一级还是村民小组一级就具有了实际的意义，因为这一法律规定会直接影响着土地利益的分配，原来已经被虚置的"村民小组"于是又重新变得重要起来，因为这是农民用以争取自身利益的"秘密武器"①。这正如何·皮特所言："大多数情况下，农民承包的土地由行政村的村委会进行分配。但是在过去，这项工作往往由自然村完成。不知不觉中，土地的所有权似乎从自然村转移到了更高一级的集体单位手中。然而，由于中国农民尚未充分意识到所谓的财产问题，所以土地权利方面的冲突并不是太多。但是在不久的将来，这些问题必定会涌现

---

① 实际上，在笔者调查中，村民以土地属于村民小组为理由争取土地利益，根本上还是为了维护村民自己的个人利益，在这一节的第四点，将会展开详细论述。

出来。"①

案例 5-5

江东镇东村位于江东线以北，靠近纤纺集团。2011 年纤纺集团因扩建而需要征收东村土地，东村原村委会所在地也在此次征收范围之内，面积为 634 平方米。但就在这样一起征地过程中，围绕着这块土地的补偿款分配，东村村委会与该村 4 组之间产生了激烈冲突。原因在于，此次被征收的东村村委会所在地，原为该村 4 组土地。1984 年东村筹建村小，考虑到小孩上学方便，选中了位于村口 4 组的一块土地。由于这块土地地势较高水源不便，且为非耕地，4 组同意了这起征地，但当时未与村委会签订任何土地征用协议，4 组也未获得任何补偿。

当这块土地面临被征用时，东村村委会与 4 组之间就围绕着这块土地的所有权以及土地补偿款的分配问题产生了激烈冲突。4 组村民认为，因为没有征地补偿协议，这块土地历史上从来都是 4 组的土地，当时拿出来办小学也只能算是小组为村里做出了贡献②，现在收回这块土地、拿到这块土地的补偿也名正言顺。而东村村委会则认为这块土地当初建成小学时其性质用途已经发生了改变，属于村集体建设用地，所有权主体自然也就发生了转移。双方争执不下，该案件最终由萧山区土地管理局做出裁决，双方发生争议的土地产权归属东村集体土地，同时东村拿出这部分土地补偿收入的 30% 给 4 组，并由 4 组自行决定分配方案。但 4 组并不服从判决，并一直在上访，而由东村补偿给 4 组 30% 的土地补偿费也一直由东村村委会代为保管。

---

① ［荷］何·皮特：《谁是中国土地的拥有者？——制度变迁、产权和社会冲突》，林韵然译，社会科学文献出版社 2008 年版，第 11 页。

② 鉴于数十年来土地制度变更频繁，土地权属认识模糊，历史遗留问题众多，屡屡引发冲突和争议，国家土地管理部门特别出台《确定土地所有权和使用权的若干规定》（1995），对不同情况予以澄清。其中第十六条明确规定："（自一九六二年九月）《六十条》公布时起至一九八二年五月《国家建设征用土地条例》公布时止，全民所有制单位、城市集体所有制单位使用的原农民集体所有的土地，有下列情形之一的，属于国家所有：1. 签订过土地转移等有关协议的；2. 经县级以上人民政府批准使用的；3. 进行过一定补偿或安置劳动力的；4. 接受农民集体馈赠的；5. 已购买原集体所有的建筑物的；6. 农民集体所有制企事业单位转为全民所有制或者城市集体所有制单位的。"

案例 5-5 这类土地征用过程中出现的村组矛盾，是江东镇过往征地补偿实践中极其普遍的一起矛盾冲突。这类矛盾冲突的一个突出特点，就是都属于历史遗留土地问题。从江东镇的情况来看，有很多村庄在过往的治理实践中遗留下了大量因政策瑕疵与操作不当而导致的村组之间土地权属不清的隐患。这些隐患在当前由于土地价值的凸显，而纷纷浮出水面，并演化成为当下现实的土地纠纷。在这一过程中，虽然近年来"村强组弱"一直是村庄关系演变的基本趋势，但是在巨大的土地利益面前，农民仍会选择利用各种对自身有利的条款（如该块土地未履行过征收协议；农村土地属于村民小组所有）而伸张自身的土地利益诉求——也正是在这种时候，村民小组对于村民而言才又重新具有了显性功能。

如在访谈中，很多 4 组的村民都普遍这样认为：

> 占 4 组的田地，征地补偿的钱凭什么要由全村人来分？打个比方，我卖东西的钱，别人为什么可以来分？就连亲兄弟都要明算账呢。①

> 这件事儿吧，本身都有理，但既然现在法律定不了，那一切还就得尊重历史。这块地方本来就属于我们 4 组的。即便被村里拿了去，现在不归我们 4 组管，但拿去用了也就算了，现在卖了，当然收入我们得拿大头儿。②

> 当初你要用这个地，我们二话没说就给你们用了，给你们用没落下半句感谢、半点补偿，现在反倒就是你们的了？不用了就还给我们，得讲道理啊。③

实际上，在这起村组之间的地权冲突事件中，东村 4 组农民不仅仅在土地产权的认知层面，仍坚持认为拥有土地的所有权④，而且在现实的土地权

---

① 2012 年 6 月 12 日与东村村民项某的访谈。
② 2012 年 6 月 13 日与东村村民钱某的访谈。
③ 2012 年 6 月 13 日与东村村民陈某的访谈。
④ 无独有偶，张浩（2013）在对华北河村征地案例研究中得出了这样的研究结论：在农民的土地产权认知中，"土地所有权属于国家，集体和个体同时享有土地支配权；国家有需要时可以在征求农民意见的基础上征收土地，但是在使用后应将土地归还给农民或者至少在处置时征求农民意见"。这一结论显然与笔者在江东镇的调查结论之间具有一致性。参见张浩《农民如何认识集体土地产权——华北河村征地案例研究》，《社会学研究》2013 年第 5 期。

属争夺过程中，村民小组之内农民也同样具有一定的集体行动能力，4组农民以村民小组为单位掀起了数次群体性抗争活动。据笔者了解，围绕着这整个事件，4组内部曾召开了多次村民会议，不仅直接选举出来了自己信得过的村民小组长，同时还在小组内选举了5个具有一定威望、敢替大家讲话的人来担任村民小组代表。此外，在2011年底至2012年底一整年的时间内，4组村民代表均未参加东村的各类村委会会议，并有个别村民在东村村委会会议时去会场扰乱会场秩序。更为严重的是，2011年底和2012年初，4组村民组织了两起去乡镇政府集体上访的群体事件，虽然这一过程并未引发严重的后果，但显然给江东镇基层政府造成了极大的政治压力，在当地造成了较为严重的社会影响。最后，在江东镇书记与镇长的亲自督促下，经过多方多次谈判交涉，东村村委会与4组最终达成了一致意见：4组获得土地补偿款51%的补偿额度；东村村集体获得其中49%的补偿额度。同时，也正是受这起冲突事件的直接影响，江东镇于2012年12月，专门召开了全镇农村基层治理形势与维稳会，要求全镇镇、村干部要高度重视农村的土地纠纷形势，强调当前农村最大的问题就是土地问题；土地问题不仅是利益问题，同时也是政治问题。

综上可见，进入21世纪随着农村土地产权制度的调整，"强村弱组"便成为江东镇农村村组关系演变的基本趋势。虽然国家法律仍将农村土地的所有者限定在村民小组一级，但实际上随着村庄土地实际管理权逐渐被转移到了行政村一级，而村民小组逐渐沦为一种毫无实际功能的、形式化的治理主体，并不能在农村基层治理中真正发挥作用。但是，"强村弱组"带来了村庄内部一个不可调和的矛盾之处在于，一旦村庄土地利益升值，村集体会以村庄土地实际管理者与代表者的身份攫取土地利益；而土地属于村民小组所有这一空洞的制度规定，却也能够演化成一个农民土地利益的庇护机制，成为农民争取自身土地利益的合法借口。这就注定了这一时期，一旦土地面临权属不清，发生在村组之间的土地的名义所有权主体与实际的管理权主体之间的地权冲突便不可避免，也无法调和。而从土地产权制度与农村社会结构之间相互演化的视角来看，其更为根本的原因还在于，农村土地承包关系的长久不变以及农村税费改革的实践，导致了农村在治理结构上村组权力与权利格局的错置，村民小组作为农村土地所有者的法律规定与农村实际的治理结构之间发生了不平衡，而这种不平衡是导致当前村组之间土地利益矛盾的深层次根源。

第四节 "权大责小"：地利争夺中的农民

其实需要强调的是，就笔者对于江东镇的调查来看，上述案例5-5中东村4组农民以"农村土地归村民小组所有"为理由要求村集体归还原村委会所占土地（实际上是索要土地征收的补偿），并有着一致性的集体行动的产生，但这其实并不意味着东村4组村民有着强烈的村组意识，所谓的村组意识其实更多只是农民伸张自身土地利益时候的噱头而已。在当地，虽然在村庄统一的土地登记簿上农民的土地仍然以小组进行分类，村民的户口信息也被明确到了小组一级，村民代表开会也是以村民小组为单位选举产生的，但实际上农民并没有非常清晰而强烈的对于村民小组的认同。

首先，从地理空间上来看，江东镇地处萧绍平原北部，地势平坦而开阔，当地村庄在地理空间上基本呈现一种"田"字形的分布，除了行政村之间的分布有着较远的距离，呈现出块状的分布；在村庄内部村民小组之间并没有严格的空间上的区隔，村庄房屋基本沿着几条纵横交错的主干道依次排开。因此，在当地农民的观念中，并没有南方地区因天然的地理界限而形成的对于"湾子"的理解，村民大多使用村民小组这一概念。而且对于当地农民来说，在分田到户之后小组的集体财产基本瓦解，所谓组与组之间的分类，也只是行政管理意义上的区分，而绝非基于社会文化意义上的价值认同。①

退一步来讲，姑且不论东村农民对于"村民小组"这一概念的认知是否具有社会文化意义上的内涵，单就所谓的"集体"而言，农民对于村民小组这一概念的理解早已不同于集体化时期"生产队"与农业税费时期"村民小组"概念的理解了。在农业集体化时期，"生产队"是一个基于共同占有生产资料基础上的劳动者的联合体，农民在生产队这一组织范围内共同占有生产资料，共同生产、平均分配，这样一种生产组织制度就是公有制的具体实现形式。而在农业税费时期，农民主要把村集体与村

---

① 在很多宗族性地区，村民小组往往是一个自然湾，这既使村民小组不只是一个外在的行政管理意义上的人为分类，而且有着内在的基于共同血缘关系为基础的价值认同。

民小组理解为一级农村管理单位①，围绕着农村集体土地，农民与村级组织之间实际上也构成了一种相对平衡的权利与义务关系②，正是这种权利义务的相对平衡使农民仍旧对村集体保留着一定的认同，维系着一定的集体意识。但是进入21世纪，随着土地产权制度的调整，农民取得了更有保障的土地占有权、使用权，以及完整的土地收益权，这就使农民进入了一种只享有土地承包权，而不用承担集体义务的境地，打破了国家与农民之间相对平衡的权利义务关系，必然消解农民的集体意识，让农民更加外在于农村集体，而成为一个个只享受集体权利，而无集体义务的"权大责小"的农民个体。

也正是在这双层意义上，笔者以为，当下江东镇的农民实际已经不存在对于小组的认同，更遑论非常清晰而强烈的村落共同体意识。在案例5-5中，东村4组村民在地利争夺中所宣称的维护本小组土地利益而进行的抗争，与其说是以基于身份认同而产生的一种集体行动，毋宁说只不过是争夺土地利益而黏合在一起的群体性行动。

关于这一点也可以从江东镇很多可供观察的地权冲突事件中体现出来：

案例5-6

2008年，风村村委会从萧山市农办申请到了一个标准化农田改造项目，主要涉及风村2组、3组共计60余亩土地的改造。由于标准化农田改造需要重新修建更宽的路渠沟排，占用一部分农户的土地，导致很多农户的土地面积减损。而这一改造项目又没有专门资金对减损土地的农户进行补偿，风村集体又无法将这一改造后的土地重新在农户之间进行分配，这些都使得该项目从一开始就遭到土地占用较多农户的抵制。此外，风村集体还打算将这一片土地集中进行发包，但对于土地减损的农民同样无法

---

① 20世纪80年代，随着《关于实行政社分开建立乡政府的通知》的颁布实施，人民公社体制正式退出历史舞台，人民公社逐渐演变成乡镇政府，生产大队演变为村民委员会，生产队也逐渐过渡为村民小村。

② 正如吴毅所言，"他们（农民）不仅将上缴看做是自己的义务和责任，同时也将其视为对自身所应享受的社区性公共产品和公共服务的付酬，视为捍卫自身经济与社会权利的一种方式"。参见吴毅《村治变迁中的权威与秩序——20世纪川东双村的表述》，中国社会科学出版社2002年版，第184页。

给他们确定流转的土地面积。最后，这一项目因为反对声音过大，而无法落地，最终被迫放弃。同时农田标准化改造后由于原有田埂被打乱后，不能重新分配而只能整体发包。

案例 5-7

2011年，江东镇因镇中学扩建，需要征收风村30亩土地。风村村委会借助这一机会，也将1组东边马路沿线的12户拆迁（拆迁后安排进新农村安居点），共整理出80余亩土地。根据杭州市有关集体土地征用补偿政策，风村获得8亩建设用地指标。关于这一指标的使用，风村希望过几年将指标落实后建一座大型综合体供出租，既可保证村组两级获得稳定的收入来源，同时1组村民也能获得股权分红。但是，风村村委会的这一想法遭到很多1组村民的反对，一是村民觉得将来能分到多少股息并没有预期，二是担心以后的建设中会被少数村干部捞取利益。最终这一指标被拿去拍卖，收入按一定方式分给了村民。

通过案例5-6与案例5-7，我们可以发现一个当前"制度"视角所完全无法解释的有关农村地权冲突的图景①。从风村当前大量的地权冲突来看（包括前文提到的案例5-1、案例5-2），当下农村的地利争夺中，农民并非完全处于弱势地位，呈现出"侵犯—反抗"的维权特征，与之相反，很多冲突中，农民都表现出了主动维护土地利益的一面，许多农民在土地利益面前已不再居于从属地位，而是会积极利用各种政策、法律（既包括国家的土地制度法规，也包括村民自治制度等）捍卫自身的土地利益。这类地权冲突的类型在当前农村相当普遍，如第四章中概括的维权型地权冲突中有很多具体的冲突类型都可以说是农民主动维护自身土地利益的具体体现。当然，在农民维护自身土地利益的过程中，同样可能因为这种自利行为而导致集体的非理性，如案例5-6中，在小组范围内每个人都强调自身的土地利益不能受到侵犯，这导致了整个土地整治项目无法落地，不能不说是一种村庄总体利益受损的表现。同样，在江东镇农村还存在着许多需要占用土地的公益性活动，如修路、土地整理、新建水利设施

---

① 有关"制度"视角下农村地权冲突的既有解释，可参见导论中既有文献述评部分的论述。

等，经常会遭遇到土地减损农户的反对而容易导致项目搁浅。

而在另外一些冲突案例中，甚至可以发现，农民除了主动捍卫自身的土地利益不受侵犯，争取自己的正当利益之外，一部分农民甚至已经在为谋取自身的土地权益时直接挑战到既有的土地制度安排，表现出了主动谋利的特征，也使当下农村很多的地权冲突表现为一种"谋利型地权冲突"的形式。如在下述案例5-8中，农民对于农村"小产权房"的争夺，可以说是当前农民主动谋取土地利益时而发生的一种重要冲突形式。

案例 5-8

1994年东村与纤纺集团公司签订合作建房协议，村庄出土地，公司出资金，建成两栋6层共计80户的居民住宅楼，并协议建好的房子双方各分一栋，同时公司获得两栋楼房底层商铺20年的经营权。住宅楼建好后，该公司把所得的房子以集资房的方式卖给了职工，同时把底层商铺出租。村庄所得房子，则卖给了村民，收入除一部分补偿被征地农户外，其余部分用于村庄办公楼的建设。2010年这两栋居民楼因小城镇建设规划调整而面临拆迁。该镇根据《土地管理法》第63条规定："农民集体所有的土地的使用权不得出让、转让或者出租用于非农业建设"为由，认定这两栋居民楼未取得建设用地使用权，其房屋属于违章建筑。提出只对房屋拆迁进行补偿，且补偿标准低于同类房屋的补偿标准。同时，政府对该地块重新履行征地程序，并将征地补偿款一次性补偿给村集体。江东镇政府的这一行为激起了这两栋居民楼住户的集体反抗，而政府也不愿做出过大让步，由此导致征地拆迁进展缓慢，矛盾一直延续。

在上述案例中，虽然国家法律明确规定小产权房的用地性质属于违规使用，但在调查中，当地许多农民都有这样的疑问："为什么集体土地上的房子，就不能取得与国有建设用地上的房子一样的市值与待遇？"① "退一步，即便小产权房无法交易，但既然国家拆掉了我们的房子，是国家有错在先，为什么我们就不能获得对等的土地补偿？"② 从农民的角度而言，这种疑问并无道理，因为既有的土地补偿政策基本是在保证农民居住质量

---

① 2012年8月15日，东村村民代表会议随机访谈。

② 同上。

不下降，生活水平略有提升的原则下制定的①，小产权房户主的补偿标准一旦低于政策规定的正常补偿标准，这些住户将很难拿这些补偿款在市场上购置到条件相当的住房，这也就意味着他们实际居住利益受损。但是，从基层政府的角度而言，如果做出较大让步，不仅违规，也等于向农民变相传递出了"小产权房"合法的信号，这必将助长更多的小产权房违法行为。正是由于小产权房业主的土地利益诉求，触及了国家的政策红线，这让基层政府无法让步，也不想让步，从而导致这类冲突在既有条件下极难获得解决。

总之，如果说"地权本质上（就）是一束权力关系"②，那么通过这些地权冲突案例我们可以发现，当下的农民已经不再是一个被动的维护自身土地利益的维权者，而是一个积极寻求土地利益的谋利者，这实际也就意味着，江东镇的农民相对于基层政府、村级集体，其自身的权力位势已经发生了巨大改变，日益取得了与基层组织相抗衡的结构性权力。在江东镇的调研中，笔者一直有一个判断，就当前农村关系结构特征而言，在土地利益升值的大背景下，江东镇确实出现了一个以基层政府、村级组织为主体的"谋地型乡村精英"群体，但即便如此，实际上，无论是在当地农村的土地流转还是土地征用过程中，大多数农民的绝对利益并未受损，农民之所以反抗，原因在于他们觉得在当前土地升值的背景下，"谋地型乡村精英"攫取得更多，而自己获得相对要少，这让他们有了一种强烈的相对剥夺感③。也正是这种强烈的相对剥夺感，让农民觉得自身的谋利具有道义性——农民为了攫取土地利益，同样可以不顾及自身应尽的集体义务、可以不顾及村庄的总体利益，甚至可以不顾及法律政策的规定——这也恰恰构成了当下江东镇地权冲突中农民的基本行为逻辑。

---

① 从笔者在江东镇征迁补偿的角度来看，实际农民对于征迁补偿的相对收益是不一样的。虽然在补偿标准上是根据面积和装修的程度来定。但是在实际的补偿中，补偿工作仍旧参考了征迁后农民是否能有效保障生存这一原则。这使得很多房子面积较大，而较为破旧的农户在实际的补偿中获利较多，而那些新建的别墅则基本只获得了房屋建造的成本。这也使得农户之间的实际受损感并不一致。

② 马良灿：《地权是一束权力关系》，《中国农村观察》2009年第2期。

③ 臧得顺：《臧村"关系地权"的实践逻辑——一个地权研究分析框架的构建》，《社会学研究》2012年第1期。

第五节　后税费时代农村土地产权制度与社会关系结构的互构逻辑

地权冲突在本质上是土地利益的冲突。不同土地利益主体之间围绕着土地利益的争夺，不仅是导致当下农村地权冲突产生的直接原因，同时也构成了观察当下农村地权冲突的重要维度。前文以江东镇若干具有代表性的地权冲突事件为例证，分析了土地产权不同利益主体之间的内在行为逻辑，通过这种分析我们可以发现，无论是基层政府、村级组织、村民小组还是普通村民，这些土地利益主体都有着参与土地利益分享的各自的行为逻辑，都具有谋利性的一面。可以说，不同于税费时代，农村地权冲突主要表现为土地的收益权之争，是一种国家对农村过度汲取而导致的"侵犯—反抗"型地权冲突，21世纪以来江东镇进入了一个全新的地权冲突时代，可以说这一时期的地权冲突是土地多元利益主体进行全方位地利争夺的时代，这也构成了后税费时代中国农村地权冲突的最主要特征。

但关键还在于，如何从"制度—结构"互构的研究视角出发，厘清这一时期农村土地产权制度如何形塑了农村社会关系结构的内在紧张关系，从而导致了这些主体之间的冲突？或者说这种行为逻辑又是怎样发生的，其与土地产权制度调整之间的内在关系如何？本部分将试图在前文分析的基础上梳理出一个更为清晰化的观察这一时期农村整个土地产权制度演进以及农村社会关系结构之间内在互构逻辑的分析线索，并以此来理解当下农村地权冲突发生的原因及其内在必然性。

通过第三章有关分析我们可以发现，农业集体化时期与农业税费时期，存在着两种不同的集体土地产权制度形态，相应地，这两个时期的乡村社会关系结构也呈现了极大不同。农业集体化时期，农村集体土地产权制度在机制上主要遵循一种产权"授予"的逻辑，表现出了极强的"非排上位"性特征。国家是农村土地的"最终所有者"；人民公社与生产大队等组织则扮演了一种"被授予"与"授予"土地产权转移的中介角色，是农村土地的"中间所有者"（管理意义上的所有者）；生产队则是集体土地的"名义所有者"（占有与使用意义上的所有者）；农民并不享有任何土地产权，而是以一种集体成员权身份享有耕种集体土地并从集体获得

第五章　谁的土地：后税费时代农村地权冲突中的社会关系结构

收益的权利。在这样一种集体土地产权制度逻辑下，土地产权主体间的社会关系结构是一套与这一时期农村科层化的、权力支配型治理结构之间是高度镶嵌的，乡村社会关系表现出了国家、集体对农民的整体性"控制"特征。

而在农业税费时期，农村集体土地产权同样是模糊、"非排上位性"的，但与农业集体化时期相比，其不同之处在于，这一时期的农民取得了集体土地产权的占有权、使用权与部分收益权，成为集体土地产权多元主体中的一个，这也使农村集体土地产权具有了横向结构上的排他性特征。与之相对应，这一时期的乡村社会关系结构也出现了极大化约：随着分田到户，国家、地方政府和村组向农民收取税费，就成为农村农户—村组—政府三者互动关系的最主要内容，曾经全方位渗透的国家对农村社会的整体性控制化约为税费的提取和缴纳的经济关系。当然需要指出的是，即便是出现了"化约"，这一改革却并未完全割裂集体与农民之间的有机关系。正如吴毅所言，"他们（农民）不仅将上缴看做是自己的义务和责任，同时也将其视为对自身所应享受的社区性公共产品和公共服务的付酬，视为捍卫自身经济与社会权利的一种方式"[①]。从这个角度上来说，这一时期，土地产权制度变革将农业集体化时期国家、集体与农民间基于"共容性利益"的治理—依附关系，化约为围绕着税费提取与征缴而发生的赤裸裸的"竞争性利益"经济利益关系，却在另一个层面，让基层政府、集体与农民之间围绕着土地税费征缴而仍旧保留了某种意义上的权利与义务关系的平衡。

如果说农业集体化时期与农业税费时期的乡村社会关系结构，分别可以用"控制"与"化约"来加以描述，则后税费时代的村庄社会关系可以用"消解"来予以总括。后税费时代的土地产权制度逻辑其实是农业税费时代土地产权制度逻辑的自然延伸——既然税费时代的农村土地产权制度与其所形塑的社会结构之间的互构，是导致这一时期农村税费冲突的深层次原因，那么要扭转这种危机，最自然的选择就是对既有的农村土地产权制度进行再次调整，赋予农村土地产权制度更多的"排上位性"，让农民享有更具保障的土地收益权，从而减少国家（基层政府）与集体对农民土地利益的"汲

---

① 吴毅：《村治变迁中的权威与秩序——20世纪川东双村的表达》，中国社会科学出版社2002年版，第184页。

取",这也成为后税费时代农村土地产权制度调整的基本方向。具体而言,这种产权制度调整主要表现在两个方面:其一,通过延长土地承包期,规定土地承包关系长久不变来赋予农民更有保障的土地占有权与使用权。具体包括 2002 年出台的《土地管理法》进一步从法律上明确了 30 年的土地承包期;2008 年中共十七届三中全会提出"土地承包关系长久不变"① 等改革。其二,通过减免农业税费,赋予农民更有保障的、完全的土地收益权。具体内容上包括 2002 年开始的国家税费改革、2006 年的全面取消农业税,并通过粮农直补、良种补贴、农机置购补贴等给予农民农业补贴等改革。可以说,正是这一时期一系列的土地产权制度改革,导致了更多的土地权利束由基层政府、村集体向农民转移,农民日益获得了与集体相对均等的位势,乡村原有乡村社会关系结构也随之出现了极大翻转。

在这场乡村社会关系结构的大调整中,基层政府首先因税费改革而基本被排除在了农地产权之外,这也彻底隔断了基层政府以国家代理人身份从农村"汲取"农业税费的合法性基础。但是,基层政府并未被排除在非农用地的产权之外。随着农村建设用地市场的日益升值,基层政府同样可以通过土地征用制度赋予的土地一级市场中的垄断地位,成为农村土地非农化过程中土地利益的最重要"攫取者"②。况且,只要基层政府作为国家代理人的身份不可动摇,其天然具有的基础性权力和专制性权力(至少是专制性权力)的合法性也必然存在。这就注定了在这样"一个由利益形塑的基层政治秩序"中,只要土地一旦具有了可供争夺的利益,那么基层政府所扮演的"营利型经纪"角色便不会改变,在参与土地利益分配中会"一直在场"。

相对于基层政府在这一社会关系结构中原有位势改变不大,在村庄内部,村级组织与农民之间的关系却随着土地产权制度的调整而发生了极其剧烈的变化。毫无疑问,在这场社会关系结构调整中,村级组织进一步丧失了农村土地的收益权与处分权,被进一步排除在了农村土地产权之外。这也意味着在这一产权制度调整过程中,村级组织失去了用以控制农村社

---

① "长期改为长久,意味着土地承包期从一种有期限的制度变为了无期限的土地制度。"具体可参见蒋省三、刘守英、李青《中国土地政策改革》,上海三联书店 2010 年版,第 20 页。

② 有关政府是否应获得土地利益,一直是一个重要争论的话题,但不论是否合理,现实中基层政府确实成为土地利益的最大获得者。

会的最主要资源,失去了对村民进行有效约束的手段,也丧失了各种解决土地纠纷、平衡村庄利益的基本能力。而一旦丧失这种能力,村级组织就会出现村庄治理能力的弱化,并进一步在遭遇各类农民挑战村庄治理权威的事件中陷入一种恶性循环。当然,在村级组织日益被排除出农村土地产权之外时,其作为农村公共事务的管理者与村庄公共资源的代表者的身份进一步得到了加强。这就使村级组织在这场土地利益争夺中同样有机可乘,一旦能够凭借其作为村庄合法代言人身份,参与由外力启动的村庄土地规模流转、土地征用等行为时,村集体通常也会积极"有为"地成为农村土地利益分配的参与者。

正如前文所分析的,随着农村土地承包权的固化与农村税费改革的启动,村民小组作为村庄一级治理组织的财权与事权都趋于弱化,其在村庄社会关系结构中的地位与作用自然也被彻底虚化了。虽然村民小组同样在当下江东镇的农村地权冲突中扮演着重要角色,但不得不说的是,当下的农民已经没有强烈的村组意识,农民之所以强调村民小组其实更多只是农民伸张自身土地利益时使用的一种噱头而已。随着农民在这一轮土地产权制度调整中日益取得更有保障的土地占有权、使用权,以及完整的土地收益权,村庄内部原有的集体与农民的权利义务关系被打破,农民在村庄内部社会关系结构上也日益取得了与村级组织相对均衡的位势。这突出表现在当下农村的地利争夺中,农民已并非处于弱势地位,不仅会积极利用各种政策、法律捍卫自身土地利益,甚至一部分农民已经在为谋取自身的土地权益时直接挑战了既有的土地制度安排,表现出了主动谋利的特征。

由此可见,通过这种土地产权制度调整与农村社会关系结构演变的考察,我们可以发现,进入 21 世纪以来,随着农村一系列土地产权制度的调整,农村社会关系结构之中原有的控制-服从型的社会关系结构被进一步消解,村集体与农民之间的权利—义务平衡关系也被打破,基层政府、村集体与农民三个主体日益取得了相对均衡的位势。熊万胜曾通过对一个中国村庄(栗村)的地权冲突史进行纵向的时段性考察,认为一个社会当中是否有占主导地位的"社会势力",是影响农村地权冲突的一个重要变量。[①] 来自江东镇的经验,无疑支持了这一结论。正是在当前土地利益

---

① 熊万胜:《小农地权的不稳定性:从地权规则确定性的视角——关于 1867—2008 年间栗村的地权纠纷史的素描》,《社会学研究》2009 年第 1 期。

升值的大背景下，乡村社会关系结构的这种大翻转，导致了包括基层政府、村集体以及普通村民在内的土地各方主体对于土地利益的全方位争夺。而这也使得这一时期的农村地权冲突呈现了如第四章所描述的冲突主体多元、冲突性质异常复杂的特征。

本章小结

本章主要以当前江东镇农村土地权利主体结构的行为逻辑为分析线索，阐释了后税费时代农村土地产权制度变迁对基层政府、行政村、村民小组以及普通村民等土地利益主体行为特征的影响，以及这些主体行为逻辑又是如何相互交织出了当下农村的地权冲突。由于上一小节已对本章主要观点进行了较为系统的总结，在此不再赘述。

而值得一提的是，本章基于当前农村社会关系结构下的土地利益主体行为逻辑的考察，并不支持当下有关农村地权冲突的主流解释性观点。在这一观点看来，当前农村社会关系结构呈现政府与村级组织力量强大而农民力量弱小的权力配置格局（本质上是一种"强国家—弱社会"分析范式），这就决定了当下农村地权冲突主要表现为社会强势力量对农民土地权益的侵犯。但从江东镇的经验来看，当下农村的地权冲突类型更为复杂，既有因农民土地权益受损而引致的维权型地权冲突，也有农民主动谋利而导致的挑战型地权冲突。而之所以如此，原因在于，当下农村的社会关系结构并非呈现出一种"强—弱"的权力配置状态，而是进入了一种土地各方利益主体位势相对均衡的博弈状态。

进一步，通过这种土地利益主体结构的分析，笔者还持这样一种判断：在土地利益升值的大背景下，当前农村关系结构中确实出现了一个如臧得顺所言的，以基层政府、村级组织等为主体的"谋地型乡村精英"，但即便如此，无论是在当地农村的土地流转或者土地征用中，土地各方（包括大多数农民）的绝对利益实际上并未受损。农民之所以反抗，原因在于他们觉得在当前土地升值的背景下，"谋地型乡村精英"攫取得更多，而自己获得相对要少，这让他们有了一种强烈的相对剥夺感。也正是这种强烈的相对剥夺感，让农民对"谋地型乡村精英"天然排斥的同时，也让农民觉得自身的谋利行为具有了道义性，从而敢于挑战既有的土地政策法规。这也是当下农村地权冲突形势中最需要引起各级政府部门重视的

第五章 谁的土地：后税费时代农村地权冲突中的社会关系结构

地方。

当然，需要明确的是，土地升值，只是让土地成为整个社会当中的一种竞争性资源，具有了争夺的可能性；土地利益主体各方势力的相对均衡，也只是为当前农村地权冲突的持续大规模爆发提供了条件，这些都并不意味着农村土地产权冲突发生的必然。问题的关键其实还在于一个社会是否具有相互认同的产权规则，正如张静与曹正汉等人都曾在农村地权冲突的研究中，注意到当下中国社会是一个由利益形塑的政治秩序，而非法律衡量的法治秩序。[①] 要研究当下农村的地权冲突还需要关注当前农村土地产权背后的规则因素，亦即当前农村土地各方利益主体对于土地产权规则呈现一种怎样的认知状态，这种认知状态又与农村土地产权制度演进之间有着怎样的内在关联？这将是本书第六章所要回答的问题。

[①] 张静在《土地使用规则的不确定：一个解释框架》一文中的最后结论认为，当前中国地权冲突之所以突出，在于中国社会仍是一种"利益政治"形塑的秩序，而非以"法律衡量"为基础的秩序。见张静《土地使用规则的不确定：一个解释框架》，《中国社会科学》2003 年第 1 期；同样，曹正汉通过对珠江三角洲滩涂纠纷案例的研究，表达了与之类似的观点：在珠江三角洲滩涂纠纷中，政府虽然制定了法律以控制滩涂地权，但这并未产生实质效果，实际的滩涂地权依靠于当事人自身的政治力量。曹正汉将此归之为，当前中国是一个政治与法律未有明确分化的社会，地权冲突的解决不是用法律原则衡量各方利益要求的正当性，而是寻找各方分歧最小的规则。见曹正汉《地权界定中的法律、习俗与政治力量——对珠江三角洲滩涂纠纷案例的研究》，载张曙光《中国制度变迁的案例研究》（第六集），中国财政经济出版社 2008 年版，第 712—807 页。

第六章

何种规则：后税费时代农村地权冲突中的产权认知心态①

在当下农村的地权冲突研究中，社会学与人类学选择了一种较为独特的研究视角，即产权的建构视角。在这一视角看来，一个社会的产权界定并非源于法律文本，而是依据当事人在互动中约定俗成、共同认可的"社会性合约"。② 现实中，人们一旦没有遵循相同的产权界定规则，地权冲突便因此而生。这一认识思路构成了社会学与人类学有关农村地权冲突的主要解释逻辑，例如，张静（2003）、曹正汉（2008）、熊万胜（2009）等都认为，"土地使用规则的不确定"是当前农村地权冲突的重要原因；郭亮（2012）、陈锋（2012）等通过实地调查发现，当前农村土地产权界定的地方性规则，如"村落成员权""生存伦理权""祖业权"等，与法律界定规则之间的冲突日益增多。

产权的社会建构视角对于观察江东镇农村的地权冲突具有很强的启发性，有助于我们在把握不同土地利益主体行为特征基础上，进一步厘清不同土地利益主体行为的逻辑依据。实际上，在当下江东镇的农村地权冲突中，已经极难看到冲突双方因位势悬殊、基于"强力"③而发生的地权冲

---

① 本部分的相关观点，可参见拙文《农村土地产权认知的三重维度及其内在冲突——理解当前农村地权冲突的一个中层视角》，《中国农村观察》2014年第6期。

② 折晓叶、陈婴婴：《产权怎样界定——一份集体产权私化的社会文本》，《社会学研究》2005年第4期；申静、王汉生：《集体产权在中国乡村生活中的实践逻辑——社会学视角下的产权建构过程》，《社会学研究》2005年第1期。

③ 强力原则，指乡村内村民个体、乡村组织等凭借宗族势力、威望、民间暴力等强制性力量占有别人土地的原则，是一种不公平的原则。社会学者发现，当事人的"强力"——如人数的多寡、声音的大小、暴力的强弱——也发挥着不可忽视的作用。笔者这里的"强力原则"，既包含当事人援用强力导致的公平性结果的一面，更包括当事人利用自身强力欺压乡村弱者，以暴力牟取别人土地导致社会矛盾激化、产生不公平结果的一面。臧得顺：《臧村"关系地权"的实践逻辑——一个地权研究分析框架的构建》，《社会学研究》2012年第1期。

突，取而代之的是，大多数地权冲突背后土地利益诉求都有一定的合法性或合理性——地权冲突双方为获得土地收益，或援引政策法律，或强调既往事实，或借助传统地方话语，来选择对自己有利的"证据"——整个江东镇的地权冲突确实进入了一个如张静所言的土地规则"多重合法性声称"状态。① 然而，需要进一步追问的是，这种"不确定性"的"多重合法性声称"背后又具体存在着哪几种确定的土地产权认知心态？从"制度—结构"互构的视角而言，这些土地产权认知心态又是如何产生的呢？

第一节 法律规定与农村集体土地"公有产权认知"

在制度经济学家柯武刚与史漫飞看来，要维护一个社会的秩序，就必须具有严格约束各种无法预期行为和各种投机主义行为的规则，这些规则可称为制度。换句话说，制度的制定就是为了提高可预见性和确定性。② 同样地，在一个土地作为一种稀缺性资源而存在的社会中，围绕着土地的争夺也必然要求一个社会之中具备有关土地占有、使用、收益、分配等的正式制度规则体系，从而形成一个相对较为稳定的土地产权秩序。

的确，在江东镇地权冲突中，国家的正式制度法规中有关农村集体土地产权的一系列制度表述构成了当前农村土地各方土地产权规则的首要认知规则，也是当前农村各级治理者用于规制各类土地产权行为、主张属于自身土地利益时的主要依据。如前文案例 5-2 中江东镇政府对于农村征地补偿数额的认知、案例 5-3 中风村村委会有关四荒地土地所有权与承包经营权的诉求、案例 5-8 中江东镇政府关于农村小产房的态度，等等，这些土地利益的主张依据无不来自既有国家法律政策的具体规定。乡村社会的治理者作为国家在农村基层的代理人，其职责由国家所赋予，其行为的主要依据也自然首要的是执行国家土地法律的具体规定。在与江东镇农办谢主任的访谈中，他就向笔者形象地描述了作为一个基层工作人员为何要将国家土地法律的规则作为日常行为的依据：

---

① 张静：《土地使用规则的不确定：一个解释框架》，《中国社会科学》2003 年第 1 期。
② [德] 柯武刚、史漫飞：《制度经济学：社会秩序与公共政策》，韩朝华译，商务印书馆 2000 年版，第 3 页。

我觉得依法治国，就是根据法律制度来治理国家，这是根本，无规矩不成方圆，法律就是一个尺子，量的就是是非曲直。一块土地到底属于谁？我想要举这个理，就属于我；你要举那个理，属于你；他要举其他理，就属于他了？要是都这样子弄，那这个社会不就乱套了吗？所有理，首先只有一个理，那就是看国家法律是怎么规定的……

我以前在调解土地矛盾时，讲究要于情于理，更要于法。打个比方，你说农村里边边角角的一些荒地是你垦荒出来的，就能算你的吗？不能算！因为法律规定了四荒地属于集体的。如果能算自己的，那这么多没主的地方，不都要被私人占去了。国家法律规定农村土地属于集体的，农村范围内的土地就都是集体的。农民手中的地从哪来的？是从集体那里承包过来的，你这些私自垦荒的地是从集体那里承包给你的吗？不是！既然不是从集体那里承包的，那你这就是非法占用，就要还给集体。这个道理是讲得清楚的……①

不仅作为农村基层治理者的一方，在日常的地权实践中，通常会运用国家政策法规作为规制各类土地产权行为、主张属于自身土地利益时的依据；就是许多农民在日常生活中，也同样会依据各种土地政策法规来诉求自身正当的土地利益、维护自身土地的合法权益。如案例4-1中，风村4组村民蒋某提出的收回自己的土地承包权的要求，实际上就有着合理的国家政策依据。虽然按照政策规定，当前农户的土地承包经营权要在二轮承包时土地承包关系基础上保持不变，蒋某未在二轮承包时主动提交申请并获得承包地，自然也导致了其无法获得农村集体土地的承包经营权。然而，真正从《农村土地承包法》的角度而言②，根据第5条这实际并不构成其失去土地承包权的依据。毕竟农村集体土地制度赋予了每一个集体成员平等的承包权，蒋某作为农村集体组织的一员显然拥有这一基本权利。这也是这一起土地纠纷调解过程中，村集体认可蒋某的土地承包要求，只是表示因为条件不允许而暂时无法解决的重要原因。同样，在第四章还提

---

① 2012年4月30日与江东镇农办主任访谈。
② 《农村土地承包法》（2009）第五条规定：农村集体经济组织成员有权依法承包由本集体经济组织发包的农村土地。任何组织和个人不得剥夺和非法限制农村集体经济组织成员承包土地的权利。

到，由于江东镇目前很多土地流转是以镇、村名义主导进行的，镇、村两级组织充当了农民与承租人之间土地承包经营权流转的协议中介。一旦土地流转价值上涨，很多农民就会以这种村集体违规发包土地的流转方式存在违规，如未经村民大会 2/3 多数同意①，进而否认既有的土地承包协议，要求提高土地流转价格甚至直接要求收回流转土地。

既然土地制度法规构成了当前农村土地各方利益主体行为规则的主要依据，那么撇开繁文缛节的具体法律制度条文，还需要进一步探讨的是，当前国家有关农村集体土地产权制度，其背后有着哪些基本的产权制度设计逻辑？只有对此有深刻把握，才能更好地理解当前受农村有关土地制度影响下的农村社会认知心理结构。实际上，我国《宪法》规定，农村集体土地制度在所有权性质上是一种生产资料公有制，国家制定推行的一系列具体农地制度法律是宪法精神的具体化，自然体现的是一种公有制产权的规则要求。从这个角度而言，当前农村土地制度影响下的对于集体土地产权规则的认知，莫过于一种公有制的产权认知心态。结合前文的分析以及江东镇的调查来看，这样一种产权认知心态主要包含了如下方面的内容。

首先，农村土地"公有产权"规则的最核心特征，在于理念上强调土地是一种优先保障社会大众平等生存的社会性资源，蕴含着保障每一个成员生存的社会公平价值理念。正如笔者在萧山另一乡镇访谈时，一位副镇长认为，"只有把土地这样一种最重要的生产资料归于集体所有，才能真正消灭私有制、消灭剥削，也才是社会主义"。这一观点也是当地多数基层村干部对农村集体土地产权制度的重要"共识"。正是由于认同这一"公有产权规则"，当地人普遍认为，土地二轮承包中未获得承包权的农户要求承包权的要求具有合理性，如案例4-1中，村集体认可蒋某的土地承包要求，只是表示因为条件不允许而暂时无法解决；此外，还有很多农民认为"农村集体土地承包关系长久不变"的规定违背了公有制下的"土地公平"原则；只要是为了村庄的整体利益，农村集体就具有行使"集体农地调配权"的合法性。如在访谈中，不少年龄偏大的农民也都提

---

① 《农村土地承包法》（2009）第四十八条规定：发包方将农村土地发包给本集体经济组织以外的单位或者个人承包，应当事先经本集体经济组织成员的村民会议三分之二以上成员或者三分之二以上村民代表的同意，并报乡（镇）人民政府批准。

到了类似观点：

> 我觉得土地应该定期调整，国家当初为什么要搞土改、搞集体化呢，就是要防止多少不均，不然就有贫富差别了……像我们这种地方土地本身就很少，你不定期分地，就怎么还能平均呢，那就不是公有制，不是社会主义了……①

> 土地本来就是集体的，就是为村庄整体发展服务的。不能调地，村庄建设和发展就没法进行。村庄要发展肯定要用地，村庄土地整理、修建路渠要用地，村庄发展要修路、搞广场基础设施要用地，我们村去年修了一个篮球场，后来还专门给占地农户补偿了。②

> 我们家之前因为人少出过地的，现在人多了却不能进地了？国家政策不能说改就改……凭什么现在有的一家子有五六口人，只有一两分地，而有的三口之家却有七八分地？③

通过这些访谈，我们可以发现即便进入 21 世纪农村土地产权制度已经做出了诸多深刻调整，但不少年纪偏大的农民仍旧保留了有关集体土地所有制的传统认知，这种认知已经被深深烙上了原有社会主义公有制的痕迹。实际上，自 20 世纪 50 年代中国农村建立集体土地产权制度以来，有关集体产权所蕴含的保障生存的社会公平价值理念，就一直是整个社会意识形态所宣传的焦点（有关此问题可参见第三章与第七章的论述），也一直被认为是社会主义国家公有制产权区别于并优越于西方私有制土地产权的核心要件。集体公有制的土地产权制度下，土地被视为保障人们生存的一种公共资源，因此也格外强调农民平均主义的占有权与使用权；而西方的私有产权制度主要视土地为私人的一项财产，人们对土地财产的占有不均，才造成了社会不平等与剥削。这也决定了公有制下人们在对土地产权进行界定时，更加强调的是村庄的整体利益与人们在占用与使用上的平均

---

① 2012 年 4 月 12 日与风村农民秦某的访谈。
② 2012 年 4 月 18 日与风村农民倪某的访谈。
③ 2012 年 5 月 10 日与众村农民秦某的访谈。

与公平。

其次，农村集体土地产权作为一种"公有产权"，其"公有"的范围主要被限定在村落社区层面，表现出了"社区共有产权"的特征。我国《土地管理法》规定，"农村和城市郊区的土地，除由法律规定属于国家所有的以外，属于农民集体所有"；"农民集体所有的土地依法属于村农民集体所有的，由村农业生产合作社、村农业集体经济组织或者村民委员会经营、管理"。[①] 这一规定既明确了农村集体组织作为村庄代理人对集体土地进行经营、管理的权力，同时也赋予了农村土地公有产权规则的第二个重要特征——社区共有。"社区共有产权"主要强调了社区内部资源在享用上的公共性，亦即在一个相对固定的社团或社区中，其成员共同拥有产权，而对社团或社区之外的人员具有排他性。[②]

案例 6-1

东村与马村同为 L 镇[③]行政建制村庄，村内各建有小学。按照萧山区有关村庄校舍合并节省教育资源的要求，2005 年，马村学校停办并入东村。马村也因此将闲置的校舍出租，收入归马村所有。2007 年，东村与马村合并，组成新的东村，东村小学也更名为镇中心小学。2010 年，因为集镇规模扩大，原马村小学土地被政府征收，进行商业开发。而围绕着征地补偿款的分配，东村与原马片（注：合并后马村成为大东村的一个片区）村民之间产生了激烈的矛盾冲突。

马片居民认为，该小学所占用土地属于原马村集体所有土地，同时是靠马村集体力量修建的。虽然 20 世纪 80 年代以来被镇政府接管，但这并不影响该片对这所小学产权（重点是土地）的正式归属；新的东村委也同样声称享有支配并分配征地补偿款的权利。虽然被征用的土地属于马片，但由于两个村庄合并，以东村土地为基础的教育资源实现了全村共享，征地收益理应由东村和马村共享，同时东村村委会作为双方利益的合法代表，无疑应该享有征地补偿资金的支配权。

---

① 《土地管理法》（2004）第十条。
② 党国印：《论农村集体产权》，《中国农村观察》1998 年第 4 期。
③ L 镇为笔者在萧山调查的另外一个乡镇。

案例 6-1 表面来看是一个较为典型的村组之间有关土地利益争夺而引发的冲突案例；但更深入来看，无论东村还是马片其有关原马村小学闲置土地的产权界定规则中都体现了一个共同特点，那就是强调土地产权的共同共有，亦即所有村民都会将这一块闲置土地视为一项属于集体共同占有的财产，区别只在于这个集体的"范围"有多大。其实，农村集体土地所有制作为一种公有制的基本实现形式，其最初的独特内涵就主要体现在"集体共同占有"上，只有由集体共同占有取代农民的个别占有，才能消灭私有制与土地占有的不均。因此，在这一表述中"集体"必须是一个由一定数量劳动者构成的单一整体，是一个集合概念，而不是根据"按份共有"的原则，由若干个体农民按照一定的股份占有。同样，作为"集体"产权的客体——土地，它是集体的一项公产，必须脱离个人而存在，即便在家庭联产承包责任制下，农民取得了土地的占有权与使用权，但这个集体土地所有的制度符号仍旧具有十分重要的价值——因为这一制度符号直接关系到社会主义的基本意识形态与社会主义性质。

最后，农村土地"公有产权"又不完全等同于西方私有意义上的"共有产权"，因为它不是一种纯粹的私人间合约，而是一种"由国家制造的所有权"，因此集体土地在终极所有权上又被认为属于国家所有，具有鲜明的国家控制性。[①] 毫无疑问，中国通过实施一系列的制度、法律对农村集体土地的征用权、总体规划权、管理权等进行了高度干预，这既导致了农村集体土地产权的权能残缺与不稳定，也成为当前农村土地公有产权规则的第三个重要特征。有关国家对于农村土地征用权的垄断，主要表现在国家通过法律制定取得了农村土地非农化使用的垄断权，而这也意味着国家对农村集体土地处置权的一种限制。由于第五章对此有过较详细的论述，此处以土地的总体规划权为例做进一步的讨论。在现行土地管理制度下，国家基本掌握了农村土地规划的主导权，村集体和农户缺乏参与协商的机会。一方面，国家出于总体规划布局的需要会对农地用途与规划做出严格限制；但另一方面，地方政府经常从自身利益出发对土地规划做出

---

① 周其仁曾指出，"集体公有制……是一种由国家控制但由集体来承受其控制后果的一种农村社会主义制度安排"。在公有制产权下，国家通过实施一系列的制度、法律对农村集体土地的所有权、使用权以及其他他项权能进行高度管制。正是这种管制使农村土地产权体现出了高度的政治性与鲜明的国家意志性。周其仁：《中国农村改革：国家和所有权关系的变化——一个经济制度变迁史的回顾（上）》，《管理世界》1995 年第 3 期。

调整和变更。

案例 6-2

2006 年，因集镇发展规划调整，众村被划入江东镇镇区范围。为保证集镇规划的统一性以及减少将来城镇建设的拆迁成本，当地政府规定农民不能在镇区范围新建房子，只能以一定优惠价在集镇购置商品房。但是，因为各种原因许多农民不愿购买商品房，这一规定并未能遏制农民私自建房的行为。为此，政府一直没有承认这批新建房屋的合法性，没有为这些房屋办理宅基地使用权证。而在 2012 年开始的土地确权过程中，政府与村民之间就这些房屋的土地使用权证问题产生了激烈冲突。

这一案例主要涉及政府的土地总体利用规划对农民宅基地使用权的限制。其实撇开不论政府的这种具体做法是否带有滥用国家公权力侵犯农民居住权（生存权）的嫌疑，国家通过规划限制土地所有者的开发权至少是大多数国家的普遍做法。在江东镇很多干部也认可政策对农村土地产权进行干预，并主张出台更多政策进行更大的干预。如江东镇一位级别较高的干部在访谈中就认为，当前政府主要掌握了非农土地的规划、开发权，这实际远远不够，现在农业发展土地规模经营已经成为发展趋势，需要政府拿出大量的扶持资金来推动这一工程，政府应该出台一定的指导政策，带有一定强制性来保证土地规模流转的推行。

第二节 政策与市场双重塑造下的农村土地"私有产权认知"

正如伯尔曼所言，"法律必须被信仰，否则形同虚设"①。农村集体土地产权虽然在制度文本上被赋予了一种公有制的产权规则而与私有产权"绝缘"，但从江东镇的实践来看，这一规定显然并未成为很多农民普遍遵循的土地产权规则，不少农民已经具有明显的土地私有产权观念，农村土地的私有产权规则也越来越成为地权冲突事件中农民所认可并积极主张的基本产权规则。

---

① ［美］伯尔曼：《法律与宗教》，梁治平译，中国政法大学出版社 2003 年版，第 1 页。

实际上，有关当前农民土地私有产权的认知，早已为很多研究者所注意到。如申静与王汉生通过对四川省中部一个村庄的实地研究，提出了"类所有权"的概念，并试图通过这一概念来表明农民对于当前土地产权认知的基本现状。在申静等看来，所谓"类所有权"，即农民清楚地知晓他们自己只享有集体土地的承包经营权，但是这种承包经营权的长期性、稳定性与排他的独占性，又会使他们感觉这种产权权利区别于土地承包法意义上的承包经营权，而具有了诸多类似于土地所有权的特征。① 郭亮通过湖北 S 镇地权变迁的历时态考察，认为农村土地确权以来，新的地权政策被贯彻是一个村社土地的制度性权力被压缩、农户享有的土地法权不断增长的过程，在"共有与私用"的土地集体所有制度下，"私用"的权利开始张扬，最终压倒了集体"共有"的一面，土地的集体所有制被虚化，以致农户对土地完成了一种重新"私有化"的想象。② 张浩梳理了有关农民土地权属认知的相关调查，结果显示，大部分农民都认可农用地的终极所有权属于国家这一判断；但与此同时，有研究者也注意到，即使认为土地最终归属于国家，但这也并未成为农民强调他们拥有土地占有权和土地处置权的阻碍。如彭长生通过调查发现，有 69% 的农民主张宅基地的所有权归属于农民自己，而多达 74% 的农民认为有权将自己所有的宅基地出售给他人。③ 总体来看，既有的这些研究普遍认为，正是农民对土地产权所出现的这种新的私有化认知，一种强烈保护与伸张自身土地权利的观念已经在农民中间迅速蔓延，并在当前土地利益凸显的背景下引发了大量地权冲突。

上述研究揭示出了当下农民对于土地产权的理解正在逐步实现由"村社本位"向"个人本位"的转变，正是伴随着这一转变，农民的土地产权观念正在发生着急剧变化。但是上述研究，并未从经验现象层面揭示出这种变化又是如何发生的。从江东镇的调查来看，笔者认为，农民有关集体土地"私有产权认知"的形成离不开土地作为生产要素的市场化塑造。

---

① 申静、王汉生：《集体产权在中国乡村生活中的实践逻辑——社会学视角下的产权建构过程》，《社会学研究》2005 年第 1 期。

② 郭亮：《地根政治：江镇地权纠纷研究（1998—2010）》，社会科学文献出版社 2013 年版。

③ 张浩：《农民如何认识集体土地产权——华北河村征地案例研究》，《社会学研究》2013 年第 5 期。

第六章　何种规则：后税费时代农村地权冲突中的产权认知心态

当前，农村各种显性与隐性土地使用权市场的出现，一方面实现了土地要素资源的合理配置，提高了土地作为生产要素的经济效率价值；但另一方面也使农民普遍意识到，土地不仅是一种保障生存的资源，而且在市场的交换当中具有了等价于个人财富的财产属性。土地由公共资源属性向个人财产属性的转化，直接刺激了农村集体土地私有观念与私有产权规则的发育，并逐步侵蚀着农民对于农村集体土地制度原有制度内涵的理解与认同，成为诱发当前农村地权冲突的重要原因。

以耕地为例，早在20世纪80年代末90年代初，江东镇农村就出现了各种形式的转包、代耕代种等形式的自发土地流转，但是这一时期的土地流转大多发生在亲朋邻里之间，属于免费流转。进入21世纪，江东镇开始出现了最早的一批"租地客"，农村土地在这种契约化的市场流转中也开始出现了价格。如2001年，风村就引进了一个温州西瓜种植户，第一次以200元每亩的价格租种了该村20余亩土地。在当时条件下，这样一起土地流转行为虽然同样也与20世纪90年代风村集体面对大量农户抛荒时选择收回土地重新发包的做法一样，都被称为"土地承包经营权转包"；但不同之处在于，在这种转包中农民第一次收到了转包价格。这一事件无疑在当时带来了很大影响。风村书记倪关荣至今对这一事件记忆尤深，并津津乐道地评价道："这是集体化以来，破天荒的一次……土地转包经营权的流转，其实最大的刺激在于农民知道自己不用种田，单凭手上的田就能换钱了。"[①] 确实如此，农村土地流转虽然只是土地承包经营权的流转，但正是这一土地市场化进程让农民意识到了土地承包经营权自身的价值，这是导致农民土地私有产权观念觉醒的一般原因。而近年来，随着政府为实现农村土地适度规模经营，通过实行政策补贴大力推进集体土地承包经营权的有偿流转，江东镇农村土地流转的规模日益扩大，每亩土地的租金更是由最初的免费上涨到当前的1000元左右。土地承包经营权的有偿流转带动了土地使用权市场的活跃，土地流转带来的不菲收入让农民意识到农地承包经营权自身的价值。

当然，从江东镇的调查来看，农民有了土地财富性质的认知，但并不意味着现实中农民会积极声称并要求实现这一权利。实际上，农民对于农村大宗耕地的土地权属认知仍旧主要保留了集体所有制的认识，即认为农

---

① 2012年8月16日与风村书记访谈。

村土地属于集体所有，而不属于农民个人所有，农民取得的只是土地的承包经营权。但是，在 2012 年 6 月开始的江东镇土地确权过程所发现的一些确权纠纷案例中，笔者发现农民对于四荒地等一些特殊土地的认识，已经突破了集体土地所有制的制度内涵，具有了更为明显的土地私有产权性质的理解，这种理解开始直接成为很多农民在主张自身土地利益所惯常使用的标签。①

案例 6-3

弯直河在靠近众村 7 组处由东北向南拐了一个大弯，冲击出一片狭长的河滩地。由于河道疏浚、砌石以后，涨水时基本不能淹到这些土地，7 组便有卢某等三户人家在这片土地上垦荒种植了一些蔬菜地。据江东镇工作人员测量，这 3 块土地单块面积均不足半分地，总面积约为 1.3 分。因面积狭小，众村村委也一直未对这些土地的权属提出主张。此次土地确权当中，众村村委会认为这块地的性质是"四荒地"，按法律规定，其经营权应该属于村集体，但是可以将经营权以流转的方式重新发包给这些农户耕作。但是这些农民一方面觉得这些土地是自己开垦出来的土地，本应该经营权就是自己的；另一方面也觉得这次如果不对这些开荒地进行确权登记，那么将来农民又能凭什么来保护自身的土地利益呢？农民认为只有将这些土地的承包经营权确权给自己，才能真正吃下定心丸。双方为此产生了多次纠纷。

在江东镇，由于土地稀缺、利用率相对较高，很多农民都私自开垦荒地，在许多的河边低洼处，或者沿道路两侧会有农民开荒种植庄稼。在一般相对面积较大的地方农民往往会通过精细耕作使之成为熟地，进而种植各类蔬菜；而一些沿道路的土地，农民一般会选择适当种植些罗汉豆、豇豆等对地力要求不高的作物。由于这类土地面积零星而分散，农民平时对

---

① 如 2012 年 6 月，江东镇农村开始土地确权发证工作，笔者跟随当地工作人员参与其中，收集了大量地权冲突的案例。需要强调的是，农村土地确权期间有着更多的地权冲突事件，因为土地确权不仅意味着产权的清晰，还意味着土地收益的永久性保障，因此，基于土地预期收益的各种产权争夺往往会在土地确权这一关键节点上急剧增加。据江东镇相关部门统计，2012 年由乡村两级介入调解的土地确权纠纷一共为 47 起，是 2011 年同期地权纠纷数量的 3.4 倍，而这其中有 8 起涉及四荒地问题，可见有关四荒地权属的确定已成为其中矛盾的焦点。

这些土地并不是很在意。但是土地确权当中，对于法律规定"四荒地"的所有权与经营权归属于村集体，很多农民对此都存在看法：

> 我认为这些土地不应该是集体的。集体的土地本来是国家的，国家给了集体，集体再发包给我们，那些土地都是有承包经营权证的。但这些土地是我们自己垦荒的，不是国家的，也不是集体的，为什么规定要属于集体呢？①

> 凭什么这些土地是集体的？这些地是我垦出来的，没有垦出来前怎么没见村里说是他们的，刚开荒出来的时候为什么村里也不说是自己的？等我们种了这几年，把地都做好（生地变成熟地）了，就出来说是他们的了？②

> 土地都是村集体的，要说是集体的就是集体的；要说不是集体的，还真不是集体的，共产党打天下分给我们田，但共产党的田还不是从我们手上拿过去的……我们那个时候都没几个地主，大地主在绍兴那边……就算土地是集体的，是共产党分给我们的，但当时打土豪分田地也只分给我们田地，这荒地也不是那个时候分给我们的，那是我们自己挖出来的……③

在当时参与土地确权调研时，江东镇农办主任也承认，当前农民说出来的这些道理各种各样，听起来也说得过去，要真正去较真地和农民辩，并不一定能真说得过去。面对这些有争议的土地，面对农民所说的这些道理，对于参与土地确权的工作人员和参与纠纷调解的乡、村两级工作人员来说，唯一能对农民说的"理"就只有："国家法律这么规定的，要真讲理你们应该找国家讲理去。"其实，仔细辨别农民关于"四荒地"的各种理由，可以发现农民的这些"理"并非各种各样，其一个共同之处在于，农民认为"四荒地"在性质上与一般的承包地并不完全相同，这些土地

---

① 2012年6月8日对众村农民苏某的访谈。
② 2012年4月12日对众村农民秦某的访谈。
③ 2012年4月18日对凤村农民倪某的访谈。

本身是农民劳动（开垦）的结果，而并非来自集体授予。这中间实际并不意味着农民不讲理，而是包含了一种农民朴素的产权认知逻辑——自己劳动所得当然属于自己（的财产）——这也意味着在农民的产权观念中，"四荒地"这类特殊的土地已不再是一份集体共有的资源，而是具有了明显的私有财产属性。

相比于耕地，农村宅基地更为复杂的土地属性与更高的市场财富价值，愈加激发了农民对宅基地私有化的产权要求，使农民对宅基地产权界定的认知偏离了法律制度关于宅基地集体土地性质的规定。进入20世纪90年代中期，随着农村人口的快速流动与农村内部人户分离情况日益普遍，江东镇很多农村都出现了农民私下买卖房屋（包括宅基地）的行为（但新购房主的户口基本未随迁进来[①]）。如从笔者在众村、风村两村的统计来看，众村有9户居民通过购买房屋而住进了众村；风村有5户居民存在这种情况。从农民"卖房"的原因来看，举家外出是农民选择卖房的基本原因；而农民选择"购房"原因则较为复杂，大多是因为育有多个子女而需要谋得另一处宅基地，还有些人是为了更便利地享受集镇资源，如一些人为了小孩上学方便而在镇郊农村购房。虽然政府逐渐意识到这种买卖对户籍管理与社会治安的不利影响并加以管制，但农村宅基地的巨大市场价值仍不断驱使着农民冲破制度对农村宅基地交易的限制，进而引发了更为严重的地权冲突。

案例6-4

钱某，风村4组村民，因在20世纪90年代初超生，而育有两个男孩。但钱某在风村只有一处宅基地，为此他曾多次向村委会提出要求新批宅基地，但村委会按政策规定未满足其要求。2004年，众村的傅某因在萧山买了商品房而举家搬到萧山区。因房屋长期无人看护破败严重，2007年傅某准备卖掉自己在风村的这处旧宅子。由于该处宅子靠近集镇，交通便利，钱某便与傅某私下协商，以20万元的价格买下了他家的旧宅子

[①] 当地农民购房而未能落户的原因在于，一是党镇政府对这类政策严厉控制，对这类农户严格不实行房屋过户政策。二是因为农村法律在此有一个悖论之处，即一方面，派出所规定必须在村庄中有房才能落户；但另一方面，购买农民宅基地必须只有村庄户口才可以。这两项政策由此形成了互为因果的关系，因此农民即使购房也无法落户。

（连同宅基地）。其后，钱某拿着购房合同多次去江东镇和众村要求将这块宅基地的使用权证过户到自己名下，但遭到拒绝。在这一轮农村集体土地确权期间，钱某再次提出这一要求，并与工作人员产生了激烈冲突。

按照国家相关法律规定，除了本集体组织成员之间可以转让宅基地以外，严禁任何形式的宅基地买卖①。从这个角度而言，案例6-4中风村的钱某购买众村傅某的旧宅子与宅基地的行为属于违法行为，其要求办理宅基地使用权证的要求自然会遭到拒绝。然而，在包括钱某在内的一些农民看来，其要求获得宅基地使用权证的要求有着合理性。如笔者在与钱某访谈时，他就与笔者理论道：

> 买个镇上的房子不是都给你办全了手续？我又没偷、又没抢，自己花钱买的东西，凭什么政府就不承认？……国家法律就不符合农村实际！②

风村倪某也对此表示不解：

> 这就像两个人之间做买卖，一个愿买一个愿卖，都是乡里乡亲认识的人，村集体又没少任何好处，顺水人情的事为什么就不同意呢？③

实际上通过对这种农民"脱口而出的言词"的仔细推敲，我们可以发现这其中对于宅基地，农民有着更为私有化的产权认知。对于卖房者而言，"正是因为宅基地是自己的，所以我可以拿出去交易"；而对于买房者而言，"自己花钱买的，当然属于自己（的财产）"。这样的朴素产权认知逻辑背后同样表明的是，农民已将宅基地视为自己的一项私有财产，

---

① 《土地管理法》（2004）第四十三条规定："任何单位和个人进行建设，需要使用土地的，必须依法申请使用国有土地；但是，兴办乡镇企业和村民建设住宅经依法批准使用本集体经济组织农民集体所有的土地的，或者乡（镇）村公共设施和公益事业建设经依法批准使用农民集体所有的土地的除外。"房屋土地行政管理部门由此规定引申出只允许本集体经济组织成员之间转让宅基地上的房屋。

② 2012年8月12日对风村农民钱某的访谈。

③ 2012年4月18日对风村农民倪某的访谈。

也正因此农民才觉得自己应该拥有买卖宅基地的权利（即对宅基地的处置权）。这显然也与张佩国在山东省的调查发现类似，"责任田是集体的，宅基地是自己的"①；彭长生通过问卷调查也发现，这一宅基地的私有观念已成为当前许多地方农民的普遍共识。②

登姆塞茨认为，"排他性"和"可转移性"是私有产权最重要的内涵。③ 江东镇的经验从微观角度证明，农村土地使用权的市场化（即土地产权具有了"可转移性"特征），是形塑农村土地私有产权规则的重要力量。但从宏观角度来看，国家土地政策的调整才是导致农村土地私有产权规则产生的更重要前提。从农村集体土地产权角度而言，20世纪80年代以来中国农村土地政策调整的一个重要方向就是产权的私有化。家庭联产承包责任制的农业经营体制改革，虽然没有从根本上改变农村集体土地的公有制性质，但开启了"共有与私用"的"土地使用权私有化"的改革方向。近年来国家大力推进的土地使用权有偿流转、农村土地征收补偿制度改革，以及有关"土地承包关系长久不变""农民的土地使用权是一种用益物权"等一系列新表述，也无不遵循着一个共同的改革逻辑，即在强调农地承包关系的固定化、明晰化与长期化的渐进的土地制度改革中赋予农民更多、更丰富的土地使用权权能。正是国家政策赋予了农民更多、更丰富的土地使用权权能，才使农民的土地使用权具有了"排他性"。而这又为农村土地使用权市场的出现与繁荣奠定了基础。因为只有通过界定产权，并建立产权制度来保证私人对财产的排他性占有，才能形成市场交易，即实现产权的转移。因此可以说，正是在国家政策与土地市场化的双重塑造过程中，农民才逐渐习得了土地的私有产权规则。

---

① 具体可参见张佩国《财产关系与中国乡村法秩序》（学林出版社2007年版），第五章第二节中的论述。

② 彭长生：《农民对宅基地产权认知情况及其差异——基于安徽省6县1413个农户的问卷调查》，《华南农业大学学报》（社会科学版）2012年第2期。

③ H. 登姆塞茨：《一个研究所有制的框架》，载［美］R. 科斯、A. 阿尔钦、D. 诺斯等《财产权利与制度变迁：产权学派与新制度学派译文集》，刘守英等译，上海三联书店、上海人民出版社1994年版，第192页。

第三节　地方性知识与农村土地"家业产权规则"

笔者在田野调查中发现，在农村土地价值不断凸显的背景下，各种地方传统惯习与土地制度法规之间的冲突明显增多。如张静认为，中国农村"集体共享的惯例与公正观"和农地物权化改革之间存在着内在矛盾①；陈端洪通过对外嫁女财产冲突案例的分析认为，当前农村集体土地所有制中保留了宗法社会的身份界定规则②；郭亮通过实地调查发现，"祖业权""生存权"与"平均占有权"等土地产权界定的地方性规则与法律界定规则之间存在诸多冲突③。与这些研究所描述的现象类似，江东镇部分农民对土地尤其是坟山、山林等非农土地产权的界定也保留着浓厚的传统认知，各种"地方性知识"成为影响当地农村土地产权界定的重要因素。

虽然已有学者从各自的田野调查中提出了"村落成员权""生存伦理权""祖业权"等所谓传统产权规则对当下农村土地产权界定规则的影响。但从江东镇的调查来看，笔者以为这种"地方性知识"对于当地农村土地产权界定规则的影响，突出体现在一定程度上赋予了农民对于农村土地"家业产权"性质的理解。在桂华与林辉煌看来，所谓家业产权，意指中国农民对于农村（尤其是宗族性村庄内部）土地（主要是宅基地、山林等非农用地）的占有、支配，它既不是一种简单的公有制意义上的产权规则，也不是一种西方私法意义上的拥有"排他性"与"可转让性"的私有产权规则；而是一种基于"祖业观"建构的非正式产权，蕴含了家族（宗族）成员及其子孙对祖业（主要是土地）的独占与共享观念④。农民对于土地家业产权性质的理解，虽然主要体现在传统社会的土地产权性质的认知上，不得不说的是，即便新中国成立之后我国农村农民对土地的占有和支配实际形态随着制度变革而出现了多次变化，革命的意识形态

---

① 张静：《村社土地的集体支配问题》，《浙江学刊》2002 年第 2 期。
② 陈端洪：《排他性与他者化——中国农村"外嫁女"案件的财产权分析》，《北大法律评论》2003 年第 5 卷第 2 辑。
③ 郭亮：《土地"新产权"的实践逻辑——对湖北 S 镇土地承包纠纷的学理阐释》，《社会》2012 年第 2 期。
④ 桂华、林辉煌：《农民祖业观与乡土社会的产权基础》，（香港）《二十一世纪》2012 年 4 月号。

话语也强烈地影响了农民对于土地的认知，但制度层面上的变革也并未彻底肃清传统社会地权观念对当下农民土地产权认知逻辑的影响。在江东镇当前很多农村地权冲突也因此而生。

案例 6-5

叶村（注：叶村为笔者在萧山另一乡镇调研过的村庄）有一片面积不大的山林，属于该村 1 组所有，但这片山林历史上也是该村几个小组内叶姓村民的祖坟山，据传由叶姓祖上在清朝末年以 30 两黄金买入。1957 年这片山林被集体收上去归高级社所有；1983 年分田到户时，这片山林并未被分配给农户，而是明确属于 1 组集体所有。但即便如此，一直以来整个 1 组内部都保留着这样的认知：这座山林是该村叶姓村民的祖坟山，无论是否为 1 组村民，只要是叶姓村民死后可以入山安葬；而同样在 1 组内的其他非叶姓村民对此也予以承认，不会选择死后在这里安葬。但是在 2012 年的土地确权期间，林地被要求确权到户。围绕着这片山林究竟是进行实际确权（即确人确权确地）还是名义确权（即确人确权不确地），叶村与 1 组之间产生了分歧。叶村担心 1 组以外的叶姓村民进山安葬时会与具体的山林经营权所有人发生冲突，因而主张只进行名义确权。而 1 组则担心将来 1 组以外的叶姓村民会以祖坟山的名义声称对这片山林的所有权，从而主张对这片山林进行实际确权。双方矛盾由此产生，并在较长一段时间内未能解决，也导致这片山林未能实际确权。

调查发现，自 20 世纪 80 年代以来，江东镇当地的宗族活动虽然并未如宁波、温州等地随着农村政治运动的肃清和经济形势的好转而出现明显复兴，农民对于大势修祖坟、续族谱、大规模祭祀等活动并没有表现出特别的认同，但这并不能就此否定在当地仍旧保留了较强的"祖业权"观念。在当地许多农民的观念中，坟山、堰塘、庙宇等土地及其附着物天然属于祖辈遗留下来的祖业，人们对它们的产权界定往往超越了制度和法律，而赋予了它们独特的社会文化意义上的产权内涵。也正因此，虽然按照政策规定案例 6-5 中的该片山林归叶村 1 组所有，但对于当地的叶姓村民而言，他们虽未获得那片山林的承包经营权，却享有死后在那里安葬的权利，因为那片山林历史上就是当地叶姓村民的祖坟山，入祖坟山安葬关系到认祖归宗，是农民将自己融于家族绵延中的人生意义的具体表现，是任何法律制度所无法剥夺的一项权利。而其他非叶姓村民对此也一直以来予以默认，这实际已属于一种双方默认的"地方性社会合约"。

在江东镇，这种因祖业权观念所引发的地权冲突，还突出表现在农民对于宅基地的认识上。由于农业用地经历过集体化时期的共有与公用，"分田到户"又在村庄中重新确立了相对公平的土地占有上的"原始起点"，这使得当地农民对于农业用地并没有太强的祖业权观念。但与之不同的是，农民对于宅基地仍旧有着强烈的祖业权观念。自新中国成立以来，江东镇仅在20世纪60年代与80年代有过两次相对集中的宅基地规划与批准，第一次是为了解决三年自然灾害时期部分逃难农民或外出经商农民的返乡问题；而第二次则是20世纪80年代末，为满足许多农民在相对富裕以后出现的建房诉求。除此以外，对于村庄绝大多数农民而言，自己的宅基地就是自己祖父辈、父辈长期居住的地块，农民的宅基地极少发生调整、变化，这也使当地农民对于宅基地普遍持有一种"责任田是集体的，宅基地是自己的"的认知观念。在笔者的调查中，甚至一些农户仍旧保留着土改时甚至是土改前的地契，将此视为自己拥有某一土地所有权（至少是使用权）的依据。即便历经了新中国成立以来的多场政治运动，如"一切归公""割资本主义尾巴"，然而，农民宅基地祖业权的观念始终存在，难以消失。也受之于这种宅基地祖业权观念的影响，江东镇发生了许多农民围绕宅基地的祖业权冲突。

案例 6-6

倪某系风村6组村民。1992年倪某外出经商，在风村留有一处旧宅子，由邻居黄某代为托管。最初黄某将房屋出租，租金收入归黄某，算是给托管房屋的报酬。随着房屋年久失修，这个宅子也成为风村一处废弃的宅基地。2006年，倪某在萧山购置房屋，同时通过一次性缴纳费用购买了萧山居民养老保险，按规定倪某要办理萧山居民养老保险需要将户口从风村迁入萧山，于是，倪某直接通过江东镇派出所办理了户口迁移手续，但是倪某未将旧宅子处理掉。2009年，倪某准备回村重建自己在风村的旧宅子给自己养老居住，但是，按照江东镇的规定，所有村内的旧宅基地一律不准新建房屋，村民如需建新房子，必须将旧宅基地退出，同时在各村庄新农村规划区域内重新申请宅基地。但是倪某在申请新宅基地时遇到了问题，因为其户口已不在风村，不属于村级组织成员，江东镇政府未予批准其申请宅基地的请求，但倪某并不认同这一意见，在他看来，在村内的房子是自己祖上一直传下来的，又不是村里分给自己的。自己在自己的地上盖房子有何不可？为此，倪某与镇、村两级产生了激烈冲突。

通过这起农户与村集体的地权冲突事件，我们可以发现这些所谓的"依据"背后其实是两种完全不同、甚至相互矛盾的宅基地产权认知逻辑。在倪某看来，他在凤村的宅基地是自己的一份祖业，和是否户口属于凤村并无关系。江东镇出于统一规划的需要，如果不同意其在原旧址上新建房屋，就应该给他批准新的宅基地予以置换。但江东镇与凤村认为，宅基地属于村集体所有，倪某既然户口不在凤村，就不属于村级组织成员，就无权享受凤村的宅基地。而通过这种争论，我们可以发现，在当下农村社会实际同时并存了两套话语逻辑，即在农民的生活意义世界中，残存的是一套基于祖业观念而形成的家业产权逻辑，但是在基层政府的逻辑里，则是一套全新的、被政治权力植入的公有制的产权逻辑。这两种产权逻辑的内在张力必然诱发农村大量地权冲突的产生。

需要指出的是，当前农村这种基于"祖业观"建构的土地"家业产权规则"，并不意味着对前述张静、陈端洪、郭亮等研究结论的否定，而是对这些观点的再深入，其重要意义在于从社会结构角度揭示出产权所蕴含的丰富的社会文化内涵。梁漱溟在论述中国传统社会独特的财产制度时说："然则其（中国）财产不独非个人有，非社会有，抑且非一家庭所有。而是看作凡在伦理关系中者，都可有份的了，谓之'伦理本位社会'。"① 这一论述不仅深刻揭示了中国传统社会独特的财产制度与伦常社会性质之间的内在关系，同时也概括了农村土地"家业产权规则"的两个重要特征。首先，中国传统社会是一个"同居共财"的单元。既然农民的土地源于祖先，那么，作为血缘关系聚居单元内（亦即伦理关系中）的每一个成员就都有权利共享祖先遗留的家业，同时这种共享的权利又会依据血缘的亲疏远近呈现一种"差序格局"。这一逻辑既与张静强调的"集体共享的惯例与公正观"② 具有一致性，也解释了陈端洪所强调的

---

① 梁漱溟：《中国文化要义》，上海世纪出版集团2005年版，第74页。
② 张静：《村社土地的集体支配问题》，《浙江学刊》2002年第2期。

"宗法社会的身份界定规则异常重要"的原因①。其次，除了纵向上的家业继替，"家业产权"还蕴含着"分家析产"的产权规则。正如费孝通认为，"以多继少"与"人口资源压力"导致分家不可避免，中国传统社会分家的主要内容是土地，而土地的分割主要采取的是一种"诸子均分"的方式②。正是这种"诸子均分"的土地制度承载了宗族共同体内部每一个成员平等的生存权。这一逻辑显然也蕴含了郭亮所提出的中国农村普遍存在着"平均主义占有权"以及"保障生存权"等地方性产权规则③。

总体来看，来自人类学的大量研究已经证明，包括产权观念在内的村落共同体价值在"革命"的意识形态及其政治权力面前其实并未消亡，只是出现了暂时的"蛰伏"。随着改革开放以来中国农村开始了去政治化的社会转型，国家权力日益从社会退出，整个社会意识形态领域也开始松绑，这恰恰为各种在"革命"的意识形态及其政治权力面前"蛰伏"的村落共同体价值（包括产权观念）的"复归"提供了条件。④ 毫无疑问，当前江东镇农村地权冲突中出现的"家业产权规则"正是这种复归的具体体现。当然，不得不说的是，正如在第五章中有关农村村民小组这一级组织行为逻辑的考察中，笔者认为这只是农民谋取自身利益的一个噱头，有研究者同样认为，这些"复归"的传统产权规则，最多只是给农民伸张土地权利披上了一层合法性外衣，并不意味着对这些产权规则的真正信念。⑤ 笔者在相当程度上赞同这一判断，但笔者所强调的是，这种产权规则的运用从个体农民寻求自身利益角度而言只是一种策略，从另一个角度而言，这种地方性的、传统的产权规则之所以会在农村地权冲突中被普遍强调，也恰恰表明了这些社会性的产权观念并未被彻底遗弃，其仍旧在当

---

① 陈端洪：《排他性与他者化——中国农村"外嫁女"案件的财产权分析》，《北大法律评论》2003年第5卷第2辑。
② 费孝通：《乡土中国 生育制度》，北京大学出版社1998年版，第247页。
③ 郭亮：《土地"新产权"的实践逻辑——对湖北S镇土地承包纠纷的学理阐释》，《社会》2012年第2期。
④ 这方面的研究可参见张乐天《告别理想：人民公社制度研究》，上海人民出版社2012年版；[日]韩敏：《回应革命与改革：皖北李村的社会变迁与延续》，江苏人民出版社2007年版；[美]李怀印：《乡村中国纪事——集体化和改革的微观历程》，法律出版社2010年版。
⑤ 郭亮：《土地"新产权"的实践逻辑——对湖北S镇土地承包纠纷的学理阐释》，《社会》2012年第2期。

代农村社会的产权认知结构之中占有一席之地。

第四节 后税费时代农村土地产权制度与产权认知结构的互构逻辑

通过上述有关农村土地产权三种认知类型的分析,我们可以发现后税费时代的农村土地产权认知,出现了远较农业集体化时期与农业税费时期复杂的认知状态。农业集体化时期,毫无疑问主导农村的是一种与集体土地产权制度高度镶嵌的公有制产权认知;农业税费时期,有关农村集体土地产权制度反映在产权认知领域,呈现的是一种差序化的圈层认知结构,这种产权结构虽然较为复杂,但反映在产权认知领域,整个社会有着相对确定的、为整个社会所接纳的产权规则。① 然而,在后税费时代,通过江东镇农村若干地权冲突案例中所揭示的农村土地产权认知心态,我们可以发现当前农村有关集体土地产权的认知,不仅复杂而且极其混乱,整个社会不再共享一套相同的产权规则,土地的"公有产权规则""私有产权规则"与"家业产权规则"等三种类型构成了当前农村土地各方主体主张自身土地利益时的主要依据,同时也反映了当前农村土地产权认知的三种基本心理。

虽然这一时期农村出现了三种相互倾轧的土地产权认知规则,但实际上不得不说的是,这三种产权规则中,真正需要进行解释的其实是这一时期农村为何出现了明显的私有产权认知。正如第二章中所提到的,18世纪中国农村出现了大量财产权纠纷,对此需要解释的关键在于,这一时期中国传统社会的土地使用与交易规则(一种非正式的产权规则)中蕴含着丰富的道德伦理因素为何会被经济理性因素所逐渐替代?同样,在当下农村的三种土地产权认知心态中,农村土地的"公有产权规则"的认知本身就是为集体土地产权制度所输出与建构的;土地的"家业产权规则"的认知则深耕于传统文化之中,只是在强大的政治权力肃清一切的形势下被逐渐"改造"或暂时"蛰伏",

---

① 正是在这个意义上,笔者赞同折晓叶的观点,即集体土地产权制度虽然在法律规定上显得较为模糊,但在现实生活中,人们对集体土地产权的认知是清晰的。折晓叶、陈婴婴:《产权怎样界定——一份集体产权私化的社会文本》,《社会学研究》2005年第4期。

第六章　何种规则：后税费时代农村地权冲突中的产权认知心态

况且很多研究也认为这类土地产权认知徒有其形，其真正的内核其实是一种农民的私有产权认知规则，因此，真正需要解释的问题是这一时期农村如何出现了明显的与公有产权规则相悖的私有产权认知规则，从而对整个社会当中已存的公有制产权规则为主导的产权认知构成了明显的冲击与挑战？

实际上沿着"制度—结构"互构的视角，通过第三章有关分析我们可以发现，农业税费时期相对于农业集体化时期，农民土地产权认知方面发生的最大变化在于，农民的土地私有产权意识出现了萌芽，亦即这一时期，农民土地的占有权与使用权的取得，开始促使农民将自己放置于土地产权关系的中心去看待农村土地产权。这种以"己"为中心的产权认知心理结构的出现，意味着农民形成了有关土地私有产权认知的胚胎。从产权的"排他性"来看，这一时期的农村土地产权并不具有纵向结构上的"群己权界"，仍旧是一种非排他性产权；但是在个体农民之间的横向层面，农民土地占有权与使用权的获得，开始让农民建立了排他性的产权认知——这是我的土地，别的农民不能使用。如果说"排他性"是私有产权观念的起点之一①，那么透过这种分析，我们可以认为农村家庭联产承包责任制改革确实开启了农村土地产权制度私有化变革的起点，一种以"己"为中心的认知心理结构在农民中间逐渐形成。但还需要强调的是，这一时期农民对于土地产权的认知即使出现了私有化的萌芽，却并未膨胀。一方面，农村基层组织仍旧保留了对于土地的收益权与处置权，这种对上非排他性的产权结构一定程度上仍会抑制农民对于土地产权的私有化认知；另一方面，这一时期农村土地价值的低迷，并未让农民意识到土地是一项稀缺资源，而土地市场（即土地的"可转移性"）的缺乏，更是让农民无法知晓也无从实现土地的价值，这也成为制约农民对于土地产权的私有化认知发育的重要因素。也正因此我们可以发现，这一时期，主导农村社会的实际上仍旧是一种公有制的产权规则。

---

① H. 登姆塞茨认为，"排他性"和"可转移性"是私有产权最重要的内涵。具体可参见登姆塞茨《一个研究所有制的框架》，载［美］R. 科斯、A. 阿尔钦、D. 诺斯等《财产权利与制度变迁：产权学派与新制度学派译文集》，刘守英等译，上海三联书店、上海人民出版社1994年版，第192页。

而进入 21 世纪，随着一系列农村土地产权制度的调整，农民在土地私有化的路径上无疑又前进了一大步。如第五章所述，要解决农村的税费问题，农村土地产权制度改革的自然逻辑便是赋予农村土地产权制度更多的"排上位性"，让农民享有更具保障的土地占有权、使用权以及土地收益权，从而减少基层政府与集体对农民土地利益的"汲取"，这也成为后税费时代农村土地产权制度调整的基本方向。① 这一改革显然对农民的土地产权认知起到了明显的形塑作用，它让农民获得更多更为丰富的土地产权权能的同时，也使农民所拥有的土地产权具有了更大的排他性，不仅在横向结构上具有更大排他性，而且在纵向结构上也具有了新的"排他性"——这是我的承包土地，不仅别人无权干涉，村集体也没有权利改变这种承包关系——也才有了如案例 5-6、案例 5-7 所呈现的农民"权大责小"的土地产权意识，及由此导致的地权冲突。从这一点上来说，税费改革以来，农村土地产权制度调整对于农民土地产权结构带来的最重要的新变化，在于它让农村土地产权在纵向结构上具有了明显的排他性，逐渐将行政村、村民小组等组织排除在了土地产权之外。也正是由于农民日益取得了"排他性"的土地产权，农民对于土地的私有产权认知观念才获得了更大的发育，也才让农民有了一种如申静、王汉生所言的"类所有权"的产权认知②；或者如周天勇所认为的农民手中的土地承包权成为一种事实上的"永佃权"③。郭亮也正是在这个意义上认为，中国一系列农村土地承包权利的法权和政策保护的改革，让农民享受了除法律不准土地买卖之外的一切产权权能，农户享有的地权已经是一种"准私有制"的产权结构形式了。④

大多数的已有研究都注意到后税费时代随着国家土地产权制度调整，农村土地产权更大的"排他性"对农民土地私有产权认知观念进一步发育所带来的影响，而却鲜有研究注意到这一时期，农村土地产权制度在

---

① 具体而言，这种产权制度调整主要表现在两个方面：其一，通过延长土地承包期，规定土地承包关系长久不变来赋予农民更有保障的土地占有权与使用权。其二，通过减免农业税费，赋予农民更有保障的、完全的土地收益权。可参见第五章相关论述。

② 申静、王汉生：《集体产权在中国乡村生活中的实践逻辑——社会学视角下的产权建构过程》，《社会学研究》2005 年第 1 期。

③ 周天勇：《中国土地制度的困境及改革的框架性安排》，《学习月刊》2003 年第 12 期。

④ 郭亮：《土地"新产权"的实践逻辑——对湖北 S 镇土地承包纠纷的学理阐释》，《社会》2012 年第 2 期。

第六章 何种规则：后税费时代农村地权冲突中的产权认知心态

"可转让性"方面的调整，对农民土地私有产权观念的膨胀所产生的影响。实际上，后税费时代农村集体土地产权制度调整还有一个重要方向，就是通过规范土地流转，赋予了农民部分的土地处置权。① 如2002年出台的《农村土地承包法》、2007年通过的《物权法》都规定了农村土地可以进行转包、出租、互换、转让或者其他方式流转。虽然官方话语认为，"土地流转不会导致私有化"②，但实际上从江东镇的调查来看，土地流转确实对农村土地产权的私有化认知产生了重要影响。税费改革以前，国家虽然出台政策允许农村土地流转，但是土地价值低迷带来的土地"非有偿转让"，并不会对农民的土地产权私有化认知产生影响。进入21世纪，土地日益成为一种稀缺资源，这也导致农村土地流转市场的形成和土地价格的出现。特别是2009年，浙江省出台了有关《关于积极引导农村土地承包经营权流转，促进农业规模经营的意见》，要求各级政府拿出专门资金鼓励农村土地的流转经营，农民在这种土地市场的流转中获得了更高的土地收益，而且正是这种市场流转中的价格机制使农民逐步意识到了依附在土地背后的土地的财产性价值。这也意味着在农民的土地产权观念中，土地已不再是一个只供保障生存的手段——如果土地只是保障农民生存的一项生产资料，那么农民退出村集体，或者不再进行土地耕作时，本应的逻辑就是农民退出土地的承包经营权，将土地给更需要的集体成员耕种。但是在现实的土地产权制度下，农民的思维逻辑早已不是如此。在土地的有偿流转下，土地成为农民的一项权利，不再是一种税费时期的农民需要"负担"的权利，而是一种可以兑现的、直接以此获得收益的财产性权利——这也是农村《物权法》有关农村土地性质规定上的最大突破。正是在这样一种私有化的土地产权认知逻辑下，农民原有的私有化的土地产权认知得到了进一步的膨胀，也才有了案例6—4中众村的傅某虽然早已举家搬出了众村，却并未将土地无偿交给村集体，反而突破了法律禁止买

---

① 所谓土地的处置权（处分权）主要是指土地所有者或非土地所有者（通过所有者授权）依法处置土地的权利，它包括出售、出租、赠予、抵押等。从这个意义上，土地流转属于出租，显然是属于"处分权"的一种。http://www.baike.com/wiki/土地处分权。

② 这一观点的基本逻辑认为：农村土地能够进行流转的，只能是属于农民的集体土地承包经营权益，而非土地所有权，因此土地的流转不会改变集体所有的性质，不会导致土地私有化。具体可参见新华网评《土地流转不是土地私有化》，http://news.xinhuanet.com/comments/2008-10/14/content_ 10182524.htm。

卖宅基地的红线，进一步寻求土地私下转让收入的行为发生。

总体来看，透过上述"制度—结构"互构视角下农村土地产权认知变化过程的分析，我们可以发现，随着农村土地产权制度的不断演进调整，农村土地产权认知总体上呈现了一个"公有产权规则衰落，而私有产权规则膨胀"，这样一个此消彼长的渐进变化的过程。而从可供观察的角度来看，这种变化又可分为农业集体化时期、农业税费时期、后税费时期等三个阶段。农业集体化时期的土地产权制度可以简单表述为"共有与共用"，这是一种典型的"非排他性""无转让性"的公有制产权，相对应地，整个社会是一种土地公有制产权规则占绝对主导的产权认知心态。农业税费时期，家庭联产承包责任制的改革，开启了一种"共有与私用"的土地产权制度形式，呈现的是一种"半排他性"（即纵向结构上的非排他性与横向结构上的排他性相结合）"无转让性"的混合产权形式。但这一时期，由于土地价值低迷，农民并未表现出强烈的自我土地意识。而在当前的后税费时期，在土地大幅升值的背景下，随着土地制度进一步向农民赋权，农村土地产权制度开始朝着"私有与私用"的方向演进，表现出了明显的"排他性"和"可转让性"特征，这也让这一时期农村私有土地产权认知观念急剧膨胀，并日益挑战了整个社会的土地公有产权规则。

在分析了当前农村土地"公有产权认知"与"私有产权认知"此消彼长总体演进规律之后，还需要简要讨论当前农村地权冲突中呈现的土地"家业产权认知"。实际上笔者以为，"家业产权认知"其实是一种较为内隐的、根植于社会（文化）之中的产权规则，曾在中国传统社会之中占据主导地位。很显然，这一产权认知规则曾经在农业集体化时期的社会"改造"中一度"消失"了；但随着20世纪80年代以来国家权力日益从社会退出以及整个社会意识形态领域的松绑，这一产权规则又重新出现了某种程度的"复归"。当前学界对于这种"复归"后的家业产权认知规则的性质认识存在分歧，这无疑也是一个值得深入辨析的理论问题，但在笔者看来，无论当下这样一种产权观念究竟是真实存在，抑或说只是徒有其表，更重要的是，这样一种土地产权认知观念的"复归"，其实同样如当下农村私有产权认知规则膨胀一样，构成了对农村公有产权认知规则的挑战，表征了曾经占主导地位的公有产权认知规则的衰落。伴随着不断向农民赋权的农村土地产权制度调整，农村社会公有产权认知规则的衰落与瓦

第六章　何种规则：后税费时代农村地权冲突中的产权认知心态

解是一种必然，而一个社会之中土地产权规则之中出现多种"合法性声称"同样也是一种必然，这二者其实都是当前农村土地产权制度调整的产物，是土地产权制度调整在农村社会结构领域的必然反映。社会学家涂尔干曾用社会失范（anomie）理论来解释转型社会中出现的各种越轨现象，认为社会转型往往伴随着已有社会规范的瓦解而新的社会规范尚未确立，此时的社会也会因此而处于一种混乱无序的状态。这一观点显然可以用来解释当下农村的地权冲突。正是伴随着土地产权制度的深入调整，当前整个社会出现了多重土地产权认知规则（多重社会规范），而这又恰恰是引发当下农村大规模地权冲突（社会越轨行为）的深层次根源。

本章小结

产权的社会建构视角认为，一个社会之中的产权界定规则并非源于法律文本，而是各方当事人依据相互认同的规则在互动中自发生成的一种"社会性合约"。一旦现实社会中并未共享相同的土地产权认知规则，土地各方在维护、伸张自身土地利益时，便会陷入一种"公说公有理、婆说婆有理"的"多重合法性声称"状态，农村大规模地权冲突也便因此而生。这是产权社会建构视角解释当前农村地权冲突时的主要观点，也是本章观察并分析江东镇农村地权冲突的主要内容。具体而言，本章主要通过江东镇农村地权冲突案例的分析，概括了当前农村围绕土地利益争夺而出现的三种对立的土地产权认知心态，即土地公有产权认知心态、土地私有产权认知心态与土地共有产权认知心态；并通过"制度—结构"互构的视角重点阐述了当前农村土地私有产权认知心态是如何一步步发育并膨胀起来，并构成了对农村土地公有产权认知的挑战。

实际上，倘若将视线进一步拉大，可以发现，当前农村土地产权制度的变革和农村土地产权私有化认知心态的形成，其实是整个经济制度领域产权制度变革的一部分。农业集体化的实践证明，公有制的产权形式导致了农业生产的低效率以及严重的社会危机，这就注定了这种产权形式需要做出调整，中国的改革也随之启动。这场新启动的改革选择了市场化的基本方向，产权制度改革也成为这场改革的核心。同时，不得不说的是，这整个改革选择了危机最早爆发出来的土地产权领域作为改革的突破口，即，实现了由"共有与共用"的集体共耕制向"共有与私用"的家庭联产承包责任制转型。从土地产权权能特征而言,这一变革无疑开启了农村土地产权私有化变革的起点,其后的一系列土地产权制度调整也让农村土地产权制度在私有化的道路上渐行渐远。正是受一系列土地政策的形塑与市场经济规则的影响,农民也逐渐完成了土地产权的私有化想象,习得了土地的私有产权认知心态。

虽然20世纪80年代中国农村土地制度改革的一个基本做法,是在赋予农民更多土地产权权能的同时,仍旧保留了农村土地集体所有制这一公有产权的制度底线,因为农民拥有更多的土地产权权能关乎农业的生产效率;而土地的集体所有制则关乎整个社会的基本意识形态。[①] 但实际上,即便中国农村土地制度保留了集体土地所有制的规定,也只是为了维护基本制度在内在表述的一致性,而并不代表整个社会意识形态领域仍旧保留着公有制的产权意识形态。实际上,通过下一章的论述,还可以发现,伴随着农村土地产权制度的调整,农村土地产权制度的建构性逻辑与实践逻辑之间的内在张力,也逐渐解构了整个社会有关集体土地产权的建构性理解,而这也成为影响农村地权冲突产生的更深层次的原因。

[①] 如张浩认为,一方面要坚持既有意识形态,坚持土地的社会主义公有制,一方面要被迫回应市场化的现实和挑战,满足民众和不同利益主体的权利诉求,通过名义上所有权和使用权的分离,农民的土地权益得以部分实现,集体所有制开始被赋予新的意涵,充实新的内容,由原来意识形态构想中暂时性和过渡性的安排转而成为一种妥协的和权宜的因而也是模糊的和不确定的制度。张浩:《农民如何认识集体土地产权——华北河村征地案例研究》,《社会学研究》2013年第5期。

第七章

何谓"集体":后税费时代农村地权冲突中的意识形态

一个社会对于土地产权究竟有着何种认知,其实还与一个社会的基本意识形态(Ideology)相关。一如上一章在有关农村土地的公有产权规则与私有产权规则之间的争论背后,我们可以发现这其实与半个世纪前中国农村有关"姓资姓社"的讨论如出一辙,都涉及社会的意识形态问题。而实际上,当下中国农村之所以仍旧强调要保留农村集体土地所有制的基本制度不动摇,很重要的原因在于这一产权制度背后包含了社会主义的基本意识形态。农村集体土地产权制度本身就是中国共产党基于马克思主义(共产主义)意识形态为基础,经过现实妥协后的一种产权制度安排[1],它遵循的是一种建构主义的逻辑,而非自生自发的结果。[2] 从这个角度来说,农村集体土地产权制度与社会的基本意识形态之间具有高度相关性,要真正认识农村集体土地产权制度,就不能只进行简单的经济学意义上的产权权利束特征的比对,而应该深入集体土地产权背后的意识形态逻辑之中,只有如此,才能更好地理解集体土地产权制度变革与农村意识形态混乱的内在关系,才能更好地理解当下农村

---

[1] 之所以说农业集体化时期的农村集体土地产权制度是对马克思公有制的一种现实妥协与折中,原因在于,按照马克思的这一逻辑,公有制的最合理形式应该是全民共同占有的国有制,但是在农业生产中过高的公有范围并不切实际,既会直接影响到劳动生产者的积极性,同时也不便于管理。

[2] 在潘学方看来,农村集体土地产权制度作为一种公有制产权,其区别于私有产权制度之处,不仅在于具体权利束的差异,更在于农村集体土地产权制度是一种基于"建构主义"逻辑而生成的产权形式,这使其不同于私有产权制度等基于"自发逻辑"生成的产权形式。潘学方:《中国农村土地集体所有制的政治建构性》,(香港)《二十一世纪》2010年10月号。

的地权冲突。

当然，社会意识形态是一个内涵极广的范畴，是人们观念、观点、概念、思想等要素的总和，是一个社会一整套价值理念的集合。① 在此，本章并不打算就农村社会的意识形态领域的所有问题及其表现都予以讨论，而拟直接探讨农村集体土地产权制度背后的社会主义公有制的意识形态逻辑（又可称为一种"建构主义逻辑"）问题。沿着这一思路，同时结合江东镇的经验，随着农村土地产权制度的变迁，这一产权制度背后的社会主义公有制的意识形态逻辑也正在以下三个方面被现实的产权制度实践逐次解构：首先，农村集体土地产权制度正在发生着由"共同共有"的社会主义公有制的意识形态逻辑，向"按份共有"的资本主义私有制的意识形态逻辑转变。其次，农村集体土地产权制度包含的"平均主义"的村庄成员权的意识形态逻辑也正在遭遇解构，多种形式的集体成员权界定规则，正在不断地制造着农民内部的差异，在农民内部区分出一个个的"他者"。最后，农村集体土地产权背后的意识形态逻辑中，"国家终极所有权观念"（亦即农村集体土地产权的"非排国家性"），以及由此建构的"自上而下"的产权授予逻辑正在被农民所抛弃，"国家"正在被剔除出农村集体土地产权的主体地位。农村集体土地产权制度背后意识形态逻辑的这种解构，导致农村意识形态领域的整体混乱，而这也成了引发当前农村地权冲突多种社会结构性因素中的一维。

第一节　从"共同共有"迈向"按份共有"

农村集体土地产权在本质上是一种基于马克思主义意识形态而设计的公有制（国有制）的产权形态，它是公有制的低级形式与过渡形式②，是公有制在农村的一种具体实践形态与存在。虽然马克思并未对集体产权本身做清晰界定，但就集体土地产权制度本身而言，其体现马克思主义意识形态最为根本的一条产权建构逻辑，那就是：土地应该

---

① ［美］谢利·伯尔曼：《经济至上还是政治至上：理解 20 世纪的意识形态变迁》，王年咏、陈明珏译，《国外理论动态》2013 年第 7 期。

② 所谓公有制，是指国家代表全体劳动者共同占有生产资料的一种所有制形态。

是，而且只能是一种由农民共同占有并由农民直接使用的生产资料。①集体是一个"自在"的实体，土地产权不能量化分割给个体农民，因为一旦土地进行量化与分割，由个体的农民占有并进行耕作，那就是一种农民个体的土地产权制度，是一种私有产权制度，公有制的性质也就发生了改变。

农业集体化时期的集体土地产权制度无疑是与这样一种产权建构逻辑最为贴近的产权制度设计。这样一种土地产权制度的确立，始于20世纪50年代在农村建立初级社，而最终定型为60年代"三级所有，队为基础"的人民公社制度（又被称为"小公社"）。在农业集体化时期的农村集体土地产权制度下，土地产权归属于农村集体，农民不享有任何形式的土地产权，农民与土地之间主要通过"集体"这一中介而发生联系。一方面，农民作为集体成员在集体的统一管理下参与农业生产劳动，另一方面，农民又以集体成员权资格从集体获取收益。总之，"集体"的出现，切断了农民与土地的直接联系，实现了农民通过集体共同占有生产资料的状态，亦即"复数"意义上的农民与土地的结合②。同时，也正是在这样一条建构主义的意识形态逻辑下，农村集体土地"公有"（"共产"）的范围与层级一度被认为越高越好，才越符合社会主义公有制的基本特征，这也成为引发"大跃进""共产风"等问题的重要原因。也正是基于这样一种意识形态逻辑，整个农业集体化时期，任何形式的"单干做法，如"专管制""包产到户"和农业生产的"三定"③ 等，都被视为一种与公有制的意识形态不相符合的修正主义，是在走资本主义道路，因而都会招致批判④。

20世纪80年代中国开启的家庭联产承包责任制改革，又被称为"统分结合的双重生产经营形式"。虽然在官方主导的意识形态话语看

---

① 因为在马克思主义看来，只有由农民共同占有生产资料，才能排除个体农民直接占有生产资料，才能消灭私有制度，进而消灭剥削与不平等。

② 潘学方：《中国农村土地集体所有制的政治建构性》，（香港）《二十一世纪》2010年10月号。

③ "三定"，即定耕作任务、定劳动力、定评比方法。

④ 从笔者在江东镇的调查情况来看，当地村干部有关"包产到户"的记忆，似乎只停留于1956年刚合作化时期，并且这一段记忆直接与当时在全国范围内有名的李云河有关；对于大多数普通农民而言，"包产到户"则似乎只是发生于20世纪80年代的家庭联产承包责任制。

来，这一土地产权制度改革只是一种农业经营形式的改变，并未从根本上改变农村集体土地产权制度的性质，但是从这一产权制度原初的建构主义的意识形态逻辑来看，这一改革实际上实现了农村集体土地产权性质的重大转变。因为家庭联产承包责任制本质上是农村集体土地产权制度中所有权与经营权的分离，这表明了此时的农村土地产权制度在土地的占有权与使用权意义上实现了个体农民与生产资料（土地）的直接结合，即，是一种"共有与私用"的产权结构——而这恰恰与"农民共同占有生产资料"的公有制下的建构逻辑发生了背离。① 当然，也需要进一步指出的是，即使发生了这种背离，但如第六章所述，家庭联产承包责任制改革并未引发农民关于土地产权认知领域的混乱。因为对于农民而言，农民只是通过集体成员权资格获得了土地的承包权而已，农村土地的所有权主体仍旧是集体而非农民。农村因土地承包而发生的税费关系仍在形塑着农民的集体土地所有权与自身土地承包权的认识，而有限的土地承包期、村集体拥有一定的土地调配权等制度规定，也在日常的土地产权实践中进一步强化着农民有关集体土地产权属于集体的认知。从这个角度上来说，这一时期的"集体"仍旧是"自在"的客观实体，农村集体是农村土地的真正产权主体，农村社会主导的是一种公有制的产权界定规则，而这一规则背后所反映的其实仍是一种"共同共有"的公有制的产权意识形态逻辑。

但是，进入21世纪，从江东镇地权冲突的若干案例及与农民的访谈来看，农民对于集体土地产权的这种意识形态层面的认识已经发生了极其深刻的翻转——农民不再持一种"共同共有"的公有制的意识形态来认识集体土地产权，相反，越来越多的农民开始认为，虽然法律规定农村集体土地产权的主体是村集体，但是村集体的土地产权主体地位只是名义上的，农村土地的产权归根到底属于农民。从这个角度上来说，所谓"集体土地产权"只不过是农民享有土地产权基础上的一种"按份共有"的集合形式——而在"按份共有"的产权制度背后其实是一套资本主义私有

---

① 正是这种背离，在改革开放初期许多地方都出现了关于分田到户后还是不是社会主义公有制的争论。具体可参见袁静《中国农村家庭联产承包责任制改革中的社会心理变动（1978—1984）——基于豫中西关为中心的调查》，博士学位论文，中共中央党校，2012年。

第七章 何谓"集体":后税费时代农村地权冲突中的意识形态

制性质的产权意识形态逻辑①。同样地,此时"农民"与"集体"的内在关系也正在发生翻转,农民已经不再从属于集体,不再是通过集体成员权的身份从集体获得土地的承包经营权,相反,在越来越多的农民看来,正是农民的产权让渡(授权),才让"集体"成为农民利益的合法代言人。也正因此,接下去的自然逻辑就是,农民可以通过民主表决的形式合法地量化分割原属于集体的任何形式的土地产权,因为农民才是土地产权的最终主体,集体产权只是农民土地产权的一个"名义"上的集合。

案例7-1

新世纪以来,萧山区城镇化的步伐明显加快。由于受"土地财政"的驱使,江东镇政府很快就意识到其中包含的土地开发的商机,便着手进行镇区规划的调整,开始沿着江东线向道路两侧的凤村、众村、东村等开始着手大规模的征地拆迁。2010年底,通过镇、村两级的拆迁动员,东村共拆迁农民房屋16户,合并部分耕地在一起,连片征得土地48.6亩。根据镇政府内部一份拆迁补偿文件,此次征地,共补偿村集体经济组织及农民共计1685436元,其中,补偿给村级组织的土地补偿费为839169元,而补偿给农民的总金额为846267元,其中安置补助费为613579元、青苗补偿费及地上附着物补偿费为232688元。由于村集体是农村集体土地的所有者,因此,江东镇政府将这笔总的土地征地补偿款一次性拨付给了东村村委会,再由其在村庄内部根据具体补偿政策进行分配②。

但是在村集体将此次补偿款按标准分发给被征地村民后不久,围绕着村集体土地补偿收入要不要分配,在村集体与普通村民之间发生了激烈冲

---

① 所谓"按份共有"其实是一种"共有产权的私有化形式",是私有者之间自由达成的契约,即通过"按份共有"的形式,建立起来的一种合作组织,在这个组织中拥有明确的产权权利,并依据这种所有权获得收益,同时个人拥有退出这种组织的权利,并在退出时保留自己的财产权利。在这种界定下,集体产权在原初的社会主义公有制的意识形态内涵上,显然区别于"按份共有"的共有产权形式,因为在集体产权内部,集体成员财产权利的取得并不依据契约,而是依据其是否具有集体成员的身份;同样,在个人退出共同体或合作组织时,他原享有的财产权利同时消灭。

② 政府之所以会将总的征地补偿款直接一次性拨付给村集体,除了村集体是村庄土地利益的合法代表以外,实际还赋予了村集体一定程度上支配这笔土地补偿款的自由裁量权,这种自由裁量权被视为村集体参与协助征迁工作的一种劳务报酬。

突。在普通村民看来，这笔钱究竟分不分应当由村民代表大会讨论决定，而不能由村干部说了算（当然，在现有农民在陷入"权大责小"的经济理性背景下，绝大多数农民无疑会同意将其中由村集体所得的839169元集体土地补偿款在全体村民中间进行分配）；同时也有农民表示如果不在村民中分配，由于监督方式不完善，这笔数额不小的钱可能最后会落入村干部的私人腰包或者被村干部乱花掉。但是东村村委会拒绝了村民的要求，其主要理由在于认为法律规定农村集体土地属于村集体所有，同时当地的征地补偿政策也直接规定了由村集体获得土地补偿款。这意味着村集体直接截留这一土地补偿款具有法律上的依据。进一步，村集体需要为全村提供诸多公共物品与服务，如全村道路及沟渠的垃圾清理费、每年的土地整治费用、新农村建设配套资金，以及村集体正常运转经费等，这笔款项本身就是补偿给村集体土地的收入，理应由村集体占有，并用于上述各项支出。双方由此各执一词，产生了明显的意见分歧。同时，由于这笔钱掌握在村集体手中，村集体迟迟不肯将这笔钱拿出来，村民也只能通过上访的方式向上反映问题，但是上级政府以无法律依据对此事不便干预为由并未支持村民的这一诉求，这一矛盾也迟迟未得到有效化解。

农民不仅要求将村集体所得的土地征用补偿款这一看得见的村级资金进行量化分割，在村庄内部进行分配，而且还对村集体的非货币化资产提出了进行量化、分割的要求。如在江东镇，许多农民对村集体掌握的土地被征用后返还的10%的集体留用地（在性质上属于建设用地，因而具有极高的市场价值）指标①，也通常会提出量化、分割的诉求，在全体村民中间进行分配。

案例 7-2

2011年，江东镇因镇一小（扩建后改名为镇中心小学）扩建，需要在凤村征用30余亩土地。凤村村委会借助这一机会，在与江东镇政府协商后将1组东边马路沿线的12户拆迁（拆迁后安排进新农村安居点），合并部分耕地在一起，共整理出80余亩土地交给江东镇政府。根据杭州市

---

① 按照杭州市有关土地征用补偿政策，这些土地在被征用后，会将其中征地面积的10%作为村集体征地补偿收入，返还给村集体，作为村集体后续的发展扶持资金。

第七章　何谓"集体"：后税费时代农村地权冲突中的意识形态

有关集体土地征收补偿政策，风村获得了8亩（10%）建设用地指标。由于这些指标只是一种虚拟的土地指标，并未对应具体的地块，因此也无法立即兑现为村集体收入。但是关于这一指标如何使用，风村集体与村民之间发生了分歧。风村集体希望过几年等土地进一步增值、江东镇镇区东扩之后再将这一指标落实，到时建一座大型综合体进行商铺出租，这样既可保证村集体获得稳定的收入来源，同时1组村民也能获得股权分红。但是，风村集体的这一想法遭到很多村民的反对，许多村民对将来能否分红以及分红多少并没有预期，村集体对此也无法做出承诺；二是担心时间一长，这些指标可能被村干部私下贪污，同时村干部也可能会在综合体的建设中趁机捞取利益。最终，在村民的强烈要求下，这一指标以当时的市场价被卖还给政府，收入也按一定方式分配给了村民。

通过上述两起村民要求量化、分割村集体土地资产的案例，我们可以发现，在当前，城镇化进程导致土地非农化使用需求的增加以及建设用地土地市场价值的大幅上扬，江东镇许多村庄会因土地征用这一"外力"而获得一笔数额不菲的征地补偿收入，而农民与村集体都希望获得这笔集体收入的支配权，这是引发当前江东镇村集体与农民矛盾冲突的直接原因。但是，如果沿着这些原因做进一步的深层次分析，我们可以发现，上述发生在村集体与普通村民之间的地权冲突本质上不只是土地利益之争，同时也不涉及土地产权的界定规则问题，而是更深层次上的两种不同产权意识形态逻辑的对垒。结合前文有关当前农村集体土地产权制度背后意识形态逻辑所发生的转变分析，我们可以发现，村集体在面对农民要求分配本属于村集体的"合法收入"时，所提出的各种具体的拒绝理由，无论是"农村集体土地属于村集体所有，村集体是村级土地产权的唯一合法性主体"，还是"村集体是村庄公共物品与公共服务的供给者"等具体原因，背后其实都总的指向了一种"共同共有"的产权意识形态逻辑，即，在村庄内部，集体是村庄土地产权的合法拥有者，村集体获得征地补偿款本质上也就是代表全体村民共同占有，而且村集体也正是将土地征用补偿款用于村庄的公共服务与公共品供给，增进的是村庄整体的福利。但是从普通村民要求量化分割这一集体土地补偿款所提出的各种理由来看，其背后指向的其实都是一种"按份共有"的产权意识形态逻辑。在这样一种产权意识形态逻辑下，农民普遍认为，农村集体土地产权的主体归根结底是村庄内部每个个体农民的，所谓村集体拥有的农村集体土地产权其实只是一种名义产权，而不是一种实质意义上的绝对产权。也正因此，农民要求通过民主表决的方式收回自己在这部分集体土地的收益权上所让渡出去的权利，也就是自然而然的事情了。

同时，上述农民要求量化分割这一集体土地补偿款所提出的"担心村干部谋取个人私利"的理由，还从一个侧面指出了当前农村集体土地产权背后的意识形态逻辑之所以发生变化的一个重要原因，那就是，村集体作为法定的村庄代理人，在代表全体村民享有村庄全部的土地产权时，并不意味着村集体就代表了全体村民的利益。近年来，农村意识形态领域整体出现的"去政治性"与"祛魅"的变化过程，也使基层干部在农民观念中原有的"亲人""恩人"形象，在这种"竞争性利益"面前，转换成了"坏人""恶人"的形象。这也使农民已经意识到只有真正做好自治，依靠自己才能更好地维护本属于他们的（即属于"集体所有"）的那一部分土地利益。正是这种巨大的土地利益，极大激发了农民的民主意识与参与村庄民主决策的热情，也带动了村民民主自治的发育，农民希望借助村庄民主这种形式来保护本应属于自己但为集体所支配的那一份土地利益。而这正是促使农民逐渐获得一套如前所述的"按份共有"的集体土地产权意识形态逻辑的重要原因。

第二节 "混居的村庄"与"他者"的逻辑

既然当下农村集体产权背后的一套原有的"共同共有"的产权意识形态逻辑已经发生改变，农民越来越倾向于认为集体产权只是"按份共有"逻辑下农民个体产权的集合体，那么随之而来的问题是，村庄内部哪些成员又拥有这些资格呢？这种土地利益又该以一种什么样的标准在农村分配呢？这种标准又该由谁来决定？等等问题，又会接踵而至。而这些问题，也正在当前引发了越来越多的农村地权冲突。

从集体产权内部的产权关系来看，集体产权无疑类似于传统的村庄共同体，突出表现为一种"共同共有"的社区共有产权形式。但是这种"共同共有"的集体产权，在近年来日益演变为一种"按份共有"的产权形式的过程时，却在如何确定集体成员的具体"份额"上产生了问题。如在江东镇的土地确权过程中，钱塘江围垦地区有大量未分包到户的土地需要各村进行集体股权量化。在这一过程中，虽然"村籍"是村民取得股权资格的必要条件，却被多数村民认为未必是充分条件。一些"老户"认为村庄近年来出现的"新户""半边户""外嫁女"等特殊群体对村庄的土地"资产"不应享有完整产权。由于在当前农村，有关村级组织成员资格的界定并没有统一的官方标准，大多通过村民代表大会与村规民约解决，这引发了村民为维护自身土地利益，不断提出不同标准来界定"他者"，正是这种界定导致了村庄内部围绕着集体土地产权的股份量化引发了大量冲突。

案例 7-3

从江东镇中间穿过的江东线一直向东延伸至钱塘江边，就到达了江东镇在钱塘江的围垦区。在这一围垦区内风村共有三大块土地，共计面积为242亩。1983年分田到户时，根据萧山县有关精神，风村未将这些土地分给农户，而是由村集体统一出租给大户种植蔬菜，租金收入由村集体占有并支配。2012年土地确权期间，这些土地被要求股权量化到人。村集体最初准备以当时登记在村的年满18周岁的男性户籍人口进行股权量化，但遭到大部分村民的反对。其后即使经过4轮村民代表会议协商修改股权改革方案，各方围绕着外嫁女与外来户等特殊群体的股权额度问题仍存在不同意见。

其中外嫁女问题，又是这次集体股权改造中矛盾最大的一类。在最初的以当时登记在村的年满18周岁男性户籍人口进行股权量化的方案被否决了后，江东镇政府和风村村委会又提出按照"男女平等"的原则，只要女方户籍没有迁出，就获得与其他在村村民一样的股权标准。但这一方案也被2/3以上的村民代表所否定了，因为如果这样许多认为女儿户口已经迁出去的农民吃亏了；而且这样可能出现这些外嫁女两个村庄的好处都会享有。此外，还有独生女孩招了上门女婿的情况；还有双方"走婚制"的情况（两边家中都有婚房，双方父母家中各住一段时间）。正是这两种逻辑的矛盾和冲突，致使很多村庄在面对这些特殊群体时极难化解村民内部的分歧。

虽然上述案例中不同性质类型的农民，从维护自身利益的角度提出了不同的村庄成员权界定标准，从而导致各方争执不下，但倘若对这些标准进行进一步的提炼归纳，仍旧可以发现其众村民提出的产权界定规则具有一定的共性，主要表现为三种主要的集体成员权资格界定标准：第一种是看这些农民的户籍是否登记在该村组作为确定其是否具有集体组织成员资格的标准，此种界定方法可以称为文本判断。第二种方法是以其事实上是否长期居住在本村组作为判断是否具有集体组织成员资格的依据，可称为事实判断。由于当前村庄的流动性较大，这种判断依据当前在村庄中运用得并不普遍。第三种界定依据则较为折中，即既看其是否具有村庄户籍，同时看其是否真正在村庄生活。这样一种界定又可称为混合判断，在当前运用的较为普遍。

不仅如此，如果我们将有关农村集体产权的认识从土地上挪开，将视野进一步放大，可以发现当地农村已经进行或正在发生的"村改居"过程中大量的农村股份制改造中间，出现了更多、更为复杂的有关集体资产分割中"他者"逻辑的界定规则。

案例7-4

2008年江东镇试点实施了集体资产的股份合作制改造，同时打算对全部资产进行股份确权之后，成立大的东村资产有限公司，由村属企业梅化集团负责统一经营。同时在大的资产公司下，通过出资或者入股的形式，又分别成立了印染纺织、现代农业与厂房物业等三大具体经营性公司。在东村集体资产股份合作制改造过程中，主要由三大资产构成，其一是镇属村办的梅化印染公司内部2.34亿净资产。二是农民手中未承包出去的1300余亩耕地的土地承包经营权。将每亩土地进行折算股权的方式（按照每亩土地折800股方式）计算，162户农户共拥有25万多股的土地承包股股权。同时，村民小组则用集体资产中的沟渠、道路等农业生产公共设施以及部分农机设备的集体所有权进行入股。三是村集体以村集体所有的厂房商铺等固定资产，以及1467万余元的村级集体积累资金进行入股。新成立的东村资产有限公司企业采取了股红定额分配、村级集体保底的分配方法，村级集体来确定具体股份，每股每年分红根据当年经营业绩而定。但是在这一村级资产的股份合作制改造过程中，股权量化引发了巨大的矛盾冲突。农民对各种形式的股权计算方式提出了质疑。

这其中的争论主要来自两大方面：一是关于要不要进行股权量化与股份制改革。二是在同意股份制改革的前提下，股权如何进行量化？从东村的情况来看，对于第一个问题的争论较为清晰，除了少数老干部从意识形态的立场出发，认为"股权量化以后，集体就没了"，从而反对这一改革外，更多的村民代表与现任村干部主张进行这一改制。如在东村陈书记看来，"农村股份制改革，就是家庭联产承包制改革的继续，集体产权的改革有利于公司治理结构的清晰，有利于集团公司的进一步发展壮大"；在许多村组干部看来，"股权清楚了，每个人的利益清楚了，以后的矛盾就少了"；在更多的普通村民看来，"股权清楚了，干部贪污腐败的机会就少了，村民的利益就更有保障了"。从这个角度来看，村庄绝大部分人是赞同这一改革的。

但是对于接下去的第二个问题——如何进行股权量化，特别是围绕着梅化集团以及围垦土地的股权量化，情况就变得复杂起来。有关东村围垦土地的股权量化，所引发的矛盾类似于案例7-3，不再赘述。而关于梅化集团的股权量化逻辑则更为复杂，这集中涉及现任企业经营负责人、东村户口的企业员工（含在职与退休）、村庄领导以及普通村民等多个利益群体。在第一层面的股权量化中，梅化集团管理层（含已经退休）认为，企业之所以能发展壮大到今天，企业领导层做出的贡献最大；但是东村村委则认为，当初的创业投资是东村集体投入的，梅化集团本身就是东村的资产，当然东村集体应该获得最大股权。而在这一分歧之下，第二层面的股权量化中同样存在矛盾，如户口在该村的一些企业员工认为，企业股权应该更多地在企业经营者与在该村工作的企业员工中间进行量化，因为企业是在他们手上发展起来的，是他们做出了贡献；但是更多的非企业村民则认为，企业本身就是集体的资产，是全体村民的资产，因而主张在给予企业员工一定额外股权基础上，更多股权应该在全体村民间进行量化。最后，更进一步，即使是一些完全不在东村工作的普通村民，如"户在人不在"以及"人在户不在"的半边户，土地二轮承包中的失地农户等特殊群体等，也成为集体资产股权量化过程中引发冲突的关键因素。

刘玉照曾较为详细地比较了上海、宁波、广州、深圳和济南等地一系列农村股份合作制改造和"村改居"的实践，并归纳提炼了"农龄股""原始贡献股""干部贡献股""人头股"等集体产权的配置逻辑。[1] 结合

---

[1] 刘玉照、金文龙：《集体资产分割中的多重逻辑——中国农村股份合作制改造与"村改居"实践》，《西北师大学报》（社会科学版）2013年第6期。

笔者在江东镇的调研来看，这一概括无疑极为准确。在刘玉照看来，"农龄股"背后所隐含的内在逻辑是"劳动创造价值"，亦即认为集体资产来源于村民的劳动创造。梅化集团的内部普通员工的诉求主要持此种逻辑。"原始贡献股"背后的逻辑则刚好与之相反，主要认为当前积累的集体资产离不开当初村集体的原始资本投入。东村村委会的声称实际主要遵循了这一原则。"干部贡献股"则体现了对企业家和管理者贡献的承认和尊重，梅化集团领导层的要求主要是从这一逻辑出发。而最为普遍的"人头股"背后，其实是社区共同体"成员权"的逻辑，是一种"天赋人权"，从户籍身份中自然获得的，这也是每一起集体财权股权量化过程中所坚持的最基本的逻辑。

而从集体产权背后的意识形态解构的逻辑来看，在上一节解决了第一个问题，即集体产权"要不要分""能不能分"的意识形态问题后，面临的另一个问题是如何分，这同样涉及社会主义的意识形态问题。对此，具体可以从三个层面来进行考察：其一，从村庄集体成员权的资格来看，在集体产权建构性逻辑下，"集体所有"是一种公有产权制度，集体成员权身份，是一种"天赋人权"，是从户籍身份中自然获得的资格和权利。从这一点来说，这种身份类似于传统社会农民对族（祖）产的享有，是一种"共同共有的产权形式"。而其与传统社会的不同之处在于，集体产权制度下农民作为村庄成员权的资格是国家赋予的[①]，它的获得和丧失都不完全取决于个体或者集体本身。而在当前农村，农民的集体成员权资格虽然也主要取决于户籍身份，但与此同时，随着社会流动日益打破村庄的经济与行政边界，户籍制度也随之松动，农民在一定程度上获得了是否保留户籍与村庄成员权的主动性。其二，从村庄成员权资格背后的权利—义务关系来看，在集体产权的建构逻辑下，农民与集体之间是一种"保护—服从"的整体性控制关系，农民作为集体一员服从村集体管理的同时获得来自村集体的福利。但是在当前农村，农民成员权资格正在逐渐演变为一种"只享受权利，而基本不承担义务"的权利—义务失衡

[①] 在周其仁看来，农业集体化时期农民的成员资格的获得与土地产权的获得有某些关联之处，它是伴随社会政治运动直接重新分配土地产权的结果。而通过政治运动制造了所有权的国家，同样可以通过政治运动改变所有权。周其仁：《中国农村改革：国家和所有权关系的变化——一个经济制度史的回顾（上）》，《管理世界》1995年第3期。

状态，正是这种失衡加剧了当前农村集体成员权资格的争夺与界定。其三，从成员权资格背后的份额差异来看，农民享有村庄成员权，并不意味着所有农民通过成员权资格获得平等收益。在集体产权的建构逻辑下，劳动是决定利益分配的根本因素，正如马克思所强调的，劳动是创造财富的唯一源泉，在集体制下的工分制也因此而产生。但是在当前农村，原始贡献股、干部贡献股等股权形式的出现，除了肯定劳动贡献是决定收益分配的一个重要条件之外，资本、技术等其他生产要素也同样构成了决定收益分配的重要决定项——而这些恰恰正是传统集体产权建构逻辑中所要否定的。

第三节 被解构的"产权国家授予"逻辑

如果说前文有关农村集体土地产权背后的产权建构逻辑正在农村的意识形态领域遭遇解构，主要是指农村集体土地产权由一种建构主义逻辑下的"不可分割的共同占有"的产权形式，通过集体成员权资格的界定化约为了一种"可以分割的按份共有"的产权形式，其最本质的意义是将土地产权的占有主体由"集体"置换为"农民"，从而突破了集体产权原有的建构逻辑。那么，通过下文的分析我们还可以发现，在当下农村，"国家"也正在被逐渐排除出农村集体土地产权的主体地位，这突出表现为当前农村集体土地产权所遵循的另外一套建构——"产权的国家授予"逻辑，也正在意识形态领域遭遇到了被解构的危机，成为集体产权原有意识形态逻辑中被最后解构的一重逻辑。

虽然国家《土地管理法》明确规定，农村和城市郊区的土地属于农民集体所有，城市土地属于国家所有[①]，但不得不说的是，在江东镇的调查中，许多基层政府、村级组织，甚至包括农民对于土地归根到底是属于国家的，还是属于村集体的认识一直存在着明显的"模糊"。这种认识上

[①] 《土地管理法》（2004）第八条规定："村和城市郊区的土地，除由法律规定属于国家所有的以外，属于农民集体所有；宅基地和自留地、自留山，属于农民集体所有。"同时第十条规定："农民集体所有的土地依法属于村农民集体所有的，由村集体经济组织或者村民委员会经营、管理；已经分别属于村内两个以上农村集体经济组织的农民集体所有的，由村内各该农村集体经济组织或者村民小组经营、管理；已经属于乡（镇）农民集体所有的，由乡（镇）农村集体经济组织经营、管理。"

的模糊，自然成为税费改革以来土地大幅升值背景下，诱发农村地权冲突的一个重要原因。

案例 7-5

在江东镇众村靠近集镇中心的区域，有一块约 3 亩的土地，原属众村 3 组所有，于 20 世纪 80 年代初被当时的萧山县电业局征去建起了江东镇电管所。2011 年，随着农村电网进一步改造升级，江东镇电管所被撤并搬到镇郊的东村。对于因电管所搬离所腾挪出的土地，江东镇将这一块地与周边相邻的一块废弃工厂的闲置用地一起用作市镇建设，并于 2012 年初对这块土地进行了招拍挂，被该镇一家房地产企业拍得。但就在开发商准备破土动工时，众村 3 组部分村民阻挠施工，认为当时（20 世纪 80 年代）征地时，并未对该村组进行补偿，是当时乡村干部为了讨好上面，而免费送给县电力局的。众村村民一直对此有所争议，但也承认既成事实。① 但是，此次电管所搬离后土地被政府拍卖的消息，再次刺激了众村 3 组村民。许多村民认为村委会应该去"讨个说法"，政府应该重新履行征地手续，至少要将土地拍卖价的 10% 给予众村作为补偿。但是，江东镇政府认为电管所土地属于国有土地，众村村民是无理取闹，矛盾也因此而产生。

如果说案例 7-5 中地权冲突的产生原因还主要属于历史遗留问题，是对于因未履行正当征地手续的土地，其权属到底属于国家还是集体存有疑义，那么同样在这一年，发生在江东镇的另一起地权冲突案例，则具有更为重要的影响，直接对国家土地的征收权提出了抗议：

案例 7-6

江东镇的众村、风村以湾直河为界，一个属于集镇中心区范围，是全镇经济实力最强的村庄；而一河之隔的风村，却因为这一天然屏障，一直未纳入镇区范围，其经济实力也在全镇排名倒数。2009 年启动的江东镇镇小扩建工程，以及由此带动的土地征用，让风村农民看到了自身拥有土

---

① 村民的这一争议也长期只是停留在口头上，因为年代久远，众村村民也拿不出有效的证据。

地的潜在价值，以及这种价值在不远的将来被释放的可能。但是，在江东镇新编制的土地利用规划中，风村虽然被纳入了集镇开发的范围，但其土地在利用性质上主要定位于公共服务用地。2011年江东镇拟再在镇小附近的风村征用8亩土地用于新建江东镇敬老院。但是在这一次征地中，镇政府遭遇到明显的阻力，土地征收遭到了来自风村集体及该村4组村民的强烈抵制。江东镇政府认为此次以公共利益为目的征地，在程序上完全符合国家政策，要求风村在此次土地征用上给予积极配合。但风村村委会与普通村民考虑更多的是，这块土地征用所能给风村带来的好处。风村村民认为风村与镇区一河之隔，迟早会进入镇区商业用地的范围，而修建敬老院则将来不会给风村带来任何经济上的溢出效应。当然，风村集体与村民抵制此次土地征用，还有另一个重要原因，就是不少村民听到了政府可能即将提高土地征用补偿标准的消息。

从表面上看，上述两个案例都有着因土地利益所引发的国家与农村集体之间有关土地权益的争夺，案例7-5主要涉及未履行正当征地手续的土地权属问题，而案例7-6涉及的是国家是否享有土地征用的权力。表面上，这些冲突都是土地利益之争，但实际上，这里面更深层次所涉及的却是以土地为标的与基础的"国家"与"集体"的关系问题。本书第三章与第六章曾提到，一直以来，农民对于集体土地产权制度的认知遵循着一套"产权国家授予"的逻辑，即："国家"通常被认为是土地的最终所有者，人们所拥有的土地权利来源于"国家授予"。这也正如周其仁所言，"通过政治运动制造了所有权的国家同样可以通过政治运动改变所有权"[1]。同样，农业集体化时期"三级所有，队为基础"的实践也无疑进一步强化了农民对于土地产权这种向上"非排他性"特征的认知。

而更为重要的是，这样的一种集体产权的认知逻辑，还事关国家的基本意识形态。因为在马克思主义意识形态看来，在私有制社会中，劳动者失去生产资料，而不劳动者却占有生产资料并凭借生产资料剥削劳动者，生产资料为不劳动者占有是广大劳动者受剥削、压迫的根源。因此，人类

---

[1] 周其仁：《中国农村改革：国家和所有权关系的变化——一个经济制度史的回顾（上）》，《管理世界》1995年第3期。

要消灭不合理的剥削制度,就必须通过革命的方式从有产者手中夺回生产资料、消灭私有制,"把它们变为社会的公共财产"。① 同样顺着这一逻辑,农村土地只有实行公有制,只有国家代表农民占有,才能消灭地主阶级,才能消灭剥削,也才是社会主义。

但是,农村集体土地产权制度背后的这一意识形态,在近年来遭遇到了越来越多的混乱与危机。2012 年在全国范围内掀起激烈争论的四川天价乌木事件可以说是反映这场危机的一个标志性事件②,折射出农民对国家终极所有权的这一套意识形态逻辑的质疑。而同样,在江东镇的调查中,上述案例也表明,农民对于这种集体土地产权制度背后的这一套意识形态逻辑,正在运用自身的"实践知识"来予以解构:

"虽然集体的土地是国家给的,但我认为土地应该是集体的。因为国家法律规定了农村土地属于集体,那么,它就不应该是国家的,国家凭什么说要我就非得拿出来呢?这不是国家在公然违法吗?现在国家强调依法治国,政府就应该带头守法,就应该按照法律的规定来……"③

土地要说是国家的,的确是国家分给农民的。但要说不是国家的,也能够说得过去。都说土地是共产党打天下分给农民的,但共产党的田又从哪里来的呢?归根到底,还不是从农民手上拿过去的?本来就是大家的田地,国家从大家手里拿过去后,就成了国家的了?再说,天下是共产党打下来的吗?应该是共产党领导人民打下来的……④

"我觉得土地不是国家的,但不是说国家可以不用管,要不管,人家都拿地去卖了,去盖房子了,那粮食怎么解决?国家可以管土地

---

① 借用《共产党宣言》中的经典表述为,"共产党人可以把自己的理论概括为一句话:消灭私有制。……要消灭构成个人的一切自由、活动和独立的基础的财产。"《马克思恩格斯选集》,人民出版社 1972 年版,第 286 页。
② 有关四川"天价乌木事件"的报道与争议,可以参见 http://wenku.baidu.com/view/9da34c796529647d26285299.html。
③ 2012 年 6 月 8 日与风村农民苏某的访谈。
④ 2012 年 5 月 6 日与风村农民毛某的访谈。

第七章　何谓"集体"：后税费时代农村地权冲突中的意识形态

怎么样，但是归根到底土地还就应该是属于农民的……"①

当然，上述"脱口而出的言论"，只是极少数较为较真农民的思辨式的追问，并不代表农民普遍的言论，现实中大多数农民仍旧认为，"土地是集体的，但归根结底是国家的"。但是，透过这些言论需要引起我们警醒的地方在于，它表明农村集体土地产权制度背后的一套基于国家意识形态逻辑而建构的话语，正在不断遭到解构，农民不再完全信仰"产权国家授予"的意识形态逻辑，而开始倾向于接受"产权天然归属于农民"这一全新的意识形态逻辑。一旦这种话语观念被广泛接纳，就会直接危及我国农村集体土地产权制度的合法性基础，危及社会主义公有制的基本意识形态。而一旦这种观念转化为行动，则不仅可能引发严重的地权冲突（如案例7-5），同时也有可能引发大规模的社会运动与政治后果。② 这也是当政者最需要引起高度重视的地方。

张浩曾通过田野调查，认为当前农民同时并存了两个看似矛盾的宣称，即一方面认为"土地属于国家"，但另一方面又认为"土地是我们的"，二者其实并不矛盾。农民认同"土地属于国家"，这表明他们无力也无法排除因而接受了国家介入的权力；而农民宣称"土地是我们的"，则表明他们依然力图伸张自身的权利。③ 但从江东镇的调查来看，笔者并不完全赞同这一解释。实际上，当前大多数农民之所以承认"土地属于国家"，并非只由于农民对国家暴力机器的恐惧，一直以来"普天之下莫非王土，率土之滨莫非王臣"的专制皇权下的财产象征观念仍旧对农民有着一定的影响；同时，更为重要的是，受到社会主义公有制意识形态长期浸

---

① 2012年6月8日与凤村农民苏某的访谈。
② 实际上根据清华大学蔡继明教授的统计，目前在国内的个别地方这种观念已经转化为农民现实的维权行动：如2007年12月9日，黑龙江省富锦市东南岗村等72村4万名农民向全国公告，宣布拥有土地所有权；2007年12月12日，三门峡水库库区陕西省大荔县、华阴市、潼关县76个行政村约7万名回迁农民也向全国公告：我们三县市约7万名农民现在共同决定收回我们的土地所有权，土地归我们世世代代支配和享用；2007年12月15日，江苏省宜兴市省庄村250户农民向全国公告：永久所有宅基地，在自己的土地上实现"居者有其屋"。引自蔡继明《中国土地制度改革论纲》，http://www.chinareform.org.cn/Economy/Agriculture/Forward/201010/t20101014-46761.htm。
③ 张浩：《农民如何认识集体土地产权——华北河村征地案例研究》，《社会学研究》2013年第5期。

染的农民仍旧相信国家作为农村土地的终极所有者具有合法性——相信农民手中的土地来源于国家的授予，是共产党人领导下的社会主义革命的成果；相信只有经由国家占有的土地所有权，才能实现真正意义上的土地占有上的平等与公平。但是，这样一种土地产权的意识形态逻辑，却在当下日益遭遇了被解构的风险。在农民日益掌握了越来越多的土地产权权利束以后，农民土地私有产权观念得到充分发育，进而日益解构了原有的社会主义公有制的意识形态逻辑，而这种认知的改变，背后同样对应的是另一套以农民个体权利为基础的意识形态话语，也正是这种意识形态话语的混乱与冲突，构成了当前农村地权冲突的重要原因。

第四节　后税费时代农村土地产权制度与意识形态结构的互构逻辑

虽然在本章第一节的论述中，笔者曾提到当前农村集体土地产权制度背后意识形态逻辑的改变，与这一时期农村意识形态领域整体的"去政治化"与基层政治的"祛魅"相关，但这其实是一种"泛意识形态化"的解释，即用一个总体的意识形态去解释社会中的一切政治经济文化现象，当然也包括对于土地的意识形态观念。这只是一种浅层次的解释，并不足以揭示这种变化的内部具体发生机制，也不会产生新的知识增量。实际上，从本书提出的"制度—结构"互构的视角来看，上述农村集体土地产权制度背后三个方面的意识形态逻辑的改变，乃至自改革开放以来整个农村社会意识形态领域发生的变化，其实都与农村集体土地产权制度的变革有关。正是农村集体土地产权制度内部各种权利束的调整，不断解构了集体土地产权制度原初的意识形态内核，使农村集体土地产权制度在日常的产权实践中产生了"名"与"实"的分离，更造成了农村意识形态结构领域的混乱，成为引发当前农村诸多地权冲突的深层次根源。

如前所述，农村集体土地产权在本质上是一种基于马克思主义意识形态而设计的公有制（国有制）的产权形态，它是公有制的低级形式与过渡形式①，是公有制在农村的一种具体实践形态与存在。在马克思主义看

---

① 笔者认为所谓公有制，是指国家代表全体劳动者共同占有生产资料的一种所有制形态。

第七章 何谓"集体":后税费时代农村地权冲突中的意识形态

来,在私有制社会中,劳动者失去生产资料,而不劳动者却占有生产资料并凭借生产资料剥削劳动者,生产资料为不劳动者占有是广大劳动者受剥削、压迫的根源。① 人类历史要消灭不合理的剥削制度,就必须通过革命消灭私有制,"把它们变为社会的公共财产"。借用《共产党宣言》中的经典表述就是,"共产党人可以把自己的理论概括为一句话:消灭私有制。……要消灭构成个人的一切自由、活动和独立的基础的财产"。② 俄国"十月革命"给中国带来了马克思主义,但中国共产党早期的革命理论家有关中国社会性质的分析,大多受到了斯大林提出的中国社会存在"封建残余"这一论断的影响,认为中国社会是一种"半封建"性质的社会。③ 而这种"半封建"社会性质最直接证据便是土地在当时社会上的高度占有不均。对此,刘少奇曾有过一段较有影响的论述:仅占乡村人口不到10%(按户数计算约占8%左右)的地主富农占有70%—80%的土地,而占乡村人口90%以上的雇农、贫农、中农及其他阶层却总共只占有20%—30%的土地。④ 所以,要改变广大农民的受剥削地位,就需要借助工农武装斗争这一方式推翻地主阶级,实现"耕者有其田"的理想。这也成为中国共产党在解放区乃至新中国成立后全国范围内发动土地改革的"基本理由"。

但是,将地主的土地分给无地或少地的农民,从而实现耕者有其田只是新民主主义革命的第一步,它只是消灭了剥削而没有消灭私有制。分到土地的农民若不组织起来,就会发生分化,就必然回到耕者失其田、有田者非耕者的土改前的状况。正如赵阳在有关土改的研究中发现,土地均分后的农民,因为生产资料占有不均、家庭劳动力多少以及耕作技术的差异,迅速产生了贫富分化的苗头⑤。为避免两极分化,就必须"割掉资本

---

① 当然本书的解读只是对于弥漫在20世纪50年代的共产主义意识形态的一种泛化解读,实际情况是否与马克思的论述符合并不重要。

② 《马克思恩格斯选集》,人民出版社1972年版,第286页。

③ 黄敏兰:《近年来学术界对"封建"及"封建社会"问题的反思》,《史学月刊》2002年第2期。

④ 刘少奇:《关于土地改革问题的报告》,《人民日报》1950年6月30日。

⑤ 赵阳认为土地改革后,农村出现了"中农化"和"两极分化"两种倾向。由于不同农户在生产资料的占有、劳动力的数量以及生产经营管理能力水平等方面存在差异,一部分农民(包括一些党员干部)各种条件比较好,就能够迅速增产增收,甚至买地、雇工,成为富裕户,另一部分农民则开始卖地、借债和受雇于人,这就在农村出现了"两极化"的倾向。赵阳:《共有与私用——中国农地产权制度的经济学分析》,生活·读书·新知三联书店2007年版,第50—51页。

主义的尾巴",将土地从农民手中剥离出来实现劳动者共同占有生产资料。因此,从这种意识形态逻辑上来说,集体化是土改逻辑的必然延伸。这正如莫里斯·梅斯纳所言,"共产党人从未设想仅仅土地改革就能完成农业生产中所必需的经济变革或农村里热情的社会重建。从一开始,他们就把土地改革看成是走向农业集体化过程的一个必需,是过渡的阶段"。①

新中国成立以来,从土地革命、土地改革,再经由社会主义改造到农村集体土地产权制度的建立,始终贯穿着这样一条总的意识形态逻辑:土地是农民生存的基础,每个人都需要一块土地来保障自己及其家人的生活。因此,每个人都有获得自己和家庭所必需土地的权利,即所谓的"耕者有其田";基于同样的道理,谁若拥有土地但不自己种植,或者在自己种植的基础上仍有剩余土地,那就意味着间接造成了他者无地或少地,是对他者生存权利的剥夺,这样,土地集体产权制度的设计,就应该是,而且只能是一种由农民共同占有并由农民直接使用的生产资料。"土地集体所有"的主体是由农民组成的"集体",组成这个"集体"的是劳动者,不是劳动者就不能成为集体成员;集体所有的客体是生产资料,是社会主义国家的共有资产。②这样一条较为生涩的农村集体土地产权制度逻辑表述,要落实到具体的制度设计上,可以通过以下三条具体原则进行更为清晰的把握:其一,农村集体土地产权制度要坚持一条"共同共有"的原则,必须是一种全体农民的共同占有,个体的农民不能享有任何的土地产权权利束,只有如此才能消灭私有制,消灭剥削;其二,在一个集体范围之内,每个农民都是集体的社员,不直接占有任何生产资料,遵循的是一种"平均主义"原则,在集体的统一管理下参与农业生产劳动同时从集体获取收益;其三,按照这样一种意识形态逻辑,只有国家代表全体农民占有土地,才是一种真正意义上的公有制。但是,囿于产权激励与管理等因素,又只有把土地公有的范围限定在村庄一级才较为合适。因此,国家在规定集体是农村土地的合法所有者时,还必须在意识形态上保留"国家终极所有权",设计出一套"自上而下"的

---

① [美]莫里斯·梅斯纳:《毛泽东的中国及其发展:中华人民共和国史》,张瑛等译,社会科学文献出版社 1992 年版,第 158 页。

② 潘学方:《中国农村土地集体所有制的政治建构性》,(香港)《二十一世纪》2010 年 10 月号。

第七章 何谓"集体":后税费时代农村地权冲突中的意识形态

"产权国家授予"逻辑,建立国家支配农村集体土地产权的合法性基础。

上述原则可以说是农村集体土地产权制度背后一整套意识形态逻辑的内核。但是这些基本原则,在20世纪80年代以来的土地产权制度改革中被逐渐消解了。80年代的家庭联产承包责任制改革,实际上实现了农村集体土地产权性质的重大转变。因为家庭联产承包责任制本质上是农村集体土地产权制度中所有权与经营权的分离,这表明了此时的农村土地产权制度在土地的占有权与使用权意义上实现了个体农民与生产资料(土地)的直接结合,即,是一种"共有与私用"的产权结构——而这恰恰与"农民共同占有生产资料"的公有制下的建构逻辑发生了背离。接踵家庭联产承包责任制改革而至的是,不断延长农民的土地承包期,直至最终宣布农村土地承包关系的长久不变、农民的承包经营权定义为一种永益物权等。这些改革也在两个层面消解了农村集体土地产权制度的原有意识形态逻辑,一方面,这些改革赋予了农民更有保障的土地占有权与使用权,实现了农民进一步与土地这一生产资料的集合,也意味着进一步掏空了农村集体土地产权制度中"共同共有"的意识形态内涵;另一方面,规定农村土地承包关系的变化,实际还隐含了另一层含义,那就是"集体"不得随意收回发包出去的土地,也就意味着农村集体被剥夺了"三年一小调""五年一大调"的土地调整权利,从而造成农村内部因人口变化而导致的土地占有的不平衡。而这显然是与农村集体土地产权制度的第二条意识形态逻辑——"平均主义"原则相互矛盾的。此外,国家大力推动的农村土地流转(本质上是一种土地处置权),在实现土地所有权与承包权分离的基础上,又实现了承包权与经营权的分离。这一改革意味着农民可以拥有部分土地产权却不参与劳动生产,也显然与"土地只能由集体的劳动者耕种"的内涵明显不相一致了;再比如,当前多地正在试点推进的农村土地产权的股份制改造(如萧山地区于2004年推进的农村股份制合作社的改造),则直接将不可量化、分割的集体产权量化为了"按份共有"的股份制的产权形式。

总之,通过这种"土地产权制度"与"社会意识形态"互构视角的大致分析,我们可以发现,始于20世纪80年代的农村土地产权制度调整,虽然一直在宣称坚持农村集体土地所有制的基本制度不变,因为农民拥有更多的土地产权权能关乎农业的生产效率;而土地的集体所有制则关乎整个社会的基本意识形态。但实际上,即便中国农村土地制度保留了集体土地所有制的规定，也只是为了维护基本制度在外在表述上的一致性，而并不代表农村集体土地产权背后仍旧保留着公有制的产权意识形态。从集体土地产权制度背后的意识形态逻辑来看，这些改革其实都在不断掏空、解构着基于农村集体土地产权背后原有的公有制的意识形态意涵，而不断赋予农村集体土地产权制度一种新的逻辑意涵。具体而言，随着农村土地产权制度改革朝着不断向农民赋权、向集体限权的方向推进，农民已不再将土地视为保障集体成员生存的一项生产资料，而视其为属于农民个体的一份财产；在此基础上，所谓"集体产权"也不再是一个排除了农民个体的、独立于个体农民之上的"共同共有"的产权形式，而是逐渐被解构成以农民个体享有土地产权为基础的"按份共有"的产权形式。进一步，如果将这种意识形态的内涵扩大到村庄层面，我们还可以发现，随着农村土地产权制度改革朝着不断向农民赋权、向集体限权的方向推进，农民也日益成为"集体"的主人，所谓"集体"也不再是凌驾于农民个人利益之上的"共同体"。最后，从农民的产权意识和权利话语的角度来看，这样一种不断向农民赋权的土地产权制度改革，实际上也在不断形塑着农民私有化的土地产权观念，以及以此为基础的农民的土地权利话语意识。而这其实也是20世纪80年代的改革开放，农村的整体意识形态就在经历着一个"去政治性"与"祛魅"的过程中，"革命"意识形态下的"集体权力"话语逐渐被"改革"意识形态下的农民的"个体权利"话语所取代的一个切面。

在制度经济学家诺斯看来，意识形态影响着一个社会的产权结构，充盈于一个社会的意识形态符号，为人们提供了一个理解社会结构内部各种现象及自身行为的意义符号，同样包括人们如何理解产权本身。因此，一个社会要真正保持稳态的产权秩序，归根结底必须使产权制度这一规则体系背后所饱含的价值与意义感，与整个社会结构之中所充盈的一套社会意识形态符号保持一致，只有如此，一个社会才会有统一的产权界定规则，人们才会在这种统一的产权界定规则下形成各种土地产权市场行为的稳定预期。而从这个角度来看，正是中国农村集体土地产权制度的变革解构了这一产权制度背后的原初的社会主义公有制的意识形态逻辑，从而使整个社会对于集体土地产权的认知与界定发生了混乱，也才导致了整个社会农村地权冲突的大规模爆发。

本章小结

本章主要以当前江东镇农村集体土地产权制度背后的意识形态逻辑为分析线索，阐释了后税费时代农村土地产权制度变迁对集体土地产权制度背后原有意识形态逻辑的解构。可以说，正是这种来自意识形态领域的解构，使当下中国农村社会充盈着两套有关农村集体土地产权内在性质及运行逻辑的理解与话语，也才进一步导致了整个社会关于集体土地产权认知规则的混乱，缺乏一套为大家所普遍遵从的产权认知与界定的规则，并进而引发了大规模的农村地权冲突。鉴于第四节已对本章主要观点进行了较为系统的总结，在此不再进一步归纳。

而在此需要做进一步说明的是，如果说本书第五章从农村社会关系结构角度对农村地权冲突的解释，是一种最为外显的、可供直接观察的角度做出的解释；第六章所涉及的农村产权认知虽然相对内隐于人们的内心，但也仍旧可以从农民"脱口而出"的言论中做出判断并予以把握，本章所分析的农村集体土地产权背后包含的社会意识形态问题，则最为内隐、最为根本，也最难把握。可以说，这三者之间在内在逻辑上，是一个由表入里，由现象到本质，一步步走向深入的过程。意识形态作为一个社会人们观念、观点、价值的集合与总和，不仅会直接决定着人们对具体事物的认知，同时也会间接形塑着人们的行为逻辑。从这个角度上来说，只有真正把握了农村集体土地产权背后的意识形态逻辑，并注意到这种产权的意识形态领域正在发生的解构与混乱，才能更好地理解这个社会何以会同时并存了有关农村集体土地公有产权的认知界定规则与私有产权的认知界定规则，更好地理解地权冲突何以会发生在基层政府、村集体、普通村民等多个主体之间，也才能更好地理解当下中国何以会爆发大规模的地权冲突。

此外，还需要作进一步说明的是，本书虽然承认农村集体土地产权制度背后的社会意识形态逻辑的混乱是引发当下农村地权冲突的更深层次原因，但这并不意味着本书赞同直接放弃当前有关坚持农村集体土地所有制这样一个意识形态符号的宣称。实际上，一个社会之中意识形态的作用是多重的，一方面，意识形态变革可以充当社会变革的排头兵，为一个社会的整体变革提供思想准备，从而引领社会结构的急剧变革；另一方面，在一个渐进式的改革中，意识形态领域的自发变动又往往相对滞后于一个社会的产权制度、社会结构等领域的变革，从而延长一个社会的转型阵痛期。当前中国，农村土地产权制度的变革关乎社会的经济效率，但土地产权制度背后原初的社会意识形态逻辑则直接关系政治的合法性。也正是在这个角度，笔者认为当前农村土地制度方面"打左灯，向右转"的改革方式，虽然带来了当下中国农村地权冲突的大规模爆发，但在更大程度上保证了总体改革进程中风险的可控性。

第八章

结论与讨论

在分章节论述完本书的主要内容与观点后，接下来结论部分还需要完成三个方面的任务，其一，对本书的主要逻辑线索及主要观点做一个概览式的梳理。其二，在阐明本书的逻辑框架和主要观点的基础上，还需要与既有的相关学术理论观点展开对话，进一步明晰本书在既有学术研究系谱中的意义，以及后续可能的研究方向。其三，对当下现实的农村地权冲突问题，以及中国农村集体土地产权制度的历史走向做出思考和政策回应。

第一节 本书的逻辑线条及其主要观点

本书力图通过构建"制度—结构"互构的分析视角，通过一个微观个案的经验观察，对后税费时代中国农村何以出现大规模地权冲突这一问题进行解释。这一问题实际又可以分解为三个在逻辑上依次递进的具体问题：其一，何谓"制度—结构"互构的分析视角，这一分析视角如何能够作为观察当下中国农村地权冲突的解释性视角？其二，自新中国成立以来，中国农村集体土地产权制度与农村社会结构之间有着怎样的互构关系，这种互构关系在近半个世纪的历史进程中又是如何演进的，这种关系演进呈现了怎样的规律性？其三，后税费时代农村集体土地产权制度与农村社会结构之间的互构关系是怎样的，这种互构关系又如何导致了农村地权冲突的大规模爆发？

对于第一个问题，本书所提出的"制度—结构"互构的分析视角，主要源于新制度主义关于"制度"的理解。在新制度主义看来，一个社会之中的"制度"本身是与"结构"互嵌在一起的。在静态层面，这种互嵌性表现在"制度"与"结构"之间是一种"制度化了的结构"与"内嵌于结构的制度"的互构关系，即，制度在对社会结构的定型化与社会秩序的稳态化发挥约束作用的同时，也会为结构尤其是结构之内的行动者所建构。而在动态层面，当"制度"做出调整，或者"结构"自身发生嬗变时，"制度"的规制逻辑就会与"结构"内在的运行逻辑不相一致，"制度"会随之出现"非均衡"（institutional disequilibrium），而"结构"内部则会产生持续的紧张。"制度"与"结构"间的这种内在不一致会反过来倒逼"制度"做出调整，以适应新的"结构"。在提出"制度—结构"互构的分析视角后，本书还从两个方面对这一分析视角的适用性进行了论证：一是从已有研究成果出发，认为这一分析视角虽然未被当前学界系统提出，却在很多的经验研究中均有不自觉的运用；二是从历史维度出发，运用这一视角分析了18世纪中国农村的财产权纠纷问题，以此作为对"制度—结构"互构分析视角是否有效的一个历史检视。

对于第二个问题，本书主要考察了江东镇自20世纪50年代建立农村集体土地产权制度以来，农村集体土地产权制度与农村社会结构之间的互构关系与演进历程。这一互构关系与演进历程可以从以下几个方面进行理解与概括。首先，农村土地产权制度与农村社会结构这二者的变迁都呈现一种相对明确的、一以贯之的演进方向。在土地产权制度方面，农业集体化时期农村土地产权制度的最大特征表现为向上的"非排他性"，即人民公社（国家）、生产大队与生产队等三级主体共享了土地产权的占有权、使用权、收益权与处置权，农民被完全排除在农村集体土地产权主体之外。而20世纪80年代以来的农村土地产权制度改革，重新将农民纳入，成为农村集体土地产权的多元主体之一，并开启了一个不断向农民赋权的改革方向。在这一系列的土地产权制度调整中，农民开始享受到了越来越丰富、越来越有保障的土地产权权能。而在社会结构内部，随着农村土地产权制度这种不断向农民"赋权"的改革调整，农民日益取得了与基层政府、村集体相对均衡的社会关系位势；也不断发育出了私有化的产权认知规则；集体土地产权原有的社会主义公有制的意识形态逻辑也随之不断遭遇解构。可以说，自20世纪80年代的"改革"以来，农村土地产权制度与农村社会结构都在朝着这样一种"去集体化"的方向上做出调整。其次，在农村土地产权制度与农村社会结构的互构演进中，农村土地产权制度对于农村社会结构的形塑作用显而易见，土地产权制度的每一次调整都对农村社会结构的变迁产生了极其深远的影响。本书第五、第六、第七章的论述也主要选择了以土地产权制度为自变量,以农村社会结构为因变量,深入论述了进入 21 世纪以来农村土地产权制度变革,对农村社会结构内部的农村社会关系结构、土地产权认知结构与社会意识形态等的影响。在此不再展开赘述。最后,还需要指出的是,农村土地产权制度与农村社会结构的互构演进,还体现在农村社会结构反过来构成了农村土地产权制度演进的重要推动力量。实际上,梳理新中国成立以来农村土地产权制度演进的内在动力可以发现,除了农业经营绩效这一经济因素的考量外,消除农村社会结构内在的紧张无疑构成了政府推动农村土地产权制度变革的重要原因。正如家庭联产承包责任制改革使农民获得了土地的排他性占有权,这种排他性占有权又会带来国家、集体与农民三者关系的深刻调整,使国家、集体与农民的关系由基于"共容性利益"的治理—依附关系,化约为围绕着税费提取与征缴而发生的赤裸裸的"竞争性利益"的经济利益关系。而这种社会关系结构的调整又会反过来进一步加剧农民对于农村土地收益权的争夺,进一步迫使国家进行农业税费改革——在土地产权权能结构上进一步向农民赋权。正是这种不断的制度调整、不断的社会结构变迁,使这一时期的农村集体土地产权制度与社会结构之间呈现一种互构、共变的演进状态,而各种地权冲突可以说是这种互构之中内在张力的具体表现,一定程度上又构成了土地产权制度与农村社会结构之间这种互构演进的内在动力。

  对于第三个问题的回答既是本书的基本出发点,也是本书的现实意义之所在。区别于已有关于当前农村地权冲突的"制度"解释与"结构"解释,本书尝试提出了"制度—结构"互构的分析视角,用以解释当下农村何以会爆发了大规模的地权冲突。这样一种分析视角既不同于选择某一具体变量对特定地权冲突类型进行解释的狭义研究,如经济学大多选择了产权制度因素解释了农村"侵犯—反抗"型的农村地权冲突;也区别于张静[①]、曹正汉[②]等从宏观社会结构转型入手,认为当前中国是一种利益形塑的政治秩序而非法律形塑的法治秩序,从而达致对当下农村何以爆

---

  ① 张静:《土地使用规则的不确定:一个解释框架》,《中国社会科学》2003 年第 1 期。
  ② 曹正汉:《地权界定中的法律、习俗与政治力量——对珠江三角洲滩涂纠纷案例的研究》,载张曙光编《中国制度变迁的案例研究》(第六集),中国财政经济出版社 2008 年版,第 712—807 页。

发大规模地权冲突的总体性理解。相对而言，本书选择了一种更为中层的分析视角，试图从农村土地产权制度与农村社会结构这两个变量之间的内在互构、共变关系入手，对当下农村数量众多、类型复杂的地权冲突现象做出诠释。在本书看来，进入21世纪农村土地价值的大幅度上扬是导致农村地权冲突大规模爆发的前置条件或直接诱因，而在这一大背景下，土地产权制度变革所导致的农村社会结构内部的内在张力，则是引发当下农村这场社会危机的深层次根源。其一，农村土地产权制度改革带来了当前农村社会关系结构领域中基层政府、村集体与农民三者相对均衡的位势，这使整个社会缺乏一个占主导力量的社会势力，土地的三方利益主体同时构成了地权争夺的主体，必然使这一时期的地权冲突呈现一种主体多元、冲突性质异常复杂的特征。其二，农村土地产权制度的调整，使农村社会结构内部农民的土地私有产权认知观念进一步发育，直接挑战了传统的占主导地位的公有产权规则，整个农村社会也由此呈现一种"公有产权规则""私有产权规则""家业产权规则"等多种产权规则共存的局面。这也使当下的农村地权冲突中经常出现"公说公有理、婆说婆有理"的"多重合法性声称"，也难以达致一个被冲突各方所普遍认可的裁决。其三，农村土地产权制度的调整还导致了这一时期农村社会结构中有关集体土地背后的意识形态话语发生了混乱，而这也成为引发这一时期农村地权冲突的重要原因。具体而言，在当下农村，"革命"意识形态下的"集体权力"话语逐渐被"改革"意识形态下的"个体权利"话语所取代，农民已不再将土地视为保障集体成员生存的一项生产资料，而视其为属于农民个体的一份财产；同样，在农民的意识中，所谓"集体"也不再是凌驾于农民个人利益之上的"共同体"，而逐渐被解构成为农民利益的"联合体"，正如朱冬亮认为，当前农民的集体土地心态，经历了一个由"虚幻的集体所有权意识"，过渡到"自主的集体所有权意识"[①]的变化过程。综上，通过这种逻辑线索的梳理，笔者认为，正是土地产权制度变革所带来的农村社会结构内部的这种紧张，成为引发当前农村地权冲突大规模爆发的深层次社会根源——而这也正是本书对当下农村大规模地权冲突所做出的一种诠释。

当然，需要指出的是，本书通过引入"制度—结构"互构的分析视

---

① 朱冬亮：《建国以来农民地权观念的变迁》，《马克思主义与现实》2006年第6期。

角，同时将土地产权制度操作化为土地的占有权、使用权、收益权与处分权，将农村社会结构操作化为农村的社会关系结构、土地产权认知结构与社会意识形态结构，其目的在于将这两个分析概念操作为可供观察的经验维度，从而在田野实证调查中把握这二者间的互构关系。但在田野经验中，这二者之间的内在互构逻辑与当下地权冲突的内在运作逻辑都远较笔者所呈现的更为复杂，每一起地权冲突事件背后实际都有着特定的产生原因。从这个角度来说，本书实际是一个更为中观的解释，即力图通过更为抽象的社会结构性变量对这一时期大规模的地权冲突现象做出整体诠释。也正是通过这种诠释，笔者认为，当下中国农村地权冲突的大规模爆发有其内在的逻辑必然性，它实际是当前整个土地产权制度与农村社会结构互构共变的产物。一如美国政治学家萨缪尔·亨廷顿所言，"现代性孕育着稳定，而现代化过程却滋生着动乱"①，早在20世纪80年代启动家庭联产承包责任制改革之时，这一改革就实际已为当下农村的大规模地权冲突埋下了伏笔。只是在21世纪，随着土地产权制度进一步转型，社会结构内部整体的"去集体化"特征日益明显，这才让早已潜藏着社会结构之中的内在张力进一步显现出来；外加这一时期农村土地价值出现大幅攀升，这些都进一步激发了这场地权冲突的能量，加大了地权冲突的强度与烈度。

第二节 "产权制度"与"社会结构"互构逻辑的理论启示

本书的主要目的虽然在于解释当下农村的大规模地权冲突，但不得不说的是，本书的一个重要逻辑线索其实是引入"制度—结构"互构的分析视角，集中关注新中国成立以来农村集体土地产权制度与农村社会结构之间的内在互构、演进关系，这实际构成了本书的理论价值之所在。有关"土地产权制度"与"社会结构"之内在互构、演进关系的论述背后，实际隐含着值得进一步挖掘的一般性理论议题。

较为粗线条地梳理20世纪以来中国农村土地产权问题，可以发现存

---

① [美] 萨缪尔·P. 亨廷顿：《变革社会中的政治秩序》，王冠华、刘为等译，上海世纪出版集团2008年版，第38页。

在着两条大相径庭的研究主线,一种是从政治角度关注土地产权问题,可称为"地政"的视角;而另一种主要是从经济角度关注土地产权问题,可谓之为"地利"的视角。① "地政"问题主要关注一个社会土地制度的基本性质,及由此所导致的土地占有及赋役方面的基本状况,主要涉及的是土地产权制度的政治后果问题。而"地利"问题,主要关注一个社会土地的基本性质、土地配置状况所带来的土地产出"绩效",主要涉及的是土地产权制度的经济后果。

"地政"的观察视角,实际是20世纪初期马克思主义传入我国至20世纪80年代以前,整个社会有关土地产权问题的基本认识取向。如,毛泽东认为中国封建主义的最大特征是,"封建的统治阶级——地主、贵族和皇帝,拥有最大部分的土地,而农民则只有很少土地,或者完全没有土地。农民用自己的工具去耕种地主、贵族和皇室的土地,并将收获的四成、五成、六成、七成甚至八成以上,奉献给地主、贵族和皇室享用"②,并据此提出了中国新民主主义革命的反封建任务。同样,新中国成立初期,以刘少奇③、邓拓④等为代表的共产党人同样认为,中国农村土地占有高度不均的土地制度极不合理,这一性质判断也成为新中国成立以来农村土地改革与农业集体化运动的重要原因,并对后半个世纪以来中国农村土地产权制度变革产生了重要的路径锁定效应。

而进入20世纪80年代以来,随着家庭联产承包责任制的实施,"地利"问题逐渐代替"地政"问题成为整个社会有关土地产权讨论的焦点。从"地利"角度而言,有关土地产权制度与农业经济绩效问题的关注,实际又可以分为两方面的内容,一是从土地产权制度角度论述家庭联产承

---

① 舒建军:《理解中国乡村社会的整体变革:重温三十年来农民与土地的关系》,《社会科学研究》2014年第3期。

② 毛泽东:《中国革命与中国共产党》,载《毛泽东选集》(第二卷),人民出版社1991年版,第624页。

③ 如刘少奇认为:"占乡村人口不到10%(按户数计约占8%左右)的地主富农占有70%—80%的土地,而占乡村人口90%以上的雇农、贫农、中农及其他阶层却总共只占有20%—30%的土地"。载刘少奇《关于土地改革问题的报告》,《人民日报》1950年6月30日。

④ 中国共产党早期理论家邓拓认为:"中国乡村人口中,地主富农约占百分之十,农民约占百分之九十。就农户数来说,地主富农约占百分之八,农民约占百分之九十二。"载邓拓《旧中国农村的阶级关系与土地制度》,《社会科学战线》1982年第3期。

包责任改革的合理性。如林毅夫①、周其仁②等人都从"土地产权"与"经济效率"的角度，认为农业集体化时期农民的土地产权是残缺的，不拥有土地的占有权、使用权、收益权和处置权，这导致了农业集体化时期农业生产的低效率；与之相反，家庭联产承包责任制使农民获得了土地的占有权与使用权，激发了农民生产的积极性，也带来了农业的高速增长与农民收入水平的提高。二是从土地产权角度论述当前农地产权制度创新的必要性，此方面的讨论同样着眼于农业绩效。如龚启圣与周飞舟③、何凌云与黄季焜④等人都认为，在新的历史条件下，随着农村劳动力的大规模转移以及农产品需求结构的多样化，细碎化的农地格局已经严重制约了农业生产力的发展，而农户土地使用权的不确定性也让农民缺少农业投入的激励。也正因此，这些研究均主张通过赋予农户更有保障的土地占有权和使用权，完整的土地收益权，以及一定的土地处置权（能适当地转让），刺激农户的土地投入，促进土地的规模化经营。

学界已有关于"地政"与"地利"两方面的研究，无疑深化了我们有关土地产权问题的认识，但同时也提醒我们还需要从社会学视角切入研究土地产权制度与农村社会结构之间的内在关系，这类研究可称为"地根"研究。实际上，近年来社会学中已经不乏产权问题，尤其是土地产权问题的研究。如曹正汉曾概括了刘世定（2003）、折晓叶与陈婴婴（2005）、申静与王汉生（2005）、张静（2005）等的产权研究，并通过仔细辨析发现，这些研究实际具有一个共同的特点，即主要关注的是产权社会建构层面的意涵，这些研究要么强调的是，产权是一种社会性合约，即便在法律上是模糊的，但在实践中却仍旧会有着清晰的界定（如折晓叶，2005；申静与王汉生，2005）；要么强调已有的乡土社会规则、观念如何形塑了农村社会独特的产权观念与产权规则，并与正式的产权制度规

---

① 林毅夫：《制度、技术与中国农业发展》，上海三联书店、上海人民出版社2005年版，前言第10页。

② 周其仁：《中国农村改革：国家和所有权关系的变化——一个经济制度史的回顾（上）》，《管理世界》1995年第3期。

③ 龚启圣、周飞舟：《当前中国农村土地调整制度个案分析》，（香港）《二十一世纪》1999年10月号。

④ 何凌云、黄季焜：《土地使用权的稳定性与肥料使用——广东省实证研究》，《中国农村观察》2001年第5期。

则之区别与冲突（如郭亮，2012）；要么揭示了中国产权制度的一个基本特征——规则的不确定性现象（如张静、2005；熊万胜，2009）。总之，通过社会学家的这些研究，我们可以发现已有关于社会学的产权研究，其实更多是对经济学产权理论基础上的一种对话及其延伸，是为了弥补经济学的产权理论在解释具体微观个案经验时存在的不足，而发展出来的一种学术对话资源。因为在现实生活中，确实存在着大量的产权实际运行状态及其功能在许多方面都与经济学的"权利产权"理论模式相去甚远。也正是在这个意义上可以说，上述社会学视角下的产权问题还只停留于挑战经济学已有产权研究的阶段，而并未真正上升到一种理论自觉的高度思考社会学应该如何研究土地产权问题，从而真正形成能与已有"地政""地利"等研究的鼎足之势。也正是在这个意义上，本书的研究，在一定程度上有助于弥补社会学有关产权问题研究的不足。

本书以江东镇为个案，集中关注了20世纪50年代以来江东镇农村集体土地产权制度与农村社会关系结构互构、共变的逻辑。这样一种视角的切入，不仅生动地展现了农村土地产权制度对农村社会结构的形塑作用，以及农村社会结构对农村土地产权制度的影响；同时在动态层面指出了农村土地产权制度与农村社会结构之间复杂的共变关系。这样一项研究，大致可以在以下几个层面丰富已有社会学的产权研究，拓展社会学有关产权问题的研究域。

首先，本书集中关注的是正式的产权制度之于农村社会结构的影响。由于关注的是一个社会之中正式的产权制度，因此，本书在将这一制度进行具体操作化时，实际选取的也是一种较为主流的有关产权问题的操作化方式，即将土地产权制度操作化为土地的占有权、使用权、收益权与处置权，并且一一对应地分析这些具体的产权权利束对农村社会结构中的社会关系结构、产权认知结构、意识形态结构的具体影响机制，如农民更为丰富、更有保障的土地占有权、使用权是农民取得与村集体、基层政府相对均衡的社会位势的一个重要前提；农民一旦掌握了土地的处置权（又可以称为一种转让权）会对农民私有化的产权认知观念的形成产生重要影响；同样，农民获得更有保障的土地承包权，有助于瓦解农村社会原先的公有制的意识形态逻辑。但是，反观已有社会学关于产权问题的研究，可以发现，这些研究主要关注的是当下处于转型时期、实践运作中的产权规则（主要是土地产权），强调了实践中的产权并非一种法律文本规定的产权规则，而是一种基于地方性默会知识基础上的"社会性合约"。从这个角度而言，当前有关农村集体土地产权问题的探讨，更多强调的实际是一个社会之中的内隐的、非正式的产权规则与产权运作逻辑，而非正式产权制度的运作实践。实际上，自20世纪初国家政权建设以来，随着国家权力日益进入乡村基层自治共同体，在农村基层秩序的维持中，国家的正式法律规则就日益取得了相对于"村规民约"更高的规制效力。一个社会之中以国家强力为后盾的财产制度（如物权法）也成为乡民社会之中界定产权权属边界、定纷止争的主要工具与依据。如通过本书第六章的分析可以发现，即使在一个产权规则极为混乱的当下社会，对农民而言，制度规定的正式的产权规则仍旧是当前整个社会所信奉的最主要的土地产权规则，农民对于土地产权的界定首先考虑的是国家的法律政策规定；大量的"生存伦理权""祖业权"等非正式产权规则，其实更多的只是在土地价值上扬的背景下农民为维护自身土地利益而选择的一种"情理依据"，只是一种"弱者的反抗"，在农民与政府的双方博弈之中，政府只要存在着法律政策的依据便极少做出妥协让步。就此而言，当前有关土地产权制度的社会学研究，其实只是关注了非正式产权规则的运作实践逻辑，却极少注意到正式的土地产权制度规则背后的社会学意涵，这不能不说是既有社会学产权研究的一大遗憾。而也正是在这个意义上，本书主要关注了正式的农村集体土地产权制度对农村社会结构的影响，这相对于已有社会学的产权研究而言具有一定的理论价值。

其次，本书较为全面地揭示出了农村土地产权制度与农村社会结构之间相互影响的内在逻辑机制。通过江东镇的经验可以发现，一方面，农村土地产权制度对于农村社会结构的形塑作用显而易见，如本书第五、第六、第七章的论述实际上都选择了一种以土地产权制度为自变量，以农村社会结构为因变量的方式为主展开的论述；与此同时，来自江东镇的经验还可以发现，农村社会结构反过来也构成了农村土地产权制度演进的重要推动力量。例如，家庭联产承包责任制的土地产权制度变革使江东镇农村基层政府、集体与农民的关系由基于"共容性利益"的治理—依附关系，化约为围绕着税费提取与征缴而发生的赤裸裸的竞争性的经济利益关系，而这种社会关系结构的调整又会反过来进一步加剧农民对于农村土地收益权的争夺，进一步迫使国家进行农业税费改革——在土地产权权能结构上进一步向农民赋权。总之，通过江东镇的经验，我们可以发现，土地产权制度与社会结构之间是一种典型的互构逻辑关系。但是仔细分析社会学已有产权问题的研究，可以发现，这些研究主要强调的只是社会结构对于土地产权制度的影响，而对产权制度之于社会结构的内在影响研究不足。在产权的社会建构视角看来，既然产权是一种社会约束条件下，人们互动过程而形成的社会性合约，那么不同的制度背景、文化观念以及社会关系结构等约束条件之下，必然导致各种时空与地域范围内产生不同的产权制度安排。也正是在这种研究理路上，当下社会学家关于土地产权的论述，也更多地看到了"祖业权""平均主义占有权""保障生存权"以及"集体共享的管理与公正观"等地方性知识对农民产权观念与农村产权规则的影响。从这个角度来说，我们可以发现，社会学家已有关于土地产权问题的探讨，更多只看到了社会结构对深嵌其中的产权规则的影响，亦即主要看到了"嵌入'结构'的'制度'"这一面向，却忽略了产权制度对农村社会结构的影响，即"制度化了的结构"这一面向的考察。实际上，在主流的西方产权研究中，除了关注社会产权制度的经济绩效外，早已更多地关注了产权制度之于一个社会的政治形态与社会形态的内在关系。如土地私有制拟定了土地占有者之间独立的排他性关系，并进而在横向社会关系结构上容易催生出具有独立经济理性人格的平等契约关系——这恰恰是公民社会形成的基础。杨小凯、许章润等人则从更为宏观的角度研究了私有产权制度对西方国家民主宪政发育等的影响。[①] 因此，从这个角度来说，本书有关农业集体化、农业税费以及后税费三个时期内，农村土地产权制度之于农村社会结构（社会关系结构、产权认知结构、社会意识形态结构）影响的论述，相对于社会学视角下的产权研究而言无疑具有一定的开创性，它从一个更为中观的视角审视了农村集体土地产权制度之社会后果，在一定程度上也丰富了有关农村社会结构的观察维度。

最后，更为重要的是，本书在动态层面指出了农村土地产权制度与农村社会结构之间复杂的共变关系，这相对于已有社会学的研究是一个较为

---

① 有关这一方面的研究可参见杨小凯《土地产权与宪政共和》（《南方周末》2003 年 5 月 22 日）、许章润《地权的国家德性》（《比较法研究》2010 年第 2 期）、许成钢《国家垄断土地所有权带来的基本社会问题》（《中国改革》2011 年第 4/5 期）、党国英《揖别土地政治》（《中国新闻周刊》2012 年第 2 期）等文章。

第八章 结论与讨论

明显的超越。一如前文所述，社会学有关土地产权问题的论述，主要强调了特定时空条件下的制度背景、文化观念以及社会关系等因素对乡土实践中的土地产权规则的约束，如前文所述，刘世定、折晓叶与陈婴婴、申静与王汉生、张静等的论述。从这个角度来看，社会学已有产权问题的研究实际都只是一种静态的观察，着重强调的是当下田野实践中，一种稳态时空条件下的产权运作机制，因而也都无法较好地理解实践中的土地产权规则是如何演进的。董国礼的《中国土地产权制度变迁：1949—1998》是少有的一篇从社会学视角关注农村集体土地产权演进的文献，也是与本书的论述较为相近的一篇文献。该文将1949—1998年50年间的土地产权制度变迁看作一个"制度均衡—制度非均衡—制度均衡"的动态变迁过程，并且纳入了"政治意志""经济绩效""意识形态"等多种变量，作为每一次土地产权制度演进背后的基本动力所在（作者将之统称为"制度非均衡"）。但这种理解主要是一种借用经济学概念的分析，总体显得较为机械，因为这种基于特定历史时段的特定解释，会导致过多变量因素的引入，而无法真正窥视土地产权制度与社会性因素之间的一般性的内在演进逻辑。[①] 相对于前述研究，本书以农村地权冲突为切入点，通过土地产权制度与农村社会结构间内在互构逻辑的分析，展现出了一个有关农村土地产权制度演进的新的观察视角。这样一种视角不仅揭示出了一个与经济学已有研究类似的观点，即产权制度的演进，总是朝着更为清晰化界定、更有效率的方向演进，同时，也证明了土地产权制度的演进，并不单纯是一个经济绩效的问题，其背后还涉及更为复杂的社会结构性因素的变迁。农村土地产权制度的演进，不单单涉及农业生产绩效，还与农村社会结构领域中的社会关系结构、产权认知结构、社会意识形态结构等紧密相连，农村土地产权制度是在与农村社会结构在互构、共变的逻辑之中一步步实现自身演进的。

总之，通过上述分析，我们可以发现，本书有关土地产权制度与农村社会结构互构逻辑的论述，不仅在于解释当下农村的地权冲突，同时这一分析视角自身也有着明显的理论意义。曹正汉在总结评论中国社会学家有关土地产权基本观点时，认为社会学家有关集体土地产权的研究存在两个

---

① 参见董国礼《中国土地产权制度变迁：1949—1998》，（香港）《中国社会科学季刊》2000年（秋）。

方面的局限,主要表现在一是没有将自身提出的产权界定原则的逻辑推演到底;二是有关产权界定规则不确定的论述还缺乏坚实的经验基础。[①] 实际上,社会学已有关于产权问题的研究局限还不止如此。以土地产权为例,当前有关农村土地产权问题的研究中,正式的土地产权制度与农村社会关系结构的内在关系究竟如何?正式的土地产权制度变革对农村社会结构的影响机制又是如何发挥作用的?产权制度演进背后的社会推动力究竟有哪些?等等,可以说这些较为纯粹的社会学有关产权制度的应有议题,截至目前其实并未得到很好的展开。本书有关土地产权制度与农村社会结构互构关系的理论,也只是以地权冲突为切入点对这一议题展开了初步的论述。其后续仍旧有许多值得进一步挖掘的具体议题,如"集体产权与社区认同""集体产权与村庄治理""集体产权改革中的社会矛盾""产权形态与村庄治理结构",等等。从这个角度来说,产权制度作为一个社会的核心制度之一与农村社会结构之间内在互构关系理应极其显著,有关产权制度之社会学的研究还只是刚刚起步,仍旧还有许多值得深入挖掘的理论空间。

第三节　集体土地产权秩序转型:由政治逻辑迈向经济逻辑

理论研究的目的在于观照现实。一如本书导论所言,围绕着当前农村的地权冲突,学界内部形成了不同的学术解释以及不同的改革主张。如"右派"认为当前农村地权冲突之所以频繁,原因在于,土地集体产权制度背景下,谁是中国土地的所用者是含糊不清的,农户仅获得了土地的使用权,而在收益权与处置权上具有不完整性,因而主张向农民进一步"赋权",甚至实行土地私有化。而"左派"则认为当下农村的地权冲突数量剧增,本质上只是21世纪以来土地价值凸显而引发的利益之争,而与农村土地集体产权制度之间并无直接关联,因而主张维持农村集体土地产权制度不变。同样,本书也不能仅停留于通过"制度—结构"互构视角对农村地权冲突进行"解释",最终也需要回到当下土地产权制度改革的一

---

① 曹正汉:《产权的社会建构逻辑——从博弈论的观点评中国社会学家的产权研究》,《社会学研究》2008年第1期。

般性认识上，对当下中国农村的土地产权制度改革做出应有的思考、评价与政策回应。

在本书看来，要真正认识当前中国农村数量众多、类型复杂的地权冲突，首先需要将当下的地权冲突与一个社会常态下的地权冲突区别开来。地权冲突毫无疑问是一个社会之中最主要的冲突类型之一，无论是传统社会还是现代社会，都存在着类型众多、形式多样的地权冲突，比较典型的如传统社会对于祖产（如祖坟山、族田）的争夺、拟血缘（如过继、过嗣）关系中出现的土地继替纠纷、地权交易中的契约纠纷，以及任何社会都普遍存在的土地相邻权冲突，等等。这种冲突几乎横亘于历史上的任何时期、任何空间地域。但是这种地权冲突的一个重要特征就是历史时空中的稳态分布，并不具有鲜明的时代特征，也不会对一个社会之中已有的土地产权规则造成冲击。从这个角度来说，当下中国的农村地权冲突除了具有传统地权冲突的一般性特征外，还具有了诸多不同的新特点，如它表现为特定历史阶段内的大规模集中爆发、地权冲突的主体极其多元、冲击了一个社会既有的土地产权规则，等等。这种区别也恰恰提醒我们，在认识当下中国农村的地权冲突时，不能局限于"某种特定冲突类型的特定原因解释"，而应该从特定地权冲突类型的具体原因中跳出，从一个更为中观的、整体性的视角来审视农村的地权冲突问题。

也正是在这个意义上，本书尝试提出"土地产权秩序"这样一个分析性概念，意指一个社会之中土地产权制度与农村社会结构之间嵌入而成的一种总体性状态。具体而言，在一个常态社会下，人们总是遵循着特定的产权规则进行着土地的生产、土地剩余的分配、土地权利的转移；即使发生地权冲突，也主要表现为零星的、局部的地权冲突个案；且存在着特定的规则、手段来裁决、修正地权冲突双方的行为。这样的一种土地产权秩序可称为一种"稳态的土地产权秩序"。而与之相反，当下中国农村，以及如本书第二章所简要讨论的18世纪中国农村所呈现的则是一种地权冲突大规模爆发、地权冲突主体多样、土地产权界定规则多元、地权冲突化解能力不足的局面，一个社会之中这种土地产权状态则可以称为"紊乱的土地产权秩序"。

那么，随之而来的问题是，这种紊乱的土地产权秩序又因何而来？通过本书前文的分析，可以发现这种紊乱主要来源于土地产权制度与农村社会结构之间的双重转型，即农村集体土地产权制度正在经历着一个不断向农民赋权、向集体限权的改革调整，与此同时，土地产权制度的这种改革同时导致了整个农村社会结构内部的社会关系结构、产权认知结构以及意识形态结构的持续紧张，而这种紧张关系成为当前农村地权冲突爆发的深层次社会根源。但是这种解释其实仍旧只是阶段性的，其在逻辑演绎上并未走到底，并未解释当下农村的土地产权制度、农村社会结构的转型究竟向何处而去的问题。也只有真正明晰了这一问题，才能从一个更为宏观的视角理解当下中国农村的地权冲突以及农村土地产权制度改革的目标与路径。

在本书第六章的论述中，笔者曾基于江东镇地权冲突案例的分析，概括指出了在当前农村土地产权认知中主要存在着三种产权认知界定规则，即公有产权规则、私有产权规则与家业产权规则。这一认识对于理解当下中国农村土地产权制度向何处去的问题具有较大的启示性。实际上，现实中这三种产权规则之所以会得到普遍尊崇，并非偶然，原因在于这三种产权规则分别具有内在的逻辑自洽性，是人们分别从政治维度、经济维度、社会（文化）维度来理解产权的一种结果，分别代表了产权的不同面向与属性。著名经济史学家卡尔·波兰尼（Karl Polanyi）提出要用"实体经济学"取代"形式经济学"，来分析资本主义市场出现之前的经济，并认为在资本主义市场出现之前的社会中，经济行为"植根"于社会关系。[①] 这表明传统社会的土地产权并不完全以市场化与私有化的经济产权的形式而存在，而是具有更加丰富的社会内涵。张小军（2007）在波兰尼"实质论"的基础上，借用布迪厄的资本理论体系，进一步提出了"复合产权"的概念，认为在前资本主义社会、社会主义等社会中，产权形态呈现明显的复合形式，是经济产权、社会产权、文化产权、政治产权和象征产权的复合体，并界定它们分别是经济资本、社会资本、文化资

---

① 波兰尼和他在哥伦比亚大学的同派学者认为，资本主义经济学的概念和分析都是以一个根据供求规律而定出价格的市场的存在为前提的。将这种经济学应用到尚无此类市场的经济体系上，实际上等于强把"功利的理性主义"世界化：把世界上所有的人，都等同于一个追求经济合理性的"功利的原子"。而且"形式经济学"的前提是人人都有余裕做经济抉择，并假定土地、劳动力和资本都可以用价格衡量，用货币进行买卖。而在他倡导的"实体经济学"的世界里，经济关系植根于社会关系，如古代的"互惠"关系（例如互助及亲属之间的义务），而非取决于市场和追求高利润的动机。转引自黄宗智《华北的小农经济与社会变迁》，中华书局1986年版，第3页。

本、政治资本以及象征资本的产权形式。① 这一认识对笔者具有重要启示，但与张小军主要从"资本"角度对产权进行多维分析不同，笔者更倾向于从产权内在逻辑意涵的角度对产权进行多维分析。

在笔者看来，一般意义上，人们对于土地产权的理解与界定，大体上存在着三个方面的维度，即政治维度、经济维度与社会（文化）维度。② 不同产权维度下，既有着不同的产权制度形态，也与之对应地有着不同类型的社会结构形态，亦即，不同的产权维度下会呈现不同的产权秩序。

产权的政治维度着重强调的是国家制度、政策可以凭借自身的政治权力参与产权界定，政治权力是产权界定的支配性原则。在政治维度下，所谓土地产权通常包含着如下的逻辑意涵："国家"通常被认为是土地的最终所有者，人们对于土地产权的理解会表现出强烈的国家所有权意识③。人们所拥有的土地权利来源于"国家授予"。一方面，国家之所以"授予"农民土地，原因在于土地是保障农民生存的一种必需的社会性资源，只有国家代表农民占有土地才能最大限度地保证土地占有的平均。正是这种土地授予关系建构了国家统治的正当性。另一方面，既然土地是国家"授予"的，国家（包括各级管理者）就可以凭借政治权力对农民的土地权利进行高度控制，这种控制也必然体现出国家终极所有权这一特征。本书第六章所提到的农村土地公有产权规则，可以说正是人们从政治维度理解土地产权的结果。从以上界定来看，农业集体化时期的集体土地产权制度可以说是一种从政治维度界定土地产权的制度设计。而从农业集体化时期的农村社会结构形态来看，呈现了高度的"集体化特征"——主要表现为一种高度"控制"型的农村社会关系结构、一种完全非排他性的土地产权认知结构，以及一套充盈于社会之中的"革命"意识形态下的"集体权力"话语。

产权的经济维度，主要强调了一个社会的产权主要由市场原则来认定，这也是主流经济学有关产权问题的传统认识。在这一产权维度下，

---

① 张小军：《复合产权：一个实质论和资本体系的视角——山西介休洪山泉的历史水权个案研究》，《社会学研究》2007年第4期。
② 下文有关产权的政治维度、经济维度以及社会（文化）维度等的论述，主要参见拙文《农村土地产权认知的三重维度及其内在冲突——理解当前农村地权冲突的一个中层视角》，《中国农村观察》2014年第6期。
③ 也正是在这一维度下，现实中人们会普遍感觉"土地是集体的，但归根结底是国家的"。

土地通常被视为个人的一项财产，其财产权利并非来自国家"授予"，而主要来源于市场契约行为。同时，土地产权市场契约行为的发生要求个人对于土地拥有的是一种"排他性"与"可转让性"的私有产权，国家的功能在于通过立法对人们的私有产权予以保护。从这个角度而言，土地的私有产权性质其实才是当前主流经济学家讨论土地产权问题时的主要落脚点，农村土地的私有产权规则反映的也正是人们从经济维度对于土地产权的认知。土地产权的私有，不仅意味着农民可以通过支配土地获取经济收益，土地本身就是财富的等价物，同时还意味着一种完全不同于公有制下的产权规则。本书第六章所提到的农村土地私有产权规则，可以说正是人们从这一维度理解土地产权的结果。同时，从这种界定来看，毫无疑问，以私有产权制度为基础的西方式的市民社会是与产权的这种属性相对应的社会形态。在这种社会形态下，整体的社会关系是一种由排他性产权关系所催生出来的具有独立经济理性人格的平等契约关系；人们对于土地产权的理解也表现为一种高度"排他性"的私有的土地产权认知；以私有财产权利为基础的个人权利话语构成了社会的基本意识形态。

人类学者与社会学者主要从产权建构视角来研究产权，他们普遍认为，一个社会的产权规则嵌入社会结构之中，除了受政治原则、市场原则影响外，还受社会性原则的支配，亦即人们会从社会（文化）的维度去认知产权。在这样一种土地产权认知维度下，土地产权规则其实是一个社会业已形成的地方性知识的等价物。中西方不同的社会性质决定了人们对于土地产权有着极其不同的理解。一般认为，中国传统社会是一种以"家"为基础的宗族化社会，宗族要保持自身的内聚性，除了依赖于共同的祖先认同，还需要发展出一种独特的基于"祖业观"而建构的"家业产权规则"，它蕴含了家族（宗族）成员及其子孙对祖业（主要是土地）的独占与共享观念，是宗族社会运行的经济基础。而在这种家业产权为基础的宗族社会内部，村庄社会关系结构上呈现的是一种横向的宗法关系以及纵向的士绅关系结构；在农民的土地产权认知上，土地不仅受之于父母，更受之于祖先，这是"家业产权"的根本特征；同时，在社会意识形态上，家业产权中嵌入的伦常道德思想其实也是传统社会儒家意识形态的核心。

有关这三种产权属性内在特征的差异，我们可以通过下面一个表格进行初步的比较（见表8-1）。

表8-1　　　　　　　农村土地产权三种产权属性的对比

产权属性	土地性质	所有权形式	界定依据	支配性原则	产权规则
政治属性	作为生产资料的社会性资源	国家所有，"权能残缺"	政治权力	政治原则	公有产权规则
经济属性	作为个人财富的财产属性	私人的"类所有权"	契约法律	市场原则	私有产权规则
社会（文化）属性	祖先遗留的家族财产	特定的群体共有	传统惯习	身份原则	家业产权规则

需要指出的是，上述三种土地产权维度及其构建出的三种土地产权秩序，更多的还只是一种理论假设，每一种产权属性及其与之对应的产权秩序之间还需要大量的理论论证；同时，这样一种区分也只是一种理想型意义的区分，实际上现实当中更多的是三种产权属性并存的复合状态①。但是，这样一种有关土地产权属性与产权秩序的区分却对于理解一个社会之所以会出现地权冲突的大规模爆发——紊乱的土地产权秩序具有重要的启示意义。从土地产权属性的角度来看，一个社会之所以会爆发大规模的地权冲突，恰恰表明了一个社会正在经历着由一种土地产权属性为基础的土地产权秩序向以另一种产权属性为基础的产权秩序的过渡，亦即一个社会正处于原有的土地产权秩序瓦解，而新的产权秩序尚未形成的中间过渡状态。这种产权秩序转型表现在一个社会内部可供观察的具体形式上，无论是土地产权制度，抑或与之高度镶嵌的社会结构都在发生着剧烈的变化，这种剧烈变化带来了农村社会结构内部的社会关系结构、产权认知结构以及意识形态结构的持续紧张，而这种紧张关系也正是一个社会爆发大规模农村地权冲突的深层次社会根源。

---

①　如杨国桢通过明清土地契约文书的考察认为，中国传统社会的土地所有权是不完全的、自由的土地所有权。"在它的内部结构上，虽然它的横向结构同完全的、自由的土地所有权一样，具有作用不同的各项权能；但他的纵向结构，却并存着国家的、乡族的和私人的三个不同层次的权利。"（杨国桢：《明清土地契约文书研究》，人民出版社1988年版，第3页）笔者以为，传统社会的土地产权既有明显的产权属性上的分化，但也有着明显的权利层次上的划分。正是由于土地不同权利层次分别对应了不同的产权属性，才使得土地产权的三重产权属性能够并行不悖地分别作用于不同社会情境域，从而有机统一于传统社会土地产权的日常实践之中。同时，更为重要的是，在一个稳态的产权秩序下，必然表明一个社会之中存在着主导性的产权属性，因此，相对于三种产权属性而言，关键是一个社会是否具有主导的产权属性。

本书第二章的有关论述，曾以步德茂有关18世纪中国大量的财产权纠纷的论述为基础，运用"制度—结构"互构的视角，对这一时期何以爆发大规模的地权冲突进行了再次的"历史检视"。实际上，在此基础上倘若再引入"产权三重属性"的理论视角，我们可以在一个更为宏观的层次上发现，18世纪以前的中国农村社会，实际是一个以产权的社会（文化）属性为主导的土地产权秩序①，也一如第二章所言，中国传统社会盛行的是一种传统的"家业产权"性质的产权规则（制度），以及一个与此高度相关的"宗法型"与"士绅型"的农村社会结构。但是在18世纪，面对人口压力与商品经济的双重冲击②，传统社会土地产权的社会（文化）属性逐渐遭到了削弱，取而代之，农村土地产权的经济属性逐渐凸显③，反映在具体的产权制度与农村社会结构上主要表现为，这一时期，随着土地价值

---

① 这种产权属性表现在日常实践中具有如下几个方面的特征：一是土地产权不具有完全私法意义上的独立性与排他性，土地产权的移位受到宗族性的"家业"观念的影响。这突出地表现在土地租佃、典押、买卖过程中的亲邻优先权。二是土地契约的民间习惯法盛行，官方既允许习惯法的运行，又在尊重习惯法的基础上裁决交易纠纷。三是土地产权的交易之中蕴含着丰富的道义伦理，优先保证弱者的土地权利。如以土地的回赎为例，在中国传统社会，凡属活买均有赎回的权利。相关研究众多，可参见赵晓力《中国近代农村土地交易中的契约、习惯与国家法》，《北大法律评论》1998年第2期；[英] 莫里斯·弗里德曼《中国东南的宗族组织》，刘晓春译，上海人民出版社2000年版；李文治、江太新《中国宗法宗族制和族田义庄》，社会科学文献出版社2000年版；[日] 寺田浩明《权利与冤抑——清代听讼和民众的民事法秩序》，王亚新、梁治平编《明清时期的民事审判与民间契约》，法律出版社1998年版；罗海山：《传统中国的契约：法律与社会——以土地买卖、典当契约为对象的考察》，博士学位论文，吉林大学，2005年；等等。

② 如步德茂在《过失杀人、市场和道德经济》一书中就曾记载到，因为巨大的人口压力一些地方出现了挖掘祖先的坟墓，平整后加以耕种的事件。无疑，这种行为在当时仍会受到道德强烈谴责，但一些人却为了生存或追求利益而为之。此外，类似观点还可见孙毓棠、张寄谦《清代的垦田与丁口的记录》，载《清史论丛》第1辑，中华书局1979年版，第117—120页。

③ 有关这一时期土地产权经济属性凸显，在日常实践中大致有如下几个方面的表现：首先，"家业产权"的性质越来越被农民遗弃，土地被视为核心家庭的独立财产。一方面，土地在租佃与买卖上的亲邻优先权被打破，土地日益超越了在传统宗法关系之间的同宗同姓之间的租佃与买卖，而成为市场上以价格为主导的自由买卖。"卖主在出卖土地时，所遵循的原则已不再是'先尽亲房人等'了，而是以谁能出更高的价钱来确定买主，即'有出价者即系售主'"；另一方面，一些祖业祖产亦丧失了其象征性与神圣性，沦为一件只具有财富价值的普通商品。其次，在土地产权交易的双方，对典卖物的回赎、续佃、催租等行为中旧有的"保护弱者"的道义伦理也因为土地价格的上涨而日益被剔除出了土地产权的内核。以土地的回赎为例，按照传统惯例，非绝卖土地，卖主有回赎权，回赎的价格在清代以前都是以原价赎回，并不受物价或田价上涨的影响。但是到了清代前期，这种情况发生了变化，卖主要赎回土地时被不少买主提出要按时价而论。此外，传统的"优先续佃权""灾损减免权"等道义伦理同样在土地价格上涨的背景下日益被抛弃了。相关研究可参见江太新《略论清代前期土地买卖中宗法关系的松弛及其社会意义》，《中国经济史研究》1990年第3期。

的凸显，整个农村社会出现了两种土地产权规则（制度），即基于传统的家业产权规则与基于"市场经济理性"的私有产权规则。而与之紧密联系的更深刻的社会结构领域的变革则表现为宗法型社会结构的解体，以及士绅阶层的抽离。有鉴于此，我们可以说，18世纪其实是中国农村土地产权秩序演进的一个拐点，它表明中国农村土地产权秩序正在经历着一场由社会（文化）属性为主的产权秩序向以经济产权属性为主的土地产权制度的嬗变。土地产权社会（文化）属性的衰落以及经济属性的凸显——这种此消彼长使整个社会同时共存了两种产权属性，这也导致此一时期中国农村土地产权秩序的紊乱，成为引发当时农村大量土地财产权冲突的更为宏观也更为深层次的理论解释。

而基于同样的解释逻辑，我们可以认为，当下中国农村的土地产权秩序也正在经历着一场类似的转型，即由以政治属性为主的土地产权秩序，向以经济属性为主的土地产权秩序的转型。① 农业集体化时期是这一产权秩序变革的起点，也无疑是一个典型的以产权的政治属性为主的土地产权秩序。在这种土地产权秩序下，农村土地产权制度表现出了明显的向上的"非排他性"与"排农民性"；与之相应地，国家在推进农村土地产权制度变革的同时，也推进了一个系统化的农村社会结构改造工程，这就是对农村社会关系结构、农民土地产权认知结构与社会意识形态结构的全方位改造。可以说，正是这种改造保证了农村集体土地产权制度与农村社会结构之间的高度镶嵌，也使这一时期的农村土地产权秩序表现为一种稳态的产权秩序。但是，这一时期农村土地产权制度突出的"向上的非排他性"与"排农民性"特征，注定了这一土地产权制度对于农民激励的不足以及整个制度运行的低效率。正是看到这一内在的产权制度弊端，20世纪80年代的家庭联产承包责任制改革自然选择了一个向农民赋权的产权制度调整方向，农村社会结构也随之不断做出改变，同时，因农村社会结构的这种变迁所引发的结构内部的压力，又成为新一轮农村集体土地产权制

---

① 通过前文分析，笔者认为当下中国农村土地产权的社会属性，并未真正复兴，更多的是在政治产权属性消退后的去政治化。所谓去政治化，意味着国家权力日益从社会退出以及整个社会意识形态领域的松绑，这恰恰为各种在"革命"的意识形态及其政治权力面前"蛰伏"的村落共同体价值（包括产权观念）的"复归"提供了条件。但是，这种并非真正复归，而只是假借集体土地产权属性，谋取经济利益。

度变革的前置原因。而从土地产权属性的角度来看，以"共有与私用"①为主要特征的农村家庭联产承包责任制改革，其实从一开始就孕育了农村集体土地所有制的经济产权属性，部分地实现了土地之于农民的私有财产意义。同时，沿着土地产权制度与农村社会结构互构、共变的演进逻辑，我们可以发现，一旦这场改革启动，就注定了中国农村土地的产权秩序必然进入一个朝着政治属性衰落而经济属性凸显的方向演进；而两种土地产权属性的并存也就注定了中国农村的土地产权秩序会处于一种紊乱的失序状态。当然，进入21世纪以来的农村土地升值，则成为诱发这场地权冲突大规模爆发的直接导火索。

正是把握了这一点，我们可以说，当下中国农村地权冲突的大规模爆发，有其内在的逻辑必然性，它实际上是整个20世纪80年代启动中国农村土地产权制度变革的必然产物。面对当前农村大规模的地权冲突，当政者所需要的是一种正视问题、妥善解决的态度，而不应该怀疑改革、否定改革。同样，从未来中国农村土地产权制度改革的方向与趋势来看，不断赋予农民更多土地产权权利束，不断推进与农村土地产权制度变革相适应的农村社会结构变革，最终建立起一个与农村土地产权的经济产权属性为基础的土地产权秩序，应该是这场改革需要坚持的基本方向。当然还要强调的是，当前农村土地产权制度的深化改革需要稳步推进，一旦进行剧烈的产权制度改革，必然引发激烈的社会结构变革，也必将导致社会结构内部"压力"的急剧增加，从而危及社会稳定。因此，"改革的力度取决于社会的可承受度"，这一较为官方化的表述其实也是本书有关下一步农村土地产权制度改革的基本建议。

---

① 赵阳：《共有与私用——中国农地产权制度的经济学分析》，生活·读书·新知三联书店2007年版。

附 件

《浙江省人民政府办公厅转发省农村政策研究室关于稳定和完善土地承包责任制报告的通知》

各市、县人民政府，各地区行政公署，省政府直属有关单位：

　　经省人民政府同意，现将省农村政策研究室《关于稳定和完善土地承包责任制的报告》转发给你们，望认真贯彻执行。

一九九一年七月十五日

关于稳定和完善土地承包责任制的报告

　　省人民政府：

　　近年来，我省不少地方在稳定和完善土地家庭联产承包责任制方面做了许多工作，取得了较好的成效。但是，工作进展不平衡，特别是一些承包基础比较差、又一直未进行过完善的地方，土地承包中存在的问题比较多。有些地方土地好差搭匀、按人平均分包，造成承包土地细碎分散，严重影响了作物布局、机械耕作和土地的合理利用。有些地方土地承包以来，由于人口、劳力变化较大，出现了有人无地种、有地无人种的现象。在部分二、三产业不发达的地方，新增人口、劳力要求承包土地的呼声十分强烈；相反，在一些经济发达地区，一部分从事二、三产业的农户，又迫切要求退出或减少承包土地。为了解决农村土地承包中存在的突出问题，进一步稳定以家庭承包为主的责任制，完善双层经营体制，促进农业生产的发展，现提出如下意见：

一　完善土地承包责任制的指导思想和原则

各地都要从当地实际出发，针对存在的突出问题，本着有利于农村政策的稳定，有利于农村社会的稳定，有利于农村经济的发展，认真做好土地承包责任制的完善工作。一是要稳定土地承包关系。只要承包办法基本合理，农民基本满意，承包还没有到期的，就不要轻易变动。二是在承包期内，确需调整土地的，要适当控制调整面。因人口、劳力变化大，城镇建设征地、农田水利基本建设等影响土地承包的，必须因地制宜，做好完善工作。能用其他办法解决的，就尽量不要调整土地，通过小调整能解决矛盾的，就不要搞大调整，非大动不能解决问题的，要经过乡党委讨论、报县农经委批准后，有领导有计划地及时引导群众搞好调整。三是承包到期的，要认真做好新一轮的承包工作。通过调整、完善、落实村镇规划，留好路渠等农田基本建设用地，解决当地的突出矛盾，促使农户承包的土地相对集中，逐步实现承包合同规范化。

二　明确土地承包对象

农村二、三产业的发展，使农民就业情况发生了很大的变化。因此，在承包土地调整工作中，要认真研究确定土地承包对象。现役军人、自理口粮进城的农民，经劳动人事部门批准的转工不转粮人员，凡家庭有经营能力的，可同其他社员一样，享有土地承包权。经过结婚登记的男女婚嫁人员，应在落户方承包土地。农民同非农业人口结婚，户粮关系留在原地，本人有要求，并有条件经营的，应予保留承包土地。女方粮户关系在农村的，其出生的婴儿应随母申报户口，并应分给口粮田。农户全家粮户关系外迁的，其承包的土地和自留地、自留山应交还集体。农户全家自理口粮进城镇的，可以保留口粮田，但要交还其他承包土地。农户家庭个别成员粮户关系外迁的，承包期内的土地，由其家庭继续承包经营，无力经营的，由集体另行发包。其他特殊情况，可参照上述原则，由各县（市）制订补充办法。

三　逐步实行"两田制"

为了保持承包土地的相对稳定，在提供商品粮较多的地区，经过充分酝酿、商量，取得群众同意，可以逐步实行"两田制"。"两田制"的一般做法是：把集体土地分成口粮田和责任田，以及少量机动田，口粮田按人口平均分包，责任田有劳动能力的社员自愿承包，口粮田、责任田各自相对集中连片。"两田制"的另一种做法是账面"两田制"，即农户承包的口粮田和责任田在地块上不作区分，承包土地的总面积不作变动，而"两田"的具体面积，则根据人口和劳力的变化情况，在农户内部加以调整。人口增加户，可以减少一部分责任田，用作新增人口的口粮田，人口减少户，则减少一部分口粮田，改作责任田，同时对粮食定购任务作相应调整。

四 妥善解决承包期内出现的土地转包问题

为鼓励农民投肥投工，增加投入，培养地力，土地承包要保持稳定，承包期不能太短。承包期内因人口增减变化或建设用地而出现的矛盾，应尽量采取"动粮不动地"或"动钱（即差价找补）不动地"的办法解决。农户无力耕种或转营他业，而要求不包或少包土地的，可以交还发包单位统一安排；可以经发包单位同意，由社员自找对象协商转包；也可以根据自愿互利、优势互补的原则，联户组织合作经营。

五 认真处理农村建房和土地征用后的遗留问题

农户承包的土地被征用，除青苗补偿费和个人投资兴建的地面建筑物补偿费归原承包土地的农户外，其余土地补偿费和安置补助费等，原则上应依法归集体统一管理使用。农户因征地失去的承包土地，由发包单位适当调整解决。若土地安置补助费已被农户领取使用，农户必须如数退还集体，否则，不再给予调剂承包土地。未经批准擅自在承包土地上建房的，或者虽经批准、但超面积违章建房的农户，除按有关法规处罚外，擅自占地或超面积占地部分，必须继续履行原承包土地应承担的各项义务，调整承包土地时，不再给以弥补。

六 正确处理经济果木的承包问题

经济果木生长周期较长，在承包期内承包关系一定要保持稳定。在进行新一轮土地承包时，对已连片种植经济果木的土地，应允许原承包农户优先承包，以保护原承包农户的经济利益。经济果木面积较少，不宜于分户平包经营，征得群众的同意，可以组织专业承包。种在田塍地坎上的零星果木，应坚持谁种谁有；因调整而需要变动的，应该合理折价，使原经营者得到补偿，幼树也可以采取移植的办法解决。

鉴于水果、茶叶等产品的市场价格波动较大，一般可规定上交产品数量，然后按当年价格折算承包金。

七 加强承包土地的管理

要完善土地承包合同。应根据《浙江省农业承包合同管理试行办法》，加强农业承包合同管理。农户承包集体的土地，都应该按承包合同的规定缴纳承包金。原来承包金标准定得偏低的，可适当调整。

要教育农户必须按承包合同的规定使用土地，保证种足粮棉面积。对擅自改变土地用途的，如在耕地上种植多年生作物、挖塘养鱼、取土烧砖瓦等，村经济合作社有权按合同规定收取违约金，并责成其恢复耕地原貌；对难以恢复耕地原貌的，村经济合作社除收回这些土地外，应处以经济损失赔偿。

八 鼓励农户增加对土地的投入

为了调动农户投肥投工、增加土地投入的积极性，各地在完善土地承包制中，要因地制宜开展土地分等定级、升奖降赔的工作，建立地力补偿制度。土地等级的评定，可以根据农民长期实践的经验，视地块的土壤肥力、灌溉条件和历年产量等因素来综合考虑；也可以逐丘逐块查田定产，民主评定各地块在正常年景所能达到的平均产量，按照产量的高低划分等级；有条件的地方，也可以测定土壤氮、磷、钾和有机质的含量。按照理化性能的优劣来划分等级，在划定土地等级的基础上，承包合同中要明确规定土地投入的要求，并作为奖罚的依据。凡是增施有机肥料，提高土壤肥力等级的，或用其他形式整治土地的，在承包到期或转让、转包时，都要给以相应的奖励和经济补偿。补偿奖励资金可在上缴的承包金或村农业发展基金中列支。对弃耕抛荒、掠夺性或破坏性经营土地的，要进行经济处罚，直至终止承包合同，收回承包土地。

有条件的地方，要逐步开展土地使用情况的调查登记，建立土地档案。

九 切实加强领导

首先，要教育干部群众正确理解稳定和完善的关系。农村实行以家庭联产承包为主的责任制，是符合我国国情和当前农业生产力水平的，具有广泛的适应性和旺盛的生命力。它作为农村的一项基本制度，一定要保持长期的稳定。但是，随着农村产业结构的调整，商品经济的发展，人口的增加等，土地承包中必然会遇到一些新的问题，需要不断加以完善。稳定和完善是一个事物的两个方面。稳定，是对农村基本政策和制度而言，完善，是指实行这些基本政策和制度的具体方式的改进和措施办法的调整，不能把两者对立起来，也不能把两者混同起来。另外，要充分认识调整完善土地承包是一项涉及面广、政策性强的重要工作，既不能放任自流，又要严防草率从事。各地要有领导分管，并指定专门的机构负责，组织力量，搞好调查研究，明确完善工作的指导思想，因地制宜制定适合当地情况的调整完善的具体政策。在人劳争地矛盾突出，或者原来土地承包期限已到，需要调整完善土地的村比较多的地方，领导要亲自动手，搞好试点和干部培训，摸索经验，由点到面逐步展开，以确保完善工作保质保量不违农时地做好。

以上报告，如无不当，请批转各地执行。

浙江省农村政策研究室
一九九一年六月二十五日

杭州市征用集体所有土地实施办法

（2000年5月17日杭州市人民政府发布）

第一章　总　则

第一条　为加强征用土地管理工作，维护集体土地所有者和使用者的合法权益，确保经依法批准的建设项目顺利进行，根据《中华人民共和国土地管理法》《中华人民共和国土地管理法实施条例》等有关法律、法规的规定，结合本市实际，制定本办法。

第二条　本市市区范围内征用集体所有土地的补偿、安置，适用本办法。因征地涉及房屋拆迁、安置的，按照《杭州市征用集体所有土地房屋拆迁管理条例》的有关规定执行。

撤销村、组建制后属于原建制的剩余集体土地收归国家所有，其补偿安置办法由市政府另行规定。

第三条　市土地行政主管部门负责市区征用集体所有土地的审查报批和组织协调及监督管理工作。

各区人民政府负责组织同级土地行政主管部门和乡（镇）人民政府实施辖区内征用集体所有土地事宜。

各区土地行政主管部门从事征地事务工作的事业单位，在同级土地行政主管部门的领导和上级土地行政主管部门的指导下，承担征地补偿安置的具体事宜。

杭州经济技术开发区管委会负责开发区范围内征用集体所有土地的审查和组织协调管理工作，并组织实施征地补偿安置的具体事宜，其征地报批工作由市土地行政主管部门统一负责。杭州之江国家旅游度假区管委会和杭州国家高新技术产业开发区管委会协同所在区人民政府负责组织实施开发区范围内征用集体所有土地事宜。

第四条　征用集体所有土地应当按照本办法规定进行补偿安置。

被征用土地的所有权人和使用权人必须服从依法批准的建设项目用地需要，按经市政府批准的征地补偿安置方案确定的期限移交被征用土地。

第二章　征地实施程序

第五条　经国务院批准以及经省人民政府在征地批准权限内批准农用地转用的，同时办理征地审批手续，不再另行办理征地审批手续。

第六条　在土地利用总体规划确定的城市建设用地和经国务院批准的国家级开发区建设用地范围内，需要征用土地的，按下列程序办理审批手续：

（一）市计划部门会同市土地行政主管部门、开发区管委会确定市区各类建设项目用地计划。

（二）建设单位按基本建设程序分别向计划、规划部门及开发区管委会申请计划立项及规划选址。

（三）市土地行政主管部门及开发区管委会根据规划部门划定的征地范围，在征地所在区域发布征地冻结通告，并通知有关部门在征地范围内暂停办理户口的迁入、分户、房屋交易、翻（扩）建、装潢、核发营业执照、调整农业结构等有关事宜。

（四）市、区土地行政主管部门及开发区管委会根据建设项目性质与规划部门划定的征地范围，按照土地利用总体规划要求和年度用地计划进行农用地、耕地及征地范围调查，由市土地行政主管部门编制农用地转用方案、补充耕地方案和征地方案，经市人民政府审定后上报省人民政府审批或转报国务院审批。

（五）征用土地方案经依法批准后，由市土地行政主管部门根据规划部门或开发区管委会规划定点审批文件，下达征地任务书。各区人民政府、杭州经济技术开发区管委会自征地任务书下达之日起10个工作日内，将批准征地机关、批准文号、征用土地的用途、范围、面积以及征地补偿标准、农业人员安置办法、办理征地补偿登记的期限等在被征用土地所在地的乡（镇）、村予以公告。

（六）各区人民政府、杭州经济技术开发区管委会应当在公告发布后，即行组织办理征地补偿登记。

被征用土地的所有权人和使用权人应当在公告规定的期限内，持集体土地所有权证、集体土地使用权证或承包经营权证及其他有效权属证明资料，到公告指定的单位、地点办理征地补偿登记。在规定期限内不办理征地补偿登记的，由土地行政主管部门或开发区管委会会同有关部门依据土地管理法律，法规规定的程序调查登记确认。

（七）各区土地行政主管部门、杭州经济技术开发区管委会根据批准的征用土地方案及复核确认的补偿登记情况，拟定征地补偿安置方案，报经市土地行政主管部门审核同意后，在被征用土地所在地的乡（镇）、村予以公告。

征地补偿安置方案应包括以下内容：

1. 征地范围面积及补偿金额；
2. 征地安置人员的具体安置办法；
3. 征地补偿安置方案公告征询异议的期限；
4. 搬迁交地期限；
5. 其他有关事宜。

被征用土地的所有权人和使用权人对征地补偿安置方案有异议的，应在公告规定的期限内提出。

（八）各区土地行政主管部门、杭州经济技术开发区管委会根据公告情况对征地补偿安置方案进行修改，并经市土地行政主管部门审核同意，经市人民政府批准后组织实施。

被征用土地的农村集体经济组织或农民对征地补偿标准有争议的,由区人民政府、开发区管委会组织协调;协调不成的,当事人可提请批准征用土地的人民政府裁决。征地补偿标准争议在裁决前不停止征地行为的实施,裁决后按裁决的结果执行。

(九)市土地行政主管部门依法向建设用地单位核发《建设用地批准书》,被征用土地的所有权人和使用权人应当在规定时间内搬迁交地。

第七条 在本办法第六条所述建设用地范围以外征用土地的,按国家规定的权限报批,并按本办法第六条规定的程序组织实施。

第三章 征地补偿

第八条 征地补偿安置费用包括土地补偿费、安置补助费以及地上附着物和青苗补偿费,征用单位还应该按规定缴纳有关费税。

第九条 土地补偿费归农村集体经济组织所有,地上附着物和青苗补偿费归地上附着物和青苗的所有者所有。安置补助费必须按本办法规定专款专用,不得挪作他用,土地补偿费及安置补助费应主要用于征地剩余人员的统筹安置。

第十条 征地补偿安置费用的标准,由市人民政府另行制定。

第十一条 征用集体非农建设用地及宅基地需要占用农用地拆迁复建的,应当与建设项目同时规划、统筹安排,原建设用地不支付征地补偿费用,其地上合法建(构)筑物按规定给予补偿;复建用地应按本办法规定实施征用,相同面积的征地补偿费用及有关费税由建设单位支付。不改变原土地用途的,按行政划拨方式供地。

第十二条 下列地上建(构)筑物、青苗一律不予补偿:

(一)不具有合法产权证书或其他有效证明的建筑物、构筑物;

(二)征地冻结通告发布后栽种的花草、林木、青苗及建造的建筑物、构筑物、其他设施和突击装修的;

(三)超过批准期限的临时性或暂保使用的建筑物、构筑物;

(四)未经有权审批部门依法批准建设的室外地坪、围墙等;

(五)《杭州市殡葬管理条例》实施后建造的坟墓。

第十三条 被征地的农村集体经济组织应当将征用土地的补偿费用的收支状况向本集体经济组织的成员公布,接受监督。

禁止侵占、挪用被征地单位的征地补偿费用和其他有关费用。

被征地单位征地补偿安置费的使用情况，由各区审计部门负责审计监督，每年审计一次。

第十四条 耕地征用后，土地行政主管部门应当在批准之日起15日内通知财政部门，财政部门按规定相应核减被征地单位相应农业税。

第四章 征地剩余人员安置

第十五条 建立市区乡（镇）、村农业人口及耕地动态统计制度。动态统计基准年为1999年，基准年的农业人口与耕地数据由村民委员会如实填报，报乡（镇）、区人民政府、开发区管委会审核汇总，经市统计部门审定后，由市土地行政主管部门建立基准年农业人口与耕地数据库。

各区、开发区管委会土地行政主管部门应在征地项目完成后，将被征地单位的农业人口与耕地增减情况进行登记，经市土地行政主管部门审核调整，作为今后征地补偿安置的依据。

第十六条 征地安置人员，必须是征地冻结通告发布之日被征地单位在籍的常住农业人口。具体数量按被征用耕地（园地、鱼塘视同耕地）面积除以征地前被征地单位人均耕地面积计算，被征用的非耕地按耕地标准的一半计算。

征地安置人员应在征地补偿安置方案批准之日起3个月内办理农业户口转为非农业户口（简称"农转非"）的手续。征地已安置人员在以后征地中不得重复计算。

第十七条 征地"农转非"人员可采取货币安置、招工安置等多种途径进行安置。

第十八条 征地安置人员，通过自谋职业方式自行解决生活出路的，实行货币安置，在与被征地单位签订自谋职业安置协议后，可一次性领取相应的安置补助费和自谋职业费用。

支付给个人的安置补助费，经被安置人员同意后，也可以由村集体经济组织统一用于支付被安置人员的养老保险费用。

第十九条 征地"农转非"符合招工条件的人员，建设用地单位有条件招用的，经体检合格，实行招工安置。

招工安置人员安置补助费支付给招工单位。

招工单位应与招工安置人员签订首期不少于15年的劳动合同。在此期间用人单位因经营需要与安置人员解除劳动合同的，用人单位应一次性补足安置人员 15 年的养老统筹费用和其他社会保险费用（因本人原因解除劳动合同的除外）。

国家机关、军事设施用地，一律不实行招工安置。城市基础设施、公益事业用地以及政府重点扶持的能源、交通、水利等用地，一般不实行招工安置。

第二十条　交通、市政、绿化、水利等基础设施建设征用土地，经市政府批准采取开发性安置的，由被征地单位统一负责安置征地剩余人员，其安置补助费支付给被征地单位，并由市土地行政主管部门核发给被征地单位一定比例的开发性安置建设用地指标，由各区或乡（镇）人民政府统筹安排。

采取开发性安置方式的建设项目（除房地产开发用地以外），其建设用地按行政划拨方式或集体土地使用方式供地。

开发性安置用地发生土地使用权转让等交易以及改变土地使用用途等情况的，必须依法补办土地有偿使用手续。

第二十一条　因特殊工程项目急需提前用地的，经市土地行政主管部门批准，从被征用土地交付之月起至正式安置前，对需要安置的征地剩余人员，按市政府统一规定的标准支付相应的生活补贴费，与征地补偿费用一并核拨。

第五章　法律责任

第二十二条　违反土地管理法律、法规及本办法的规定阻挠征地工作的，由市土地行政主管部门责令交出土地；拒不交出土地的，由土地行政主管部门申请人民法院强制执行。

第二十三条　被征地单位或有关部门谎报人士比例，在征地补偿安置过程中弄虚作假、冒名顶、冒领征地补偿安置费用以及非法占用征地补偿安置费用的，由土地管理部门责令退赔，并依法追究主管人员及直接责任人的行政责任；构成犯罪的，依法追究刑事责任。

第二十四条　阻挠和破坏征地工作，妨碍土地管理人员依法执行公务的，由公安机关依照《中华人民共和国治安管理处罚条例》予以处罚；构成犯罪的，依法追究刑事责任。

第二十五条　土地管理部门以及从事征地事务工作的人员，在征地工作中以权谋私、徇私枉法、收受贿赂的，由其所在单位或上级机关给予行政处分；构成犯罪的，依法追究其刑事责任。

第六章 附 则

第二十六条 本办法由杭州市人民政府法制局负责解释。

第二十七条 本办法自发布之日起施行。市人民政府《关于改革和加强国家建设征用市郊土地补偿安置管理若干意见的通知》同时废止。

本办法实施前已经依法进行征地补偿安置，或已达成征地拆迁协议的，继续有效。

《中共浙江省委办公厅浙江省人民政府办公厅关于积极引导农村土地承包经营权流转促进农业规模经营的意见》

为深入贯彻党的十七届三中全会和省委《关于认真贯彻党的十七届三中全会精神加快推进农村改革发展的实施意见》精神，加快推进农业现代化和统筹城乡发展，经省委、省政府同意，现就积极引导农村土地承包经营权流转（指农户家庭承包的耕地，以下简称土地流转），促进农业规模经营提出以下意见：

一 重要意义

引导土地流转、促进农业规模经营是优化农业资源配置，发展现代农业的必由之路，对于推动农业产业转型升级，促进农民创业创新，推进工业化、城市化和城乡统筹发展有着十分重要的意义。当前，我省大部分农村劳动力已转移到二三产业就业，农民收入中来自农业第一产业的比重较低，农村社会保障水平不断提高，土地流转的基本条件已具备；农业产业结构调整步伐加快，高效生态农业蓬勃发展，现代农业经营主体对土地流转需求加大；特别是近年来我省农村许多地方对土地流转进行了积极探索、大胆实践，并取得了明显的成效。各级党委、政府要充分认识引导土地流转、促进农业规模经营的重要意义，认真总结实践经验，采取扎实有效措施，因势利导，因地制宜，积极引导土地流转，促进农业规模经营。

二　总体要求和基本原则

（一）总体要求。以科学发展观为指导，认真贯彻党的十七届三中全会精神，深入实施"创业富民、创新强省"总战略，按照依法自愿有偿原则和发展现代农业的要求，培育土地流转市场，规范流转行为，完善制度保障、政策扶持和组织领导体系，引导农户把土地流转给现代农业主体发展规模经营。力争到 2012 年，全省土地流转率达 35% 以上，其中经济发达县（市、区）达 50% 以上，土地集约程度和经营者的规模效益明显提高。

（二）基本原则。坚持依法、自愿、有偿流转。由承包农户自主、自愿决定流转方式，流转收益归承包农户所有，流转行为合法合规。坚持稳粮优先、注重效益。鼓励种粮大户、粮食生产经营组织优先受让农户流出的土地，应用先进适用技术发展粮食生产；引导现代农业主体发展高效生态农业，不断提高流转土地产出率。坚持政府引导、市场主导。发挥市场在土地资源配置中的基础性作用，强化政府政策激励、有效服务、规范管理，积极培育和完善土地流转市场，加强对土地流出和受让农户的引导。坚持因地制宜、分类引导。根据经济发展水平、非农产业发展程度、农村劳动力转移和劳动保障等情况，采取切实有效的政策措施，促进土地健康有序流转。

三　鼓励离乡和兼业农户流出土地承包经营权

（一）引导形式多样的土地流转。积极引导鼓励离乡和兼业农户依法采取转包、出租、互换、转让、股份合作等形式流转土地。支持村、组集中连片流转，提倡承包农户委托发包方或土地流转服务机构流转承包土地。积极引导和鼓励农户以土地承包经营权作价出资的形式组建农民专业合作社或向合作社增资，并通过集约化经营、实行保底分红和二次返利等途径获取收益。对土地流转给种粮大户等规模经营主体且期限较长的农户，各地可给予一定奖励。

（二）促进抛荒耕地流转。各地要采取有效措施，防止耕地抛荒而不流转经营权。承包经营耕地的单位和个人连续两年弃耕抛荒且不愿流转的，发包方可依法终止承包合同，收回发包耕地；承包方无正当理由弃耕抛荒两年以下的，由乡镇人民政府给予警告，并不得享受政府有关支农补贴；对弃耕抛荒的耕地，发包方可依法组织种养大户、农民专业合作社等代为耕作，耕作收益归代耕者。代耕期间，承包方要求耕种承包土地的，应当提前半年通知发包方，发包方可以根据作物生长周期适时终止代耕，将承包地交还承包方经营。

（三）促进农村劳动力稳定就业。土地受让方要优先吸纳土地流出户的剩余劳动力继续从事现代农业生产。重点加强对土地长期流出户农民的就业技能培训，提高转移就业能力。对吸纳流出全部土地且合同年限在10年以上的农民就业、并与其建立稳定劳动关系的企业，经县级有关部门认定，享受当地使用被征地农民同等的促进就业政策。

（四）完善农村社会保障制度。进一步完善农村新型合作医疗、农村医疗救助和农村最低生活保障等制度，逐步提高政府补助（救助）标准。贯彻落实《浙江省人民政府关于建立健全覆盖城乡居民的养老保障制度的意见》要求，在有条件的地区积极开展以农民缴费为主、政府补贴为辅、村集体经济组织给予补助、有一定社会统筹性质的养老保险制度试点，解除土地流出户的后顾之忧。对承包土地全部委托乡镇（包括街道，下同）、村经济合作社（村委会）或土地流转服务组织且流转期限在5年以上的农户，各县（市、区）要结合实际，制定激励政策。有条件的县（市、区）可将土地长期流出的农民纳入合适的养老保障体系。

四　加强对土地流转的服务和管理

（一）优化土地流转服务。要进一步加强农村经营管理队伍建设，不断增强其履行职责能力。县级以上农业部门和乡镇政府要明确机构、落实人员具体承担土地流转的指导、管理、服务等工作；村级要落实土地流转信息员，充分利用"农民信箱"等平台，做好土地流转的信息搜集发布、法规政策咨询、合同审查备案和档案管理等工作。

（二）完善土地流转价格形成机制。发挥市场在土地流转中的基础性作用，提倡采用协商、投标等方式或按稻谷实物折价、粮食成本收益、物价指数调节流转价格、承包年限逐年递增、农用地定级估价的基准地价等办法合理确定土地流转价格。探索建立土地流转价格评估制度，由县（市、区）土地流转服务组织定期公布土地流转指导价。

（三）规范土地流转行为。按依法、自愿、有偿的原则，在平等协商的基础上，推进土地有序、健康流转，不得损害农民土地承包权益，不得改变土地集体所有性质和土地用途，不得买卖承包地。委托发包方或中介组织流转土地的，应出具包括委托事项、权限和期限等内容且有承包方签名或盖章的土地流转委托协议书；以转让方式进行流转的，必须事先提出申请并经发包方同意；受让方将以转包、出租方式获得的土地进行再流转的，必须经原承包方同意。引导流转期限在一年以上的土地流转双方签订规范的书面流转合同。土地流转合同和委托流转协议示范文本由省农业厅会同省工商局制定并发布。乡镇政府、村经济合作社（村委会）或土地流转服务组织应及时向达成流转意向的双方提供示范文本并指导签订。

（四）加强对承包地和流转土地的管理。抓紧完成二轮土地承包的扫尾工作，妥善解决遗留问题，尽快与农户签订承包合同，发放土地承包经营权证书，并认真整理和永久管理好土地承包档案资料，确保土地承包合同、权证、地块、面积四到户。承包方提出流转承包地的，村经济合作社（村委会）应及时备案，并报乡镇政府。乡镇政府要建立流转情况登记册，落实专人负责流转情况登记以及流转资料的收集、整理、归档和管理工作。要加强土地流转期限和用地性质管理，防止流转土地转为非农用途，防止流转期限超过二轮承包期的剩余年限。县（市、区）要加大投入，加快土地承包和流转信息化建设，及时登记、变更农户土地承包和流转信息，逐步建立完整的土地承包和流转档案，力争到2012年，2/3以上的县（市、区）实现县、乡、村三级联网并实行信息化管理。省财政对经济欠发达地区的土地承包和流转信息化建设给予适当补助。

（五）切实做好土地流转信访和纠纷仲裁工作。认真做好土地流转信访调处和复查、复核工作。根据《浙江省实施〈中华人民共和国农村土地承包法〉办法》的规定，抓紧建立农村土地承包纠纷仲裁组织，开展纠纷仲裁，妥善解决农村土地承包和流转纠纷，维护农村社会的和谐稳定。

五 大力支持发展农业规模经营

（一）培育壮大农业规模经营主体。各级政府相关支农资金和项目要向欠发达地区和种养大户、农民专业合作社等农业规模经营主体倾斜，鼓励通过土地流转扩大生产规模。积极鼓励支持农村人才和农业大中专毕业生受让农户流转的土地，帮助他们成为现代农业主体。省财政要整合现有财政支农政策，加大对土地流转、规模经营的支持力度。进一步完善政策性农业保险,优先支持农业规模经营主体参保。建立涉农部门、责任农技员联系农业规模经营主体制度,帮助解决实际困难。积极探索农技人员和大学毕业生到农业规模经营单位工作的政府补贴制度。

(二)大力支持发展粮食等规模经营。大力支持发展粮食、农机、植保等专业合作社,为农户提供粮食生产全程或作业环节服务,提高规模经营水平。逐步增加对种粮大户、粮食专业合作社等粮食规模经营主体的补贴,支持引导其应用先进适用技术,不断提高粮食单产和种粮效益。支持畜禽规模养殖场受让周边的流转土地,发展农牧结合的生态畜牧业,优先安排畜牧业建设项目。对经营面积 1000 亩(经济欠发达县和海岛县 500 亩)以上的农民专业合作社和农业企业,符合立项条件的优先安排农业综合开发项目。

(三)落实农业生产配套设施用地政策。凡流转期限 5 年以上并签订流转合同、经营面积 100 亩以上的专业大户、农民专业合作社、现代农场和农业企业等,因生产需要建造仓(机)库、生产管理用房、晒场等临时农业生产配套设施的,要尽量不占用耕地、多用非耕地及未利用地。确需占用耕地的,在不破坏耕作层的前提下,允许其在流转土地范围内按流转面积 5‰左右比例使用,作为设施农用地,由市、县人民政府审批,报上一级人民政府国土资源管理部门备案。设施农用地不得改变土地的权属和用途。各市、县(市、区)在安排省切块下达的年度新增建设用地计划时,应合理安排好农业龙头企业、农民专业合作社加工项目用地。

(四)加大流转土地农业公共基础设施建设力度。对已形成规模经营的流转土地,在符合立项条件的前提下优先安排土地整理、标准农田质量提升、特色农产品基地、农业综合开发等相关农业基础设施建设项目,为发展规模经营奠定基础。

(五)加大信贷支持力度。充分发挥农村合作金融机构服务"三农"的主力军作用,进一步加大对农业规模经营主体的信贷支持力度,对实力强、资信好的农业规模经营主体给予一定的信贷授信额度,简化贷款手续,实行优惠贷款利率。其他金融机构要主动拓宽信贷支农范围,加大对农业规模经营主体的支持力度。对信贷支农力度大的农村合作金融机构,执行优惠存款准备金率和优先给予支农再贷款支持。鼓励县域银行业金融机构新吸收的存款主要用于当地发放农业贷款。村镇银行和小额贷款公司要以农业规模经营主体为主要服务对象。创新贷款担保方式,扩大农村有效担保物范围，鼓励开展林权抵押贷款和股权、应收账款质押贷款，推动开展农房、海域使用权抵押贷款，拓宽农村融资渠道。政府投资设立的农业担保公司要以专业大户、农民专业合作社和农业企业为主要担保对象，切实解决担保难问题。

六　进一步加强对土地流转的组织领导

土地流转工作涉及面广、政策性强，事关农民群众和农业经营主体的切身利益，事关农村改革发展和稳定的大局。各级特别是基层党委、政府要高度重视，切实加强组织领导，深入细致地宣传相关法律法规和政策，研究制定政策措施，落实有关单位的责任、人员和必要的经费，积极引导农民群众流转土地、发展规模经营。将土地流转、规模经营情况纳入新农村建设考核内容。农业部门要认真做好对土地流转的指导、协调、服务和规范工作，财政部门要协调落实支持土地流转的资金，国土资源部门要指导帮助规模经营主体落实配套用地，农办、劳动保障、金融、工商、信访等有关部门要各司其职，协作配合，制定和落实相关政策措施，共同推进土地流转工作，促进农业规模经营。

二〇〇九年四月一日

《杭州市萧山区人民政府关于调整征地补偿标准的通知》

各镇人民政府、街道办事处，区级机关各部门，区直属各单位：

为进一步完善征地补偿政策，规范征地行为，根据国土资源部《关于切实做好征地统一年产值标准和区片综合地价公布实施工作的通知》以及浙江省国土资源厅办公室《转发国土资源部关于做好征地统一年产值和区片综合地价公布实施工作的通知》文件要求，结合我区实际，经区政府研究，决定对现行征地补偿标准进行调整，现将有关事项通知如下：

一　征地区片范围

一级区片：城厢街道、北干街道、蜀山街道、新塘街道、宁围镇、闻堰镇、新街镇的行政辖区和顺坝垦区，所前镇的联谊村、东复村、来苏周村、金临湖村、缪家村、城南村、金山村、信谊村，义桥镇的山后村、湘东村。

二级区片：瓜沥镇、衙前镇、坎山镇、义蓬街道、靖江街道、南阳街道、河庄街道、新湾街道、临江街道、前进街道、临浦镇、红山农场的行政辖区及东江围垦地区，所前镇除一级区片以外的行政村，义桥镇除一级区片以外的原义桥片的行政村。

三级区片：党山镇、益农镇、党湾镇的行政辖区。

四级区片：河上镇、戴村镇、楼塔镇、浦阳镇、进化镇的行政辖区，义桥镇原许贤片的行政村。

各镇街的插花地和围垦土地，征地按照土地所在区片的征地补偿标准执行。

二 征地区片综合地价标准

（一）征收耕地类土地村级补偿资金为：一级区片1.6万元/亩、二级区片1.5万元/亩、三级区片1.45万元/亩、四级区片1.4万元/亩。征收非耕地类土地村级补偿资金减半计算。

（二）征收耕地类土地征地安置专项资金为：

1. 土地补偿费：一级区片1.6万元/亩、二级区片1.5万元/亩、三级区片1.45万元/亩、四级区片1.4万元/亩。

2. 安置补助费：一级区片、二级区片、三级区片、四级区片均为3.34万元/人。

征收非耕地类土地征地安置专项资金减半计算。

三 青苗和地上附着物补偿费标准

征收耕地类土地青苗和地上附着物补偿费标准为：一级区片2.42万元/亩、二级区片1.47万元/亩、三级区片1.37万元/亩、四级区片1.36万元/亩。征收非耕地类土地青苗和地上附着物补偿费减半计算。

青苗和地上附着物按照以上包干价一次性支付给被征地集体经济组织，由其据实补偿。

四 征地调节资金标准

征地调节资金标准为：一级区片2.0万元/亩，其它区片1.5万元/亩。

征地调节资金由镇、街道财政专项管理，只能用于征地过程中征地经济补偿费的平衡、征地遗留问题的处理以及征地补偿费预支等征地补偿相关事宜。征地调节资金按区域分区片筹措，列入征地成本。

五 "撤村建居"村征地补偿标准

（一）尚有农业人口和集体土地的"撤村建居"村的征地补偿标准，参照征收集体土地的征地补偿标准执行。

（二）已无农业人口、尚有集体土地的北干街道的高田、永久、柳桥、荣联居委会，新塘街道的井头王、半爿街居委会，宁围镇的金一、金二、宁安居委会的"撤村建居"村，征收其内地耕地类土地按14.3万元/亩标准执行，征收其内地非耕地类土地按8.15万元/亩标准执行；征收其围垦耕地类土地按12.65万元/亩标准执行，征收其围垦非耕地类土地按7.08万元/亩标准执行。靖江街道的小石桥、安澜桥居委会的"撤村建居"村，征收其耕地类土地按12.65万元/亩标准执行；征收其非耕地类土地按7.08万元/亩标准执行。

六 征收镇（街道）属集体土地的征地补偿标准

征收镇（街道）属集体土地的征地补偿标准按各镇（街道）所辖各村平均征地补偿标准计算。其征地经济补偿费筹措后，50%由区财政统筹，用于征地安置费支付的不足，其余50%全额返回给镇街。

七 建设项目使用国有农用地的经济补偿标准

位于绕城公路范围内的国有农用地（含湘湖农场、红垦农场、钱江农场、棉麻试验场等），使用耕地类土地按16.5万元/亩的标准补偿，绕城公路范围以外的国有农用地，使用耕地类土地按10万元/亩的标准补偿。使用非耕地类土地补偿标准减半计算。

八 其它事项

（一）对人员已经全部农转非并已安置的村，尚有剩余集体土地被征收时，土地补偿费全额归村；安置补助费筹措后，按一级区片30%、其他区片20%的比例返还到村集体。经区政府批准的城中村改造村或整村搬迁村，内地集体土地被全部征收的，安置补助费一级区片可按50%的比例返还到村集体，其它区片按30%的比例返还到村集体。

（二）本通知所称耕地类土地包括农用地中除林地以外的各类土地和建设用地；非耕地类土地包括林地和未利用地。

（三）本通知自发文之起施行，凡在发文之日前用地单位已与区征地拆迁办公室签订征地协议并将征地补偿足额缴入"征地专户"的用地项目，仍按原标准执行。

（四）本通知由国土萧山分局负责解释。

附件：萧山区征地补偿标准

杭州市萧山区人民政府
二〇一〇年四月六日

附件：

萧山区征地补偿标准　　　　　　　　　　　　　　　万元/亩

区片	补偿地类	征地区片综合地价			青苗和地上附着物补偿费	征地调节资金
		村级补偿资金即土地补偿费50%	征地安置专项资金			
			土地补偿费50%	安置补助费（万元/人）		
一级	耕地类	1.6	1.6	3.34	2.42	2.0
	非耕地类	0.8	0.8	3.34	1.21	
二级	耕地类	1.5	1.5	3.34	1.47	1.5
	非耕地类	0.75	0.75	3.34	0.74	
三级	耕地类	1.45	1.45	3.34	1.37	1.5
	非耕地类	0.73	0.73	3.34	0.68	
四级	耕地类	1.4	1.4	3.34	1.36	1.5
	非耕地类	0.7	0.7	3.34	0.68	

《杭州市萧山区人民政府关于调整征地补偿标准的通知》

各镇人民政府、街道办事处，区政府各部门，各直属单位：

为进一步完善征地补偿政策，规范征地行为，根据国土资源部《关于切实做好征地统一年产值标准和区片综合地价公布实施工作的通知》、《浙江省征地补偿和被征地农民基本生活保障办法》等政策规章规定，结合我区实际，经区长办公会议讨论通过，决定对现行征收集体土地（使用国有农用地）补偿标准进行调整，现将有关事项通知如下：

一　征地区片范围

一级区片：城厢街道、北干街道、蜀山街道、新塘街道、宁围镇、闻堰镇、新街镇的行政辖区和顺坝垦区，所前镇的联谊村、东复村（原凑沿金）、来苏周村、金临湖村、缪家村、城南村、金山村、信谊村（原金鸡山、四一房）、义桥镇的山后村、湘东村。

二级区片：瓜沥镇、衙前镇、义蓬街道、靖江街道、南阳街道、河庄街道、新湾街道、临江街道、前进街道、益农镇、党湾镇、临浦镇、红山农场的行政辖区及东江围垦地区，所前镇除一级区片以外的行政村，义桥镇原义桥片除一级区片以外的行政村。

三级区片：河上镇、戴村镇、楼塔镇、浦阳镇、进化镇的行政辖区，义桥镇原许贤片的行政村。

各镇街的插花地和围垦土地，征地按照土地所在区片的征地补偿标准执行。

二　征地区片综合地价标准

（一）征收耕地类土地村级补偿资金为：一级区片3万元/亩、二级区片2.8万元/亩、三级区片2.5万元/亩。征收非耕地类土地村级补偿资金减半计算。

（二）征收耕地类土地征地安置专项资金为：

1. 土地补偿费：一级区片3万元/亩、二级区片2.8万元/亩、三级区片2.5万元/亩。

2. 安置补助费：各级区片均为4.5万元/人。

征收非耕地类土地征地安置专项资金减半计算。

三　青苗和地上附着物补偿费标准

征收耕地类土地青苗和地上附着物补偿费标准为：一级区片2.5万元/亩、二级区片2万元/亩、三级区片2万元/亩。征收非耕地类土地青苗和地上附着物补偿费减半计算。

青苗和地上附着物按照以上包干价一次性支付给被征地村集体,由其据实补偿。

四 征地调节资金标准

征地调节资金标准为:各级区片均为2万元/亩。

征地调节专项资金的50%由镇(街道)财政专项管理,另50%由村集体管理,用于征地过程中征地经济补偿费的平衡、征地遗留问题的处理以及征地补偿费的预支等征地补偿相关事宜。征地调节资金按区域分区片筹措,列入征地成本。

五 "撤村建居"村征地补偿标准

尚有农业人口和集体土地的"撤村建居"村的征地补偿标准,参照征收集体土地的征地补偿标准执行。

已无农业人口、尚有集体土地的北干街道的高田、永久、柳桥、荣联社区,新塘街道的井头王、半爿街社区,宁围镇的金一、金二、宁安社区的"撤村建居"村,征收其内地耕地类土地按19.5万元/亩标准执行,征收其内地非耕地类土地按10.75万元/亩标准执行;征收其围垦耕地类土地按18.6万元/亩标准执行,征收其围垦非耕地类土地按10.3万元/亩标准执行。靖江街道的小石桥、安澜桥社区的"撤村建居"村,征收其耕地类土地按18.6万元/亩标准执行,征收其非耕地类土地按10.3万元/亩标准执行。

六 征收镇(街道)属集体土地的征地补偿标准

征收镇(街道)属集体土地的征地补偿标准按各镇(街道)所辖各村平均征地补偿标准计算。其征地经济补偿费筹措后,征地区片综合地价的50%由区财政统筹,用于征地安置费支付的不足,征地区片综合地价的另50%、青苗及地上附着物补偿费和征地调节资金全额返回给镇(街道)。

七 建设项目使用国有农用地的经济补偿标准

位于绕城公路范围内的国有农用地(含湘湖农场、红垦农场、钱江农场、棉麻试验场等），使用耕地类土地按 21.08 万元/亩的标准补偿，绕城公路范围以外的国有农用地，使用耕地类土地按 15.8 万元/亩的标准补偿。使用非耕地类土地补偿标准减半计算。

八 其它事项

对人员已经全部农转非并已安置的村，尚有剩余集体土地被征收时，土地补偿费全额返还给村集体；安置补助费筹措后，按 50% 的比例返还给村集体。

本通知所称耕地类土地包括农用地中除林地以外的各类土地和建设用地；非耕地类土地包括林地和未利用地。

本通知自 2014 年 2 月 1 日起施行，凡在发文之日前用地单位已与区征地拆迁办公室签订征地补偿协议并将征地补偿款足额缴入"征地专户"的用地项目，仍按原标准执行。

本通知由国土萧山分局负责解释。

附件：杭州市萧山区征地补偿标准

杭州市萧山区人民政府
2014 年 1 月 29 日

杭州市萧山区征地补偿标准 万元/亩

区片	补偿地类	征地区片综合地价			青苗和地上附着物补偿费	征地调节资金
		村级补偿资金即土地补偿费 50%	征地安置专项资金			
			土地补偿费 50%	安置补助费（万元/人）		
一级	耕地类	3	3	4.5	2.5	2
	非耕地类	1.5	1.5		1.25	
二级	耕地类	2.8	2.8	4.5	2	2
	非耕地类	1.4	1.4		1	
三级	耕地类	2.5	2.5	4.5	2	2
	非耕地类	1.25	1.25		1	

参考文献

著作类文献

陈向明：《质的研究方法与社会科学研究》，教育出版社 2000 年版。

程念琪：《国家力量与中国经济的历史变迁》，新星出版社 2006 年版。

董磊明：《宋村的调解——巨变时代的权威与秩序》，法律出版社 2008 年版。

费孝通：《江村经济——中国农民的生活》，商务印书馆 2001 年版。

费孝通：《乡土中国 生育制度》，北京大学出版社 1998 年版。

费孝通：《中国士绅》，赵旭东、秦志杰译，生活.读书.新知三联书店 2009 年版。

傅衣凌：《明清封建土地所有制论纲》，中华书局 2007 年版。

甘阳、崔之元：《中国改革的政治经济学》，（香港）牛津大学出版社 1997 年版。

高汉：《集体产权下的中国农地征收问题研究》，上海人民出版社 2009 年版。

高王凌：《租佃关系新论——地主、农民和地租》，上海书店出版社 2005 年版。

郭德宏：《中国近现代农民土地问题研究》，青岛出版社 1993 年版。

郭亮：《地根政治：江镇地权纠纷研究（1998—2010）》，社会科学文献出版社 2013 年版。

韩俊：《中国农村土地问题调查》，上海远东出版社 2009 年版。

贺雪峰：《乡村治理的社会基础——转型期乡村社会性质研究》，中国社会科学出版社 2003 年版。

贺雪峰:《村治的逻辑：农民行动单位的视角》，中国社会科学出版社2009年版。

贺雪峰:《地权的逻辑——中国农村土地制度向何处去》，中国政法大学出版社2010年版。

侯钧生:《西方社会学理论教程》（第3版），南开大学出版社2010年版。

胡穗:《中国共产党农村土地政策的演进》，中国社会科学出版社2007年版。

季广茂:《意识形态》，广西师范大学出版社2005年版。

蒋省三、刘守英、李青:《中国土地政策改革》，上海三联书店2010年版。

蓝宇蕴:《都市里的村庄：一个"新村社共同体"的实地研究》，生活·读书·新知三联书店2005年版。

李文治、江太新:《中国宗法宗族制和族田义庄》，社会科学文献出版社2000年版。

李友梅、黄晓春、张虎祥等:《从弥散到秩序："制度与生活"视野下的中国社会变迁（1921—2011）》，中国大百科全书出版社2011年版。

梁启超:《先秦政治思想史》，岳麓书社2010年版。

梁漱溟:《中国文化要义》，上海世纪出版集团2005年版。

梁治平:《清代习惯法：社会与国家》，中国政法大学出版社1996年版。

缪建平:《中外学者论农村》，华夏出版社1994年版。

林毅夫:《制度、技术与中国农业发展》，上海三联书店、上海人民出版社2005年版。

刘承韪:《产权与政治：中国农村土地制度变迁研究》，法律出版社2012年版。

刘金海:《产权与政治：国家、集体与农民关系视角下的村庄经验》，中国社会科学出版社2006年版。

吕文江:《理性与文化之间：一桩土地纠纷之分析》，社会科学文献出版社2008年版。

毛丹:《一个村落共同体的变迁》，学林出版社2000年版。

毛泽东:《毛泽东选集》（第二卷），人民出版社1991年版。

欧阳静：《策略主义：桔镇运作的逻辑》，中国政法大学出版社 2011 年版。

秦晖：《传统十论——本土社会的制度、文化及其变革》，复旦大学出版社 2004 年版。

荣敬本、崔之元、王拴正等：《从压力型体制向民主合作体制的转变——县乡两级政治体制改革》，中央编译出版社 1998 年版。

苏力：《制度是如何形成的》，中山大学出版社 1999 年版。

汤敏、茅于轼：《现代经济学前沿专题》（第二集），商务印书馆 1993 年版。

田先红：《治理基层中国——桥镇信访博弈的叙事：1995—2009》，社会科学文献出版社 2012 年版。

王道勇：《国家与农民关系的现代性变迁：以失地农民为例》，中国人民大学出版社 2008 年版。

吴毅：《村治变迁中的权威与秩序：20 世纪川东双村的表达》，中国社会科学出版社 2002 年版。

吴毅：《小镇喧嚣——一个乡镇政治运作的演绎与阐释》，生活·读书·新知三联书店 2007 年版。

杨国桢：《明清土地契约文书研究》，人民出版社 1988 年版。

杨一介：《中国农地权基本问题：中国集体农地权利体系的形成与扩展》，中国海关出版社 2003 年版。

姚洋：《自由、公正和制度变迁》，河南人民出版社 2002 年版。

臧得顺：《"谋地型乡村精英"的生成——巨变中的农地产权制度研究》，社会科学文献出版社 2011 年版。

张厚安：《中国农村基层政权》，四川人民出版社 1992 年版。

张静：《基层政权：乡村制度诸问题》（增订本），上海人民出版社 2007 年版。

张静：《现代公共规则与乡村社会》，上海书店出版社 2006 年版。

张乐天：《告别理想：人民公社制度研究》，上海人民出版社 2012 年版。

张林江：《围绕农村土地的权力博弈——不确定产权的一种经验分析》，社会科学文献出版社 2012 年版。

张佩国：《地权·家户·村落——1900—1945 年的山东农村》，学林出版社 2007 年版。

张佩国:《财产关系与乡村法秩序》,学林出版社 2007 年版。

张佩国:《近代江南乡村地权的历史人类学研究》,上海人民出版社 2002 年版。

张五常:《佃农理论——应用于亚洲的农业和台湾的土地改革》,商务印书馆 2000 年版。

张五常:《经济解释——张五常经济论文选》,商务印书馆 2000 年版。

张仲礼:《中国绅士:关于其在十九世纪中国社会中作用的研究》,上海社会科学院出版社 1991 年版。

赵冈:《中国传统农村的地权分配》,新星出版社 2006 年版。

赵冈、陈仲毅:《中国土地制度史》,新星出版社 2006 年版。

赵阳:《共有与私用——中国农地产权制度的经济学分析》,生活·读书·新知三联书店 2007 年版。

钟祥财:《中国土地思想史稿》,上海社会科学院出版社 1995 年版。

周其仁:《产权与制度变迁:中国改革的经验研究》(增订本),北京大学出版社 2004 年版。

朱冬亮:《社会变迁中的村级土地制度——闽西北将乐县安仁乡个案研究》,厦门大学出版社 2003 年版。

译著

[德] 卡尔·曼海姆:《意识形态与乌托邦》,黎鸣、李书崇译,商务印书馆 2000 年版。

[德] 柯武刚、史漫飞:《制度经济学:社会秩序与公共政策》,韩朝华译,商务印书馆 2000 年版。

[德] 马克思、恩格斯:《马克思恩格斯全集》,人民出版社 1964 年版。

[德] 马克斯·韦伯:《经济与社会》(上卷),林荣远译,商务印书馆 1997 年版。

[法] 爱米尔·杜尔凯姆:《自杀论》,钟旭辉、马磊、林庆新译,浙江人民出版社 1988 年版。

[荷] 何·皮特:《谁是中国土地的拥有者?——制度变迁、产权和社会冲突》,林韵然译,社会科学文献出版社 2008 年版。

[美] 白凯：《长江中下游地区的地租、赋税与农民的反抗斗争（1840—1950）》，林枫译，上海书店出版社 2005 年版。

[美] 伯尔曼：《法律与宗教》，梁治平译，中国政法大学出版社 2003 年版。

[美] 步德茂：《过失杀人、市场与道德经济——18 世纪中国财产权的暴力纠纷》，张世明、刘亚丛、陈兆肆译，社会科学文献出版社 2008 年版。

[美] 道格拉斯·C.诺斯：《经济史上的结构和变革》，厉以宁译，商务印书馆 1992 年版。

[美] 道格拉斯·C.诺斯：《制度、制度变迁与经济绩效》，杭行译，格致出版社、上海三联书店、上海人民出版社 2008 年版。

[美] 杜赞奇：《文化、权力与国家：1900—1942 年的华北农村》，王福明译，江苏人民出版社 2003 年版。

[美] 黄宗智：《长江三角洲小农家庭与乡村发展》，中华书局 2000 年版。

[美] 黄宗智：《华北的小农经济与社会变迁》，中华书局 1986 年版。

[美] 黄宗智：《中国的隐性农业革命》，法律出版社 2010 年版。

[美] 黄宗智：《清代的法律、社会与文化：民法的表达与实践》，上海书店出版社 2007 年版。

[美] 康芒斯：《制度经济学》，于树生译，商务印书馆 1962 年版。

[美] 克利福德·吉尔兹：《地方性知识——阐释人类学论文集》，王海龙、张家瑄译，中央编译出版社 2000 年版。

[美] 李怀印：《乡村中国纪事——集体化和改革的微观历程》，法律出版社 2010 年版。

[美] 迈克尔·赫勒：《困局经济学》，闾佳译，机械工业出版社 2009 年版。

[美] 曼瑟·奥尔森：《权力与繁荣》，苏长和、嵇飞译，上海世纪出版集团 2005 年版。

[美] 彼特·布劳：《不平等与异质性》，王春光、谢圣赞译，中国社会科学出版社 1991 年版。

[美] R.科斯、A.阿尔钦、D.诺斯等：《财产权利与制度变迁：产权学派与新制度学派译文集》，刘守英等译，上海三联书店、上海人民出版

社 1994 年版。

[美] 萨缪尔·P.亨廷顿:《变革社会中的政治秩序》,王冠华、刘为等译,上海世纪出版集团 2008 年版。

[美] 阎云翔:《中国社会的个体化》,陆洋等译,上海译文出版社 2012 年版。

[美] 詹姆斯·C.斯科特:《农民的道义经济学:东南亚的反叛与生存》,程立显、刘建等译,译林出版社 2001 年版。

[美] 邹谠:《二十世纪中国政治:从宏观历史与微观行动的角度看》,(香港)牛津大学出版社 1994 年版。

[日] 韩敏:《回应革命与改革:皖北李村的社会变迁与延续》,陆益龙、徐新玉译,江苏人民出版社 2007 年版。

[日] 寺田浩明:《权利与冤抑:寺田浩明中国法史论集》,王亚新等译,清华大学出版社 2012 年版。

[日] 滋贺秀三等:《明清时期的民事审判与民间契约》,王亚新、梁治平译,法律出版社 1998 年版。

[日] 滋贺秀三:《中国家族法原理》,张建国、李力译,法律出版社 2003 年版。

[英] 卡尔·波兰尼:《大转型——我们时代的政治与经济起源》,冯钢、刘阳译,浙江人民出版社 2007 年版。

[英] 迈克尔·曼:《社会权力的来源》(第一卷),刘北成、李少军译,上海人民出版社 2002 年版。

[英] 莫里斯·弗里德曼:《中国东南的宗族组织》,刘晓春译,上海人民出版社 2000 年版。

论文、报刊

蔡虹:《农村土地纠纷及其解决机制研究》,《法学评论》2008 年第 2 期。

曹正汉:《地权界定中的法律、习俗与政治力量——对珠江三角洲滩涂纠纷案例的研究》,载张曙光编《中国制度变迁的案例研究》(第六集),中国财政经济出版社 2008 年版。

陈柏峰:《农民地权诉求的表达结构》,《人文杂志》2009 年第 5 期。

陈丹、陈柳钦:《新时期农村土地纠纷的类型、根源及其治理》,《河北经贸大学学报》2011年第6期。

陈端洪:《排他性与他者化:中国农村"外嫁女"案件的财产权分析》,《北大法律评论》2003年第5卷第2辑。

陈锋:《"祖业权":嵌入乡土社会的地权表达与实践——基于对赣西北宗族性村落的田野考察》,《南京农业大学学报》(社会科学版)2012年第2期。

陈军亚:《产权改革:集体经济有效实现形式的内生动力》,《华中师范大学学报》(人文社会科学版)2015年第1期。

陈志武:《界定土地产权,不能再回避》,《南方都市报》2009年2月15日。

党国印:《论农村集体产权》,《中国农村观察》1998年第4期。

党国英:《关于征地制度的思考》,《现代城市研究》2004年第3期。

党国英:《揖别土地政治》,《中国新闻周刊》2012年第2期。

邓拓:《旧中国农村的阶级关系与土地制度》,《社会科学战线》1982年第3期。

董国礼:《中国土地产权制度变迁:1949—1998》,(香港)《中国社会科学季刊》2000年(秋)。

范文涛:《农村土地纠纷的类型化及解决机制研究》,硕士学位论文,西南政法大学,2010。

高王凌:《十八世纪,二十世纪的先声》,《史林》2006年第5期。

耿羽:《从征地看当前农民的土地变现观念——基于广东崖口村"卖地"事件的考察》,《南京农业大学学报》(社会科学版)2011年第4期。

龚启圣、周飞舟:《当前中国农村土地调整制度个案分析》,(香港)《二十一世纪》1999年10月号。

桂华、林辉煌:《农民祖业观与乡土社会的产权基础》,(香港)《二十一世纪》2012年4月号。

郭亮:《祖业权:地方社会的"非正式产权"》,《中国社会科学报》2010年3月16日。

郭亮:《土地征收中的利益主体及其权利配置——对当前征地冲突的法社会学探析》,《华中科技大学学报》(社会科学版)2012年第5期。

郭亮:《农村土地纠纷的类型及原因》,《重庆社会科学》2009年第11期。

郭亮：《土地"新产权"的实践逻辑——对湖北 S 镇土地承包纠纷的学理阐释》，《社会》2012 年第 2 期。

郭于华：《代际关系中的公平逻辑及其变迁——对河北农村养老事件的分析》，载邓正来、郝雨凡编《转型中国的社会正义问题》，广西师范大学出版社 2013 年版。

何凌云、黄季焜：《土地使用权的稳定性与肥料使用——广东省实证研究》，《中国农村观察》2001 年第 5 期。

贺雪峰：《农村土地的政治学》，《学习与探索》2010 年第 2 期。

贺雪峰：《论乡村治理内卷化——以河南省 K 镇调查为例》，《开放时代》2011 年第 2 期。

胡亮：《产权抑或其他——赣中雨山村的土地实践》，博士学位论文，上海大学，2007 年。

华生：《中国改革 30 年：回顾、反思与展望》，《当代财经》2009 年第 1 期。

黄敏兰：《近年来学术界对"封建"及"封建社会"问题的反思》，《史学月刊》2002 年第 2 期。

黄鹏进：《基于学科比较的农村地权冲突研究综述》，《中国土地科学》2013 年第 7 期。

黄鹏进：《农村土地产权认知的三重维度及其内在冲突——理解当前农村地权冲突的一个中层视角》，《中国农村观察》2014 年第 6 期。

黄鹏进：《农村集体产权的意识形态逻辑及其解构——兼析当前农村地权冲突的深层原因》，《中共杭州市委党校学报》2018 年第 2 期。

黄鹏进：《后税费时代农村地权冲突行为主体的内在逻辑分析》，《社会科学论坛》2019 年第 1 期。

［美］黄宗智、彭玉生：《三大历史性变迁的交汇与中国小规模农业的前景》，《中国社会科学》2007 年第 4 期。

江太新：《略论清代前期土地买卖中宗法关系的松弛及其社会意义》，《中国经济史研究》1990 年第 3 期。

李昌平：《扩大农民地权及其制度建设》，《中国图书评论》2009 年第 1 期。

李成贵：《国家干预下的农地有限私有化——一种有选择的激进主义》，(香港)《中国社会科学季刊》2000 年（秋）。

李兰芝、吴理财：《"倒逼"还是"反倒逼"——农村税费改革前后中央与地方之间的互动》，《社会学研究》2005年第4期。

李永洪、毛玉楠：《理解制度：对政治学中制度研究范式的再思考——兼论新旧制度主义政治学的差异》，《社会科学论坛》2010年第3期。

刘少奇：《关于土地改革问题的报告》，《人民日报》1950年6月30日。

刘守英：《中国农地制度的合约结构与产权残缺》，《中国农村经济》1993年第2期。

刘守英：《土地问题"政治化"》，《中国改革》2010年第1/2期。

刘守英：《中国的二元土地权利制度与土地市场残缺——对现行政策、法律与地方创新的回顾与评论》，《经济研究参考》2008年第31期。

刘守英：《中国农村集体所有制的结构与变迁：来自农村的经验》，（香港）《中国社会科学季刊》1997年（秋）。

刘艳：《关于我国农村土地所有权与承包经营权冲突若干法律问题的思考》，《法制与社会》2008年第2期。

刘玉照、金文龙：《集体资产分割中的多重逻辑——中国农村股份合作制改造与"村改居"实践》，《西北师大学报》（社会科学版）2013年第6期。

吕德文：《治理钉子户：农村基层治理中的权力与技术》，博士学位论文，华中科技大学，2009年。

卢晖临：《集体化与农民平均主义心态的形成——关于房屋的故事》，《社会学研究》2006年第6期。

［美］卢克·埃里克森：《关于中国农村土地私有化的论辩》，官进胜译，《国外理论动态》2008年第8期。

陆学艺：《社会主义新农村建设需要改革现行土地制度》，《东南学术》2007年第3期。

陆益龙：《纠纷解决的法社会学研究：问题及范式》，《湖南社会科学》2009年第1期。

罗海山：《传统中国的契约：法律与社会——以土地买卖、典当契约为对象的考察》，博士学位论文，吉林大学，2005年。

［美］罗伊·普罗斯特曼：《解决中国农村土地制度现存问题的途径

探讨》，载缪建平编《中外学者论农村》，华夏出版社 1994 年版。

马良灿：《地权是一束权力关系》，《中国农村观察》2009 年第 2 期。

马雪松、周云逸：《社会学制度主义的发生路径、内在逻辑及意义评析》，《南京师大学报》（社会科学版）2011 年第 3 期。

毛丹：《乡村组织化和乡村民主——浙江萧山市尖山下村观察》，（香港）《中国社会科学季刊》1998 年（春）。

梅东海：《社会转型期的中国农村土地冲突分析——现状、类型与趋势》，《东南学术》2008 年第 6 期。

潘学方：《中国农村土地集体所有制的政治建构性》，（香港）《二十一世纪》2010 年 10 月号。

彭长生：《农民对宅基地产权认知情况及其差异——基于安徽省 6 县 1413 个农户的问卷调查》，《华南农业大学学报》（社会科学版）2012 年第 2 期。

钱忠好：《土地征用：均衡与非均衡——对现行中国土地征用制度的经济分析》，《管理世界》2004 年第 12 期。

秦晖：《中国农村土地制度与农民权利保障》，《探索与争鸣》2002 年第 7 期。

秦晖：《农民地权六论》，《社会科学论坛》（学术评论卷）2007 年第 5 期。

秦晖：《十字路口的中国土地制度改革》，《南方都市报》2008 年 10 月 7 日。

申端峰：《治权与维权：和平乡农民上访与乡村治理 1978—2008》，博士学位论文，华中科技大学，2009 年。

申静、王汉生：《集体产权在中国乡村生活中的实践逻辑——社会学视角下的产权建构过程》，《社会学研究》2005 年第 1 期。

史卫民：《农村土地承包纠纷：特点、类型及其解决》，《理论探索》2010 年第 1 期。

舒建军：《理解中国乡村社会的整体变革：重温三十年来农民与土地的关系》，《社会科学研究》2014 年第 3 期。

税杰雄：《试析我国农村土地产权制度的缺陷》，《农村经济》2005 年第 9 期。

孙立平：《过程—事件分析与当代中国国家—农民关系的实践形态》，

载《清华社会学评论》（特辑），鹭江出版社 2000 年版。

孙立平、郭于华：《"软硬兼施"：正式权力非正式运作的过程分析——华北 B 镇收粮的个案研究》，载《清华社会学评论》（特辑），鹭江出版社 2000 年版。

孙守朋：《18 世纪中国经济变迁背景下基层司法体制考察——以土地产权纠纷审理为例》，《兰州学刊》2007 年第 11 期。

孙毓棠、张寄谦：《清代的垦田与丁口的记录》，载《清史论丛》第 1 辑，中华书局 1979 年版。

谭术魁：《我国土地冲突的分类方案探讨》，《中国农业资源与区划》2008 年第 4 期。

田先红：《从维权到谋利——农民上访行为逻辑变迁的一个解释框架》，《开放时代》2010 年第 6 期。

涂姗：《转型时期的农村土地冲突研究》，博士学位论文，华中科技大学，2009 年。

万举：《公共产权、集体产权与中国转型经济》，《财经问题研究》2007 年第 5 期。

王存学等：《农业法律体系建设基本问题》，《法学研究》1996 年第 6 期。

汪晖：《城乡结合部的土地征用：征用权与征地补偿》，《中国农村经济》2002 年第 2 期。

王家范：《中国传统社会农业产权"国有"性质辩证》，《华东师范大学学报》（哲学社会科学版）1999 年第 3 期。

王金柱：《双产权制度论》，博士学位论文，中共中央党校，2003 年。

王景新：《家庭经营制度的历史局限和改革出路》，《中国改革》2004 年第 11 期。

王能应：《中国经济史上的农地产权制度变迁》，博士学位论文，华中科技大学，2008 年。

王晓毅：《家族制度与乡村工业发展——广州与温州两地农村的比较研究》，（香港）《中国社会科学季刊》1996 年（秋）。

文贯中：《解决三农问题不能回避农地私有化》，《中国与世界观察》2007 年第 3/4 期。

温铁军：《农民社会保障与土地制度改革》，《学习月刊》2006 年第

19 期。

吴毅：《理想抑或常态：农地配置探索的世纪之摆——理解 20 世纪中国农地制度变迁史的一个视角》，《社会学研究》2009 年第 3 期。

吴毅：《何以个案 为何叙述——对经典农村研究方法质疑的反思》，《探索与争鸣》2007 年第 4 期。

吴毅、吴帆：《传统的翻转与再翻转——新区土改中农民土地心态的建构与历史逻辑》，《开放时代》2010 年第 3 期。

[美] 谢利·伯尔曼：《经济至上还是政治至上：理解 20 世纪的意识形态变迁》，王年咏、陈明珏译，《国外理论动态》2013 年第 7 期。

谢立中：《当代中国社会结构的变迁（一）》，《南昌大学学报》（社会科学版）1996 年第 2 期。

谢立中：《结构—制度分析，还是过程—事件分析？——从多元话语分析的视角看》，《中国农业大学学报》（社会科学版）2007 年第 4 期。

熊万胜：《小农地权的不稳定性：从地权规则确定性的视角——关于 1867—2008 年间栗村的地权纠纷史的素描》，《社会学研究》2009 年第 1 期。

许成钢：《国家垄断土地所有权带来的基本社会问题》，《中国改革》2011 年第 4/5 期。

徐凤真：《农村土地流转纠纷及其解决机制》，《理论学刊》2011 年第 3 期。

徐勇：《现阶段农民负担问题的特点及对国家和农民关系的影响》，《社会科学》1993 年第 7 期。

许章润：《地权的国家德性》，《比较法研究》2010 年第 2 期。

阎坤、张立承：《中国县乡财政困境分析与对策研究》，《经济研究参考》2003 年第 90 期。

杨方：《论帕森斯的结构功能主义》，《经济与社会发展》2010 年第 10 期。

杨华：《我国农村土地流转法律制度的困局与出路》，《法学杂志》2010 年第 7 期。

杨小凯：《中国改革面临的深层问题——关于土地制度改革》，《战略与管理》2002 年第 5 期。

杨小凯：《中国土地所有权私有化的意义》，（香港）《信报财经月刊》

2001 年第 4 期。

杨小凯:《土地产权与宪政共和》,《南方周末》2003 年 5 月 22 日。

姚洋:《中国农地制度:一个分析框架》,《中国社会科学》2000 年第 2 期。

余碧平:《"结构"谜思:从列维—斯特劳斯、梅洛—蒂庞到布尔迪厄》,《同济大学学报》(社会科学版) 2009 年第 1 期。

于建嵘:《土地问题已成为农民维权抗争的焦点——关于当前我国农村形势的一项专题调研》,《调研世界》2005 年第 3 期。

余练:《土地权属:国家建构与地方性建构——论集体产权在乡村社会中的实践》,硕士学位论文,华中科技大学,2010 年。

袁静:《中国农村家庭联产承包责任制改革中的社会心理变动(1978—1984)——基于豫中西关为中心的调查》,博士学位论文,中共中央党校,2012 年。

袁松:《富人治村:浙中吴镇的权力实践(1996—2011)》,博士学位论文,华中科技大学,2012 年。

臧得顺:《臧村"关系地权"的实践逻辑——一个地权研究分析框架的构建》,《社会学研究》2012 年第 1 期。

[美] 詹姆斯·马奇、约翰·奥尔森:《新制度主义:政治生活中的组织因素》,殷敏译,《经济社会体制比较》1995 年第 5 期。

张浩:《农民如何认识集体土地产权——华北河村征地案例研究》,《社会学研究》2013 年第 5 期。

张红宇:《中国农村土地制度变迁的政治经济学分析》,博士学位论文,西南农业大学,2001 年。

张静:《二元整合秩序:一个财产纠纷案的分析》,《社会学研究》2005 年第 3 期。

张静:《土地使用规则的不确定:一个解释框架》,《中国社会科学》2003 年第 1 期。

张静:《村社土地的集体支配问题》,《浙江学刊》2002 年第 2 期。

张立影:《中国共产党对资本主义认识的历史进程》,博士学位论文,中共中央党校,2010 年。

张佩国:《传统中国乡村社会的解释学——以地权分配为透视点》,《东方论坛》2001 年第 1 期。

张佩国:《近代江南的村籍与地权》,《文史哲》2002年第3期。

张佩国:《近代江南乡村的族产分配与家庭伦理》,《江苏社会科学》2002年第2期。

张佩国:《近代江南乡村妇女的"财产权"》,《史学月刊》2002年第1期。

张三峰、杨德才:《农民的土地调整意愿及其影响因素分析——基于2006年中国综合社会调查数据》,《中国农村观察》2010年第1期。

张小军:《复合产权:一个实质论和资本体系的视角——山西介休洪山泉的历史水权个案研究》,《社会学研究》2007年第4期。

张小军:《象征地权与文化经济——福建阳村的历史地权个案研究》,《中国社会科学》2004年第3期。

张孝直:《中国农村地权的困境》,《战略与管理》2000年第5期。

赵树凯:《村民与负担——农家大学生的体察》,《调查研究报告》1999年第212期。

赵晓力:《中国近代农村土地交易中的契约、习惯与国家法》,《北大法律评论》1998年第2期。

赵阳、周飞舟:《农民负担和财税体制:从县、乡两级的财税体制看农民负担的制度原因》,《香港社会科学学报》2000年(秋)。

折晓叶、陈婴婴:《产权怎样界定——一份集体产权私化的社会文本》,《社会学研究》2005年第4期。

折晓叶、陈婴婴:《产权制度选择中的"结构—主体"关系》,《社会学研究》2000年第5期。

周飞舟:《从汲取型政权到"悬浮型"政权——税费改革对国家与农民关系之影响》,《社会学研究》2006年第3期。

周飞舟:《生财有道:土地开发和转让中的政府和农民》,《社会学研究》2007年第1期。

周飞舟:《锦标赛体制》,《社会学研究》2009年第3期。

周其仁:《土地制度引发社会冲突 再不改革会面临崩溃》,《经济观察报》2011年7月22日。

周其仁:《中国农村改革:国家和所有权关系的变化——一个经济制度史的回顾(上)》,《管理世界》1995年第3期。

周天勇:《中国土地制度的困境及改革的框架性安排》,《学习月刊》

2003年第12期。

周雪光:《制度是如何思维的?》,《读书》2001年第4期。

周雪光:《"关系产权":产权制度的一个社会学解释》,《社会学研究》2005年第2期。

朱冬亮:《建国以来农民地权观念的变迁》,《马克思主义与现实》2006年第6期。

外文类文献

Andrew G. Walder. *Communist Neo-Traditionalism: Work and Authority in Chinese Industry*, Berkeley: University of California Press, 1986.

David L. Weimer. *The Political Economy of Property Rights: Institutional Change and Credibility in The Reform of Centralized Economies*, Cambridge University Press, 1997.

Geoffrey M. Hodgson. *The Economics of Institutions: A Manifesto for A Modern Institutional Economics*, Edward Elgar Publishing Limited., 1993.

George M. Foster. Peasant Society and the Image of Limited Good. *American Anthropologist*, Vol. 67, 1965.

Grace Gredys Harris. Concepts of Individual, Self, and Person in Description and Analysis, *American Anthropologist*, Vol. 91 (3), 1989.

Helen F. Siu. *Agent and Victims in South China: Accomplices in Rural Revolution*, Yale: Yale University Press, 1989.

Huang Shumin. *The Spiral Road: Change in a Chinese Village through the Eyes of a Communist Party Leader*. Bouder: Westview Press, 1989.

James G. March and Johan P. Olsen. The New Institutionalism: Organizational Factors in Political Life, *American Political Science Review*, Vol. 78 (3), 1984.

Jean C. Oi. *State and Peasant in Contemporary China: The Political Economy of Village Government*, Berkeley: University of California Press, 1991.

Justin Yifu Lin. Collectivization and China's agricultural crisis in 1959 - 1961, *Journal of Political Economy*, Vol. 98, No. 6, 1990.

Kung, James, Kaising. Equal Entitlement versus Tenure Security under a Regime of Collective Property Rights: Peasants' Preference for Institutions in Post-Reform Chinese Agriculture, *Journal of Comparative Economics*, Vol. 21,

Issue 1, 1995.

Lee J. Alston, Gary D. Libecap, Bernardo Mueller. Land Reform Policies, the Sources of Violent Conflict, and Implications for Deforestation in the Brazilian Amazon, *Journal of Environmental Economics and Management*, Vol. 39, Issue 2, 2000.

Loren Brandt, Jikun Huang, Guo Li and Scott Rozelle. Land Rights in China: Facts, Fictions and Issues, *The China Journal*, No.47, January 2002.

Olga Lang. *Chinese Family and Society*. New Haven: Yale University Press, 1946.

Peter Ho. Credibility of Institutions: Forestry, Social Conflict and Titling in China, *Land Use Policy*, Vol.23, Issue 4, 2006.

Peter Ho & Max Spoor. Whose Land? The Political Economy of Land Titling in Transitional Economies, *Land Use Policy*, Vol.23, Issue 4, 2006.

Roy C. Macridis: *Contemporary Political Ideologies: Movements and Regimes*, Cambridge, Massachusetts: Winthrop Publishers, Inc, 1980.

Shouying Liu, Michael R. Cater, Yang Yao. Dimensions and Diversity of Property Rights in Rural China: Dilemmas on The Road to Further Reform, *World Development*, Vol.26, Issue 10, 1998.

Stanley Lubman. Mao and Mediation: Politics and Dispute Resolution in Communist China, *California Law Review*, Vol.55, No.5, 1967.

Stephen Lyon Endicott. *Red Earth – Revolution in a Sichuan Village*, London, I.B.Tuauris, 1988.

Walton H. Hamilton. Institution, in Edwin R. A. Seligman and Alvin Johnson (eds), *Encyclopaedia of the Social Sciences*, No.8, 1932.

Yushen Peng. Kinship Networks and Entrepreneurs in China's Transitional Economy, *American Journal of Sociology*, Vol.109, No.5, 2004.

网络类文献

蔡继明:《中国土地制度改革论纲》,引自: http://www.chinareform.org.cn/Economy/Agriculture/Forward/201010/t2010101446761.htm。

《四川天价乌木事件始末》,引自: https://wenku.baidu.com/view/9da34c796529647d26285299.html。

《土地制度改革——全民大讨论》，引自：http://finance.ifeng.com/news/special/tugaitaolun/。

萧山市农村经济委员会：《农业生产兴旺发达 农村经济繁荣昌盛》，引自：http://www.tj.xs.zj.cn/xstj/M/tj708.htm。

亦菲：《土地流转不是土地私有化》，引自：http://news.xinhuanet.com/comments/2008-10/14/content_ 10182524.htm。

朱学勤：《激荡三十年：改革开放的真相》，引自：http:// http://www.aisixiang.com/data/35459.html？jytojk＝1ofpm3。

后　　记

该书在我的博士论文基础上修改而成。此刻距博士论文成稿已过去五年，距当初去读博士则刚好整十年。人生没有几个十年，此刻重新提起这本书稿，对于博士期间的学习点滴，对于自己的学问之路、人生之路，都不免生出不少感慨。

回想当初，自己怀揣一份激情与梦想踏入华科校门时，满是自信与从容。但是整个博士阶段所需要投入的心力、毅力与时间，却让自己随后深深感到其实自己并没有做好这份准备。学习期间接踵而至的购房、结婚、生宝宝，以及手头的国家课题、单位的工作任务等，让自己始终感觉到有些力不从心。而一旦未跟上博士学习应有的节奏，内心的那份焦虑就随之而生，并一直伴随了博士期间的那些年。诚然，博士论文写作是对自己心智和心力的双重考验。无论是从田野调查到确定主题，还是从写作素材取舍、结构框架布局到文章观点与逻辑推敲，中间都来不得半点投机和取巧。而一旦渐入写作佳境，沉浸在写作过程中所产生的灵感与火花，以及将一句斟酌良久的想法付诸笔端，让观念由模糊变得清晰的时候，内心也会体验到一种无以名状的兴奋感。当论文接近完成，内心那种几近掏空的感觉也可以说是一种非常难得的享受。正是这些付出与收获，让我体验到写作的艰辛与喜悦，也让我对学问之路有了更深的体捂。

古人云，诗言志。虽然社会科学作为一门现代科学，有着严格的逻辑规范，强调价值中立，但不得不说，任何一项社会科学研究背后其实都隐含了作者的偏好与旨趣。本书所关注的农村地权冲突，虽已是近年学界研究的热点，但在我看来，这一问题仍有重要的现实意义，而且在未来相当长一段时期内也仍将会是中国农村牵一发而动全身的焦点性问题。就此而言，在理论创新与现实重要性之间，个人偏好让我选择了后者。而在具体研究的推进上也同样如此。相较于以往研究，本书选择了一个相对更为宏观的解释框架——将农村大规模地权冲突归之为农村产权制度变革与农村社会结构转型之间互构逻辑的必然，同时还提出了产权属性、产权秩序转型等宏观解释性概念。整个研究之所以偏于宏观，是因为在我看来，当下中国社会处于急剧转型、整体结构未有定型时期，过于微观的研究，虽易展现其间清晰的逻辑机制，却不易把握宏观背景变量在其中的影响，也并不助于在总体上理解农村变迁的整体逻辑。

本书还存在一些值得深究的地方，在此留于读者述评。而我想指出的是，每个作者都在乎读者对作品的评价，但对我而言，此次写作的过程或许比结果本身来得更为重要。一方面，本书所经历的层层磨砺，让我深知做好学问非朝夕之功，写作的过程其实是对自己智力、耐力与自我调适力的一次大考，这种考验将是我人生的一笔财富；另一方面，这一经历还让我意识到写作过程本身其实就是思考的过程。正是写作让自己处于专注、激发的状态，才有了认识上的一次次大的飞跃。从这个意义而言，学术作品需要追求艺术般的完美性，但是创造作品的过程也同样极富意义，体验过程的本身就是在收获成长。

行文至此，有许多需要感谢的人值得提及。首先感谢我的家人。博士期间，我组建了自己的家庭，儿子黄沁在博士论文开启之时出生，女儿黄晗则在书稿纳入出版之际到来，父母也因为照看小孩的缘故来杭州和我们生活在了一起。爸妈的无私支持、妻子的默默付出，以及一双儿女所带来的欢声笑语，让我时时对家充满了依恋。感谢我的导师吴毅教授。吴老师博学、睿智，对于社会的真知灼见，让我对他充满敬仰之情；同时，他严谨治学的态度、与他开放式的讨论，以及他对于我学业上的悉心指导，都让我受益匪浅。导师最近患有眼疾，在治疗之余仍欣然为我题写序言，让我深深感动。感谢贺雪峰教授及其所带领的武汉大学中国乡村治理研究中心这个团队。贺老师的睿识灼见、勤奋务实、宽容坦荡，让我深知做学问与做人其实一体两面，低调做人、踏实做事外加持续努力，任何人都能取得属于自己的那份成功。而身处团队之中，大家一起集体调研、深入讨论，不仅让自己在田野经验基础上收获了知识，同时也在这个学术共同体中收获了友谊，收获了时时提醒自己努力前行的动力。当然，还要感谢那些在我成长过程中给予我无私帮助、带给我快乐的老师、同学和朋友，所有这一切都让我深刻体会到了人与人之间最真挚的友情，我将用一生去珍惜。

始于 2020 年初的新冠肺炎疫情持续至今未有消匿迹象，不少学者认为，这次疫情会成为世界政治经济秩序发展的一个分水岭。这让我意识到，我们的生活其实从未处于周期性的常态之中，历史在线性前行，我们所经历的每一天其实都是在创造历史。学问之路仍旧漫长，人生也需要再出发。罗素曾说过，三种单纯而强烈的激情支配着他的一生，那就是对爱情的渴望、对知识的追求以及对人类苦难深切肺腑的怜悯。我愿以此话继续激励自己前行。

2020 年 4 月 26 日于杭州钱塘江畔